KB274162

시진핑과 오바마

이 책은 관훈클럽 신영연구기금의 도움을 받아 저술 출판되었습니다.
한국 언론발전을 위해서 힘쓰는 관훈클럽의 지원에 깊은 감사를 드립니다.

시진핑과 오바마

지은이_ 이하원

1판 1쇄 인쇄_ 2013. 1. 25
1판 1쇄 발행_ 2013. 1. 31

발행처_ 김영사
발행인_ 박은주

등록번호_ 제406-2003-036호
등록일자_ 1979. 5. 17.

경기도 파주시 문발동 출판단지 515-1 우편번호 413-756
마케팅부 031) 955-3100, 편집부 031) 955-3250, 팩시밀리 031) 955-3111

저작권자 ⓒ 이하원, 2013

값은 뒤표지에 있습니다.
ISBN 978-89-349-6135-2   03340

독자 의견 전화_ 031) 955-3200
홈페이지_ www.gimmyoung.com
이메일_ bestbook@gimmyoung.com

좋은 독자가 좋은 책을 만듭니다.
김영사는 독자 여러분의 의견에 항상 귀 기울이고 있습니다.

Xi Jinping

vs.

Obama

시진핑과 오바마

이하원

김영사

시진핑-오바마의 시대가 열리는 것을 보며

"지금은 동아시아 신질서가 재건축되는 중입니다. 미국과 중국을 중심으로 입주자들이 국제적인 신질서를 만드는데, 우리는 '딱지'라도 사서 들어가야 합니다."

하영선 동아시아 연구원EAI 이사장은 주변 4강국의 리더십이 재편되는 상황을 '재건축'에 비유한다. 미국과 중국이 주도하는 국제질서 재건축 시장에 한국이 어떤 형태로든 참여해야 한다는 뜻이다.

새로 선임된 시진핑習近平 중국 공산당 총서기와 재선에 성공한 버락 오바마 미 대통령은 앞으로 두 지도자의 임기가 겹치는 4년간 동아시아 재건축을 실질적으로 이끌어간다.

이 과정에서 두 사람은 이전과는 전혀 다른 경쟁과 협력, 갈등 구조를 만들 것이다. '유소작위有所作爲(적극적으로 참여해서 하고 싶은 대로 한다는 뜻. 최근 중국이 취하고 있는 대외정책)'를 내세우는 시진핑이 이끄는 중국 정부와 '아시아로 회귀Pivot To Asia'를 천명한 오바마 2기 미국 정부가 어떤 설계도를 만들지 전 세계가 주목하고 있다.

일각에서는 중국이 2022년까지의 시진핑 임기 내에 미국의 경제를 추월할 수 있다는 관측도 나온다. 세계 제1의 경제대국을 지켜내려는 오바마의 노력이 아시아에서 성공할 것이라는 예상도 있다. 시진핑과 오바마가 그려내는 협력과 경쟁, 갈등의 '2중주'는 핵과 미사일로 무장한 북한 문제에도 결정적인 영향을 미칠 것이다.

이 책은 시진핑과 오바마를 입체적으로 분석, 두 지도자가 협력하고 부딪칠 가능성이 있는 분야를 미리 예측했다. 2013년부터 미국과 중국이 새롭게 만들어 갈 구조는 한반도에 절대적인 영향을 미칠 것이 분명하다. 그렇기 때문에 이 책은 미중관계뿐만 아니라 우리가 살아가야 할 동북아시아와 한반도의 미래에 대해 말하고 있다. 18대 대통령인 박근혜가 시진핑, 오바마와 어떤 외교관계를 설정하느냐에 따라 한국의 위상은 크게 달라질 것이다.

지난 50여 년간 한국은 지도상의 위치만 그대로일 뿐, 모든 것이 완전히 바뀌었다. 1인당 GDP는 중국의 다섯 배, 일본의 절반 수준으로 커졌다. 주변 강대국들 또한 한반도의 지정학적 위치를 더욱 중요하게 여기고 있다. 미국은 전 세계 GDP의 19%를 차지하며 세계의 성장 동력이 된 동북아를 놓치지 않기 위해 한미동맹을 계속 확대하려 한다. 중국은 한국과의 FTA 체결을 재촉하고 있으며 한국을 우군화 하기 위해 노력한다.

아베 신조安倍晉三 일본 총리가 집권하자마자 특사를 한국에 보낸 것은 우리나라의 위상이 올라갔음을 의미한다. 중국과 일본이 경쟁적으로 한국에 러브콜을 보내고 러시아가 가스관을 내세워 한국으로 달려오는 것은 지정학 전공자들이 다시 연구해야 할 사건들이다.

미국 시카고대의 존 미어샤이머 교수는 "전 세계에서 지정학적으로 가장 불리한 위치에 있는 나라가 한국과 폴란드"라고 했지만, 그 말은 이제 바뀌어야 한다. 시대를 내다보는 리더십과 올바른 전략만 있으면 우리의 지정학적 위치는 얼마든지 장점이 될 수 있다.

1장과 2장에서는 시진핑과 오바마의 일대기와 주요 정책을 다뤘다. 시진핑과 오바마의 연보를 게재하고 가급적 두 지도자의 생생한 육성肉聲을 들려주기 위해 노력했다.

3장에서는 박근혜 18대 대통령의 외교안보 정책 기조를 살펴보고, 4장에서는 시진핑과 오바마가 협력하고 갈등하게 될 정치·경제·군사 분야 등에 대해 분석했다. 두 지도자의 경쟁이 앞으로 동아시아뿐만 아니라 세계에 어떤 결과를 가져올지에 대해서 예측해보는 기회가 되기를 바란다. 5장과 6장에서는 남북한과 미국관계, 남북한과 중국관계에 대해서 조망했다.

7장에서는 외교안보분야에서 한국 최고의 애널리스트들로 꼽히는 문정인 연세대 교수, 서진영 고려대 명예교수, 하영선 동아시아연구원EAI 이사장, 함재봉 아산정책연구원 원장, 박철희 서울대 일본연구소 소장과의 심층 인터뷰를 통해 '시진핑 오바마 시대의 신新한국책략'에 대해 알아봤다.

시진핑과 오바마가 주도하는 동아시아 신질서를 이해하고 우리의 생존 전략을 만드는 데 이 책이 작은 도움이 되기를 바란다.

이 책은 많은 분들의 도움으로 출간되었다.

21년째 일하고 있는 조선일보사는 이 책을 쓸 수 있게 한 원천이다. 늘 지적인 탐구를 할 수 있도록 배려해 주시는 방상훈 조선일보 사장님께 감사드린다. 양상훈 편집국장과 정치부의 박두식 부장, 주용중, 신정록 선배는 폭넓은 시각과 균형감각을 갖도록 조언해 주셨다. 취재현장에서 함께 뛰며 여러 면에서 도움을 준 정치부 후배들에게 감사한 마음을 갖고 있다.

이동한 총무국장(전 논설위원), 김창균 논설위원과 2년 가까이 함께한 '중국 탐험'은 이 책을 발간하는 데 실질적인 도움을 주었다.

중국과 관련한 일부 자료는 외교통상부 동북아국 중국정세분석팀에서 발간하는 〈e-중국이슈〉의 도움을 받았다. 외교부의 조세영 전 동북아 국장, 박준용 현 동북아 국장께 고마운 마음을 전한다.

도서 발간을 지원해준 관훈클럽, 좋은 책을 만들어 주신 김영사의 박은주 사장님께도 깊이 감사드린다.

늘 기도로 힘을 주는 어머니(박순엽)와 아내 최유미, 아들 이지민은 생각만 해도 마음 든든해지는 소중한 가족이다. 일주일에 하루 쉬는 토요일, 서재에만 틀어박혀 있던 모습을 견뎌준 가족에게 미안하고 고마운 마음을 전한다.

눈동자처럼 지켜주시는 하나님께 큰 감사를 드린다.

2013년 1월
이하원

목차

Xi

Jinping

vs.

Obama

일 러 두 기

● 박근혜 18대 한국 대통령, 버락 오바마 미국 대통령, 시진핑 중국 공산당 총서기는
각각 경칭을 생략한 채 표기하였다.
● 본문의 그래픽 4개는 조선일보사의 허락을 받아서 게재하였다.

시진핑의 등장

시진핑 연보

1953년	중국 베이징에서 아버지 시중쉰習仲勛 전 국무원 부총리와 팔로군 출신의 어머니 치신齊心 사이에서 출생
1962년(9세)	아버지 시중쉰, 반당분자로 몰려 숙청
1969년(16세)	문화혁명 여파로 산시陝西성 옌촨延川현 량자허梁家河촌으로 하방, 지식 청년을 의미하는 '즈칭知靑'으로 활동
1974년(21세)	중국 공산당 입당
1975년(22세)	칭화대 화공과 입학
1978년(23세)	아버지 시중쉰, 복권돼 광둥성 당 서기에 취임
1979년(26세)	시중쉰과 절친한 국무원 부총리 겸 중앙군사위원회 비서장 겅뱌오耿彪의 비서로 채용
1980년(27세)	겅뱌오의 10일간 미국 방문 수행
1982년(29세)	허베이성 정딩正定현 당 부서기로 부임. 이듬해 서기로 승진
1985년(32세)	정딩현 당 서기로 농업대표단을 이끌고 아이오와주의 머스카틴 방문 푸젠福建성 샤먼廈門부시장으로 승진
1987년(34세)	가수 펑리위안彭麗媛과 재혼
1990년(37세)	푸젠성 푸저우福州시 당 서기
1995년(42세)	푸젠성 당 부서기. 당 원로에 의해서 차세대 지도자로 주목받기 시작
2000년(47세)	푸젠성장(푸젠성에서 총 17년간 근무)
2002년(49세)	저장浙江성 당 서기, 16기 당 중앙위원. 칭화대 법학박사 학위 취득 아버지 사망
2007년(54세)	상하이시 당 서기, 당 정치국 상무위원
2008년(55세)	국가 부주석(권력 서열 6위)
2010년(57세)	당 중앙군사위 부주석
2012년(59세)	당 총서기 겸 당 중앙군사위 주석
2013년(60세)	국가주석

중화민족 강조하는 시진핑

18차 당 대회에서 총서기로 선출

2012년 11월 15일 중국 베이징北京의 인민대회당. 제18기 중앙위원회 제1차 전체회의(18기 1중전회)를 마친 5세대 지도부가 나타났다.

공산당 총서기로 선출된 시진핑을 필두로 리커창李克强 부총리, 장더장張德江 충칭시 서기, 위정성兪正聲 상하이시 서기, 류윈산劉雲山 당 중앙선전부장, 왕치산王岐山 부총리, 장가오리張高麗 텐진시 서기가 차례로 등장했다. '중국의 새로운 황제들'로 불리는 7명의 공산당 정치국 상무위원들이었다.

시진핑은 리커창을 비롯한 상무위원을 소개한 후, 자신의 구상을 세계에 밝혔다. 총서기 자격으로 한 첫 공개연설이었다. "우리 민족(중화민족)은 위대한 민족"이라며 시작한 그는 이렇게 강조했다. "공산당 창건 이후 당은 인민을 이끌고 노력함으로써 빈곤하고 낙후됐

던 과거의 중국을 갈수록 번영하고 부강한 새로운 중국으로 변화시
켰다."

중화민족의 우수성과 공산당의 역할을 강조한 연설이었다. 앞으로
10년 동안 '중화민족'과 '공산당'이라는 두 가지를 키워드를 바탕으로
중국을 이끌겠다는 계획을 내비친 것이다. 시진핑은 연설을 통해 "당
간부들의 부패와 독직瀆職, 군중과의 괴리, 형식주의, 관료주의 등의
문제가 있다"고 비판했다. "모든 당원이 경각심을 갖고 해결하지 않으
면 안 된다"는 말로 절박함을 강조하기도 했다. 그는 "인민이 더 좋은
교육, 더 많은 수입, 그리고 더 나은 의료 주택 사회보장 일자리를 원
하고 있는데 이것이 바로 우리가 추구해야 할 목표"라고 했다.

시진핑 당 총서기의 첫 공개연설

"우리 민족은 위대한 민족이다. 근대 이후 많은 어려움에 부딪혔고
위험한 시기도 겪었으며 민족부흥을 실현하기 위해 많은 투쟁을 했
지만 실패했다. 하지만 공산당 창건 이후 당은 인민을 이끌고 노력
함으로써 빈곤하고 낙후됐던 과거의 중국을 갈수록 번영하고 부강
한 새로운 중국으로 변화시켰다.

중화민족의 위대한 부흥은 전대미문의 밝은 앞날을 보여주고 있
다. 우리의 책임은 중화민족의 위대한 부흥을 위해 계속 노력해 중
화민족이 더욱 더 굳건하게 세계 무대에서 자립하게 하는 것이다.

우리 인민은 위대한 인민이다. 중국 인민은 근면한 노력과 지혜, 용맹으로 우수한 문화를 만들었다.

우리 인민은 더 나은 교육과 더 안정된 직장, 더 나은 수입과 더 신뢰 있는 사회보장, 더 좋은 주거·생활환경을 기대한다. 또 자식들이 더 훌륭하게 자라고 좋은 직장에 다니면서 더욱 나은 생활을 하기를 기대한다. 이런 인민들의 바람이 우리가 분투해야 할 목표다.

우리의 책임은 사상思想 해방을 진행하고 개혁개방을 견지하며 사회 생산력을 개방, 발전시키며 군중의 생산 및 생활상의 문제점을 해결해 공동으로 부유한 길을 걷는 것이다.

우리의 당은 인민을 위한 정당이다. 당의 인도 하에 세계가 주목하는 성과를 거둔 것을 자부한다. 하지만 자만해서는 안 된다. 새로운 국제정세에서 우리 당은 여러 도전에 직면해 있고 시급히 해결해야 할 문제가 많다. 특히 당 간부들의 부패, 대중과의 괴리, 형식주의, 관료주의 등의 문제를 해결하기 위해 모든 힘을 다해 노력해야 하고 전체 당원의 경각심을 높여야 한다. 책임은 태산과 같이 무겁고 갈 길은 멀다. 우리는 인민들과 한 마음 한 뜻으로 어려움을 극복하고 밤낮없이 일해 역사와 인민들 앞에 합격점을 받는 답안지를 바쳐야 한다."[1]

---

1 총서기 자격으로 처음 발표한 이 연설에서 시진핑은 외국의 특파원들을 향해 "중국은 좀 더 세계를 이해해야 하며 세계도 좀 더 중국을 이해할 필요가 있다"고 말했다. 또 "기자 여러분이 앞으로도 중국과 세계 각국의 상호 이해 증진에 노력해 주길 바란다"고 요청해 눈길을 끌었다.

당 총서기가 된 시진핑은 2주 만에 베이징의 국가 박물관을 방문했다. 취임 후 가진 두 번째 공개행사였다. 정치국 상무위원으로 선임된 리커창, 장더장, 위정성, 류윈산, 왕치산, 장가오리 모두 동행했다. 그는 이곳에서 '중국 부흥의 길'과 관련된 전시회를 관람하고 역시 중화민족의 우수성과 공산당의 역할을 강조하는 연설을 했다.

중국 국영 〈CCTV〉보도에 따르면 그는 "우리는 중국 역사상 어떤 시기보다 중화민족의 위대한 부흥이라는 목표에 가까이 다가갔다"며 "낙후되면 (다른 나라로부터) 얻어맞고, 발전해야만 스스로 강해진다는 것을 전 당원 동지들이 똑똑히 기억해야 한다"고 했다. 시진핑은 중화민족을 반복 언급하면서 "중국 특색 사회주의야말로 이 목표에 도달하기 위한 정확한 길"이라고 강조했다.

경제력과 군사력을 갖춘 중화민족주의가 자칫 주변 국가에 공격적인 성향으로 표출될 수 있다는 우려도 있지만, 시진핑은 자신의 재임 기간 동안 중화민족주의를 계속 강조해나가겠다는 입장을 분명히 하고 있다

9살 때부터 고생 시작, 문화혁명으로 하방

시진핑은 중국 혁명 원로나 고위 관료들의 2세, 3세로 구성된 태자당太子黨의 핵심인물이다. 그는 아버지인 중화인민공화국의 건국 원로 시중쉰習仲勳 전 부총리의 영향을 많이 받았다.

1953년 베이징에서 3남 2녀 중 넷째로 태어난 그는 아버지 덕분에 유복한 어린 시절을 보냈다. 최고 권력자들의 거주지에서 남부럽지 않게 살았으나 그 기간은 그리 길지 않았다. 1962년부터 고생은 시작되었다. 아버지 시중쉰이 권력투쟁과정에서 마오쩌둥毛澤東에 의해 반당反黨분자로 몰려 집안이 몰락하고 만 것이다.

급기야 1969년 16세 때, 문화혁명 여파로 산시陝西성 옌촨延川현 량자허梁家河촌으로 하방下放됐다. 이곳에서 시진핑은 지식 청년을 의미하는 '즈칭知靑'으로 7년간 활동했다. 처음에는 농촌생활에 적응하지 못해 3개월 만에 베이징으로 도망을 가기도 했다. 그러나 다시 돌아온 후에는 마음을 다잡고 주민들 속으로 들어가 그들과 스스럼없이 어울렸다. 공산당의 이념을 학습하는 데에도 전력을 기울였다. 시진핑은 2003년 "나의 실용적인 사고는 당시의 경험에 뿌리를 두고 있으며 이는 현재에도 영향을 미친다"고 회고한 바 있다.

그는 이곳에서 공산당에 10번 지원해서 결국 입당에 성공했다. 그가 1975년 칭화淸華대 화공과에 입학하기 위해서 농촌 마을을 떠날 때는 마을 주민들이 그와 함께 수 킬로미터를 걸으면서 그를 배웅했다.

시진핑이 대학교 2학년일 때 아버지 시중쉰이 복권되면서 관운官運이 풀리기 시작했다. 26세 때 부친 시중쉰과 절친했던 국무원 부총리 겸 중앙군사위원회 비서장 경뱌오耿飇의 비서로 채용된 것이다. 군부의 최고 실력자 중 한 명이었던 경뱌오와의 인연은 그가 정치인으로 성장하는 데 커다란 도움을 주었다. 1980년 시진핑은 경뱌오의 미국 방문을 수행했다.

시진핑은 1982년 경뱌오의 비서직을 사임하고 허베이河北성 정딩현正定현의 당 부서기로 지방 근무를 시작했다. 이때부터 26년을 지방에서 근무하며 행정 감각을 익혔다. 정딩현에서 그는 농업 개혁을 강하게 추진했고, 농민들은 그 덕에 상업용 작물을 재배하여 농가 소득을 대폭 높였다.

정딩현의 당 서기로 승진한 1985년, 시진핑은 두 번째로 미국을 방문했다. 농업 대표단을 이끌고 미 중부지역 아이오와 주의 머스카틴을 방문해 선진 기술을 들여왔다. 당시 미국인 농장에서 이틀을 보내고 야구경기를 관람한 그는 그곳에서 맺은 인연을 계속 간직해왔다. 2012년 미국을 방문했을 때도 머스카틴을 먼저 들르겠다고 고집할 정도였다. 이어 귀국 후에는 머스카틴 주민 15명을 베이징에 초청, 댜오위타이釣魚臺 국빈관에서 반갑게 해후하기도 했다.

그의 오늘을 만든 17년의 푸젠성 근무

오늘날의 시진핑을 만든 것은 17년간의 푸젠福建성 근무라고 할 수 있다. 그는 1985년 푸젠성 샤먼廈門 부시장이 된 후 2002년 저장浙江성 당 서기로 승진할 때까지 17년을 푸젠성에서 근무했다. 샤먼시 부시장, 푸저우福州시 서기, 부성장, 성장 등을 맡으며 가장 역동적인 시기에 푸젠성에서 일했다.

중국 지도를 펼치면 푸젠성의 맞은편에 있는 대만을 볼 수 있다.

시진핑은 이곳에서 개혁개방 정책을 추진하면서 대만 기업의 투자를 적극적으로 유치했다. 성장 시절 대만 리덩후이 총통의 양국론으로 양안관계에 긴장이 일기도 했지만, 이에 지혜롭게 대응했다는 평가를 받았다.

시진핑은 2002년 저장성으로 이동했다. 그가 저장성 성장 및 당 서기로 일할 때 당시 후진타오 주석은 "조화로운 사회를 세우고 당 건설을 강화하는 방면에서는 저장성이 전국에서 제일"이라고 칭찬을 아끼지 않았다.

그는 2007년 인생의 전환점을 맞는다. 3월, 당시 천량위陳良宇 상하이시 서기가 부정부패 혐의로 경질되는 사건이 발생했다. 중국의 권력 파벌인 상하이방上海幫과 공청단共靑團과의 권력 투쟁 결과 발생한 정치적 사건이었다. 이 때문에 당은 어려움에 처하고 민심 또한 흉흉해졌다. 그러자 중국 공산당은 시진핑을 천량위의 후임으로 낙점했다. 당시 리위안차오李源潮 장쑤江蘇성 서기도 후보로 올라왔지만 당 지도부가 화합을 중시하는 시진핑을 임명한 것이다.

상하이시 서기 자리는 그에게 도약의 발판이 되었다. 상하이시 서기를 맡은 시진핑은 장쩌민江澤民 전 중국 국가주석이 이끄는 상하이방의 인정을 받게 된 것이다. 당시 〈인민일보〉는 "시진핑이 국가의 전체 전략 차원에서 생각하고 행동하며 반부패 및 청렴의 모델이 되었다"고 높이 평가했다.

2007년 10월 22일은 시진핑에겐 잊지 못할 날이다. 상하이 서기로 임명된 지 7개월 만인 2007년 10월 제17차 당 대회에서 중국의 최고 지도부인 공산당 중앙정치국 상무위원으로 발탁된 것이다. 아홉 명의 상무위원 중 서열 6위로 라이벌 리커창을 제치고 차기 국가주석 자리를 예약한 당시 그의 나이는 쉰 넷이었다. 같은 날 그는 중국 공산당 중앙군사위원회 부주석으로도 선출되었다. 시진핑이 후진타오 국가주석의 뒤를 이어 최고지도자 자리에 오를 것이라는 예고였다.

17차 당 대회가 시작될 때까지만 해도 그가 리커창을 제치고 당 서열 6위의 정치국 상무위원이 되리라고 예측한 이는 별로 없었다. 많은 사람들이 후진타오 주석의 신임을 받으며 주로 중앙 정계에서 활동한 리커창 부총리가 주석 자리를 물려받을 것으로 예상했다. 그러나 시진핑은 2008년 3월 국가 부주석에 올라 사실상 중국의 제5세대 지도자로 확정되었다. 시진핑은 28년간 3개의 성省, 1개의 시市에서 근무한 후 중앙 정계로 진출했다. 아버지가 시중쉰의 숙청을 경험했기에 정적이 많은 중앙보다는 지방에서 경험을 쌓는 것이 정치인으로 성장하는 데 유리하다고 판단, 일부러 지방 근무를 희망했다는 분석도 있다.

남편보다 더 유명한 부인, 펑리위안

앞으로 미중美中 정상회담이 열릴 때마다 그동안 보지 못했던 사진이 화제가 될지 모른다. 1987년 서른네 살에 재혼한 시진핑의 두 번째 부인은 중국의 국민가수로 불리는 펑리위안彭麗媛이다. 펑리위안은 시진핑이 미중 정상회담을 가질 때 오바마 미 대통령의 부인 미셸 오바마와 나란히 서서 스포트라이트를 받게 될 것이다.

펑리위안은 현역 장성이자 중국의 유명한 가수다. 산둥山東성 출신의 그녀는 열다섯 살에 산둥예술학원에 입학, 열여덟 살에 인민해방군 총정치부 소속 가무단 단원이 되었다. 1982년 스무 살이 되자 중국 〈CCTV〉가 주최하는 가요대회에 참가하여 인민들에게 깊은 인상을 남겼다. 당시 불렀던 노래 '희망의 들판에서'는 중국인들 사이에서 크게 유행했다. 펑리위안이 1986년 당시 푸젠성 샤먼시 부시장이었던 시진핑을 처음 만났을 때 그녀는 인민해방군 총정치부 산하 가무단 소속의 '특급 가수'였다. 시진핑은 일개 행정관리에 불과했지만 펑리위안은 이미 중국의 스타였다.

당시 그녀를 따르던 남자들도 많았다. 펑리위안은 시진핑도 다른 남자들처럼 외모를 중시하는지 알아보려고 첫 만남에 일부러 헐렁한 군복 차림으로 나갔다고 고백하기도 했다. 처음에는 아홉 살 연상인 시진핑의 세련되지 못한 외모에 다소 실망했지만, 만남을 지속하면서 그의 순수함과 해박함에 끌렸다.

1987년 9월 1일, 마침내 둘은 결혼했다. 이후로 시진핑과 펑리위안은 서로를 도와가며 각자의 길에서 성공을 거둔다. 펑리위안은 여전히 현역으로 활발하게 활동하고 있다. 현역 장성인 펑리위안 덕분에 시진핑이 군부와 더욱 긴밀한 관계를 맺을 수 있다는 평가가 많다. 펑리위안은 중국의 인기 가수일 뿐만 아니라 각종 모임에서도 활발하게 활동하고 있다. 중국 인민해방군 가무단장외에도 중국 문화예술계 연합회 부주석을 맡고 있으며, 에이즈 예방과 치료를 위한 활동에도 적극적이다. 시진핑과 펑리위안 사이에서 태어난 1992년생 외동딸 시밍저習明澤는 2010년부터 미국 하버드대에서 공부하고 있다.

폭로 전문 매체 '위키리크스'가 공개한 주중 미 대사관의 외교 전문에는, 그의 첫 번째 결혼이 불행했다고 기록되어 있다. 시진핑은 1980년대 초 커화柯華 전 주영 중국대사의 딸 커샤오밍柯小明과 결혼했다. 전문에 따르면 커샤오밍은 매우 우아한 성품으로 훌륭한 교육을 받았으나, 결혼 후 분가하면서 둘의 사이가 악화되었다고 한다. 시진핑을 잘 아는 중국인 교수는 "시진핑 부부는 거의 매일 부부 싸움을 했다"고 했다. 결국 커샤오밍이 영국으로 돌아가기를 희망하면서 둘은 3년 만에 파경을 맞았다.

시진핑을 만든 시중쉰과 쩡칭훙

시진핑에게 아버지가 끼친 영향은 절대적이다. 1913년생인 시중쉰은 15살 때 공산당원이 된 혁명원로이다. 그는 국민당 군대에 쫓겨 2만 리가 넘는 대장정大長征을 감행한 공산당이 산시성에 근거지를 마련하는 데 기여했다. 시중쉰은 이곳에서 공산당이 힘을 기를 수 있는 기반을 마련함으로써 중국 혁명사에 중요한 영향을 끼쳤다.

그는 2002년 사망할 때까지 '중공팔로中共八老(중화인민공화국의 8대 원로)'중 한 명으로 불리며 아들의 든든한 후원자로 활동했다.

시중쉰은 펑더화이彭德懷가 1950년 항미원조군抗美援朝軍 사령관으로 6·25 전쟁에 참전하기 전에 그의 핵심 참모로 활동했다. 두 사람의 친밀한 관계는 이후에도 오랫동안 이어졌다. 김일성 북한 주석보다 한 살 아래인 시중쉰은 '중북中北 동맹' 의식을 갖고 있었다. 이 때문에 시진핑이 전후戰後세대인데도 북한에 대해 우호적이라고 분석하는 전문가들이 많다.

시중쉰은 1962년 마오쩌둥에게 '반反혁명분자'로 몰려 고초를 겪다가 16년 만에 광둥성 당 서기로 복권됐다. 이후에는 경제특구인 선전 지역을 맡아 개혁개방에 노력했다.

복권된 그는 아들 시진핑의 출세를 위해 전력을 다했다. 원로그룹에게 시진핑을 홍보하고 적극적으로 이끌어 달라고 요청했다. 또 시진핑을 당 중앙군사위원회 비서장 겅뱌오에게 소개하여, 아들이 허베이성, 푸젠성, 저장성 등 지방에서 행정 경험을 쌓도록 지도했다.

가족인 아닌 시진핑의 후견인으로는 단연 중국 정계의 막후 실력자 쩡칭훙曾慶紅을 꼽을 수 있다. 시진핑보다 열네 살 연상인 그는 태자당을 이끌면서 정치적 고비마다 시진핑을 도왔다. 18차 당 대회의 막후에서 계파별로 안배하여 시진핑의 권한을 대폭 늘린 사람도 쩡칭훙이다.

시진핑과 쩡칭훙의 관계는 두 사람의 아버지대로 올라간다. 시중쉰과 쩡칭훙의 아버지 쩡산曾山은 중화인민공화국이 건국될 때부터 친밀한 사이였다. 당시 시중쉰은 당 중앙선전부장 겸 국무원 부총리를, 쩡산은 내무부장관에 해당하는 직책을 맡아 막역하게 지냈다. 시진핑은 어릴 때부터 쩡칭훙을 친형처럼 따랐지만, 문혁의 와중에 지방으로 하방되는 바람에 한참 동안 서로 만나지 못했다. 그러다가 1979년 시진핑이 겅뱌오 부총리의 비서로, 쩡칭훙은 위치우리余秋里 부총리의 비서로 일하면서 해후할 수 있었다.

쩡칭훙은 시진핑이 2007년 3월 상하이시 서기에 이어 7개월 만에 공산당 정치국 상무위원으로 발탁될 때 큰 역할을 했다. 그는 당시 후진타오에 의해 당 대회 비서장을 맡았지만 자신이 은퇴하는 조건으로 시진핑을 상무위원회에 넣어달라고 요구해 뜻을 관철시켰다.

격식 파괴하며 개혁개방 강조하는 리더십

키 180센티미터, 몸무게 100킬로그램의 시진핑은 소탈한 인상이다. 2012년 첫 내외신 기자회견에서 진솔한 말로 주목을 받은 그는, 이전의 중국 지도자들에게 볼 수 없었던 새로운 모습이라는 평가를 받았다.

그는 총서기 자격으로 방문한 국가 박물관에서도 구어체로 연설하며 쉬운 단어를 많이 썼다. 지금까지의 중국 지도자들은 딱딱하게 격식을 갖춘 문어법적인 연설을 주로 한 반면, 시진핑은 격의 없는 스타일을 선보여서 앞으로 중국 인민들과의 소통 방식에 변화가 있을 가능성을 예고했다.

총서기에 선임된 지 3주 만에 그는 베이징에 거주하는 각계의 외국인 20명을 인민대회당에서 만나 간담회를 가졌다. 중국의 최고 권력자가 이런 형식의 간담회를 가진 것은 처음이었다. 중국 밖의 목소리에도 귀를 기울이겠다는 의지를 몸소 보인 것이다. 시진핑은 이날 중국이 패권주의로 나서서 세계에 위협이 되지 않도록 하겠다는 입장을 밝혔다.

개혁개방 정책을 지속적으로 추진하겠다는 뜻도 분명히 했다. 그가 2012년 11월 중국 공산당 총서기가 된 후, 가장 먼저 시찰에 나선 지방은 덩샤오핑이 1992년 개혁개방을 강조하기 위해 '남순강화南巡講話'의 일환으로 방문한 광둥廣東성 선전이었다. 시진핑은 덩샤오핑을 수행했던 원로 당원들도 함께 데리고 가서 덩샤오핑 동상에서 헌화했다. 지속적으로 개혁개방 정책을 추진하겠다는 의지를 헌화로 밝힌 것이다.

시진핑은 문화혁명이라는 격변의 시기에 청소년기를 보내면서 아무런 인연도 없는 농촌으로 하방해야만 했다. 예민했던 시절에 큰 어려움을 겪은 탓에 누구보다 신중하고 겸손한 자세가 몸에 배어 있다. 문혁 당시 아버지 시중쉰이 숙청당하는 광경을 목격한 그는 권력의 생리를 누구보다 뼈저리게 알게 되었고, 농촌생활을 일찍 경험했기에 다른 태자당 인사들보다 서민적이다. 리콴유 전 싱가포르 총리는 시진핑을 향해 "강한 자제력을 지녀 개인적 불행과 고난으로 판단에 영향을 받지 않는 사람"이라는 극찬을 하기도 했다.

오랜 관료 생활을 하면서도 부패에 연루된 적이 없고, 인화人和와 단결을 강조하는 시진핑은 베이징 시내의 에이즈 치료센터를 방문해 환자들과 직접 악수하기도 했다. 정치국원의 현장을 시찰할 때는 카페트를 깔지 못하게 하고 교통통제도 최소화하라고 지시했다. 중국 〈CCTV〉는 시진핑이 8개 항의 관료주의 격식 파괴를 지시했다고 보도했다.

시진핑은 포용력 있는 유방劉邦, 유비劉備와 수호지에 나오는 송강宋江을 본받아야 할 롤 모델로 자주 거론한다. 2000년 푸젠성 성장 시절, 공청단이 발행하는 잡지 〈중화자녀中華子女〉와의 인터뷰에서 그는 이렇게 말했다. "유방, 유수劉秀(후한을 세운 광무제), 유비의 '3유'는 특징이 있다. 재능이 별로 뛰어나지 않고 무능하다는 인상도 줬지만 사람들은 그 셋을 지도자로 추대했다. 그들에게는 바로 사람들을 단결하게 만드는 훌륭한 능력이 있었던 것이다."

그는 당 기관지에 "권력을 사용할 때는 관덕官德과 원칙을 중요시해야 한다"고 기고하기도 했다. 저신哲欣이라는 필명으로 2002년부터 2007년까지 신문에 투고한 후, 이를 묶어서 출판한 적도 있다.

그는 중국 경제를 견인하는 푸젠성, 저장성, 상하이의 행정을 맡아 해외 업무에 밝다. 이 지역의 경제 발전이 그의 업적을 부각시켰다는 평가도 있다.

헨리 키신저 전 미 국무장관은 시진핑의 권력이 강하다고 보지 않는다. 미국의 대통령처럼 혼자서 결정을 내릴 수는 없어 권한이 약하다는 것이다. 키신저는 2012년 〈월스트리트저널〉과의 인터뷰에서

당 총서기 겸 중앙군사위원회 주석인 시진핑이 "상무위원회의 합의
를 통해 통치해야 하는 체제에서는 (자신을 지지하는) 연합체를 만들
어내야 한다"고 했다.

시진핑, 오바마처럼 공평정책 강조

시진핑은 공산당의 역할을 강조하며 중국의 가장 큰 문제인 빈부
격차 해소와 공평정책에 집중하려 한다. 시진핑이 총서기가 된 직후
중국 정부는 국유기업 고위직의 판공비에 관한 12개항의 금지 규정
을 마련했다. 중앙 금융기관 최고책임자가 고가의 공무용 차를 구입
할 수 없으며, 출장비도 정해진 기준을 준수해야 한다. 부동산 세제
개혁도 강화해 나가겠다고 밝혔다.

이 같은 공평정책을 펼친다는 점에서는 재선에 성공한 오바마 미
대통령과 공통점이 있다. 미국 경제가 계속 악화되고 있는데도 오바
마가 재임에 성공한 것은 미국 사회가 그에게 더욱 평등하고, 공평
한 사회를 만들라고 요구하고 있다는 방증이다. 오바마는 2008년 11
월 당선된 직후부터 가진 자들이 서민들의 어려움에 동참해야 한다
고 주장해 왔다.

당선자 시절 오바마는 언론과의 인터뷰에서 구제 금융을 받고 있
는 월가의 은행장, 자동차 3사 CEO들을 직접 거론하며 "보너스를
포기해야 한다"고 압박했다. 특히 "GM, 포드, 크라이슬러 사 등 이

른바 '빅 3Big Three' 사장들은 지금 나라가 어떻게 돌아가는지 전혀 알지 못하고 있다. 이는 미 기업계 전반의 수장首長들에게는 만성적인 문제"라고 강하게 비판했다.

오바마는 불필요한 정부 지출과 낭비가 심한 정부 프로그램을 철폐하겠다고 밝혔다. "국민은 상식이 통하는 똑똑한 정부를 원할 뿐"이라며 불필요한 예산을 없애기 위해 예산안을 꼼꼼하게 검토하겠다고 약속했다.

중국의 '5세대 지도자' 시진핑

새로운 시대의 새로운 인물들

중국은 비교적 세대 구분이 명확한 사회이다. 중국의 제1세대는 1930년대 장정長征을 경험한 세대를 지칭한다. 중화인민공화국의 국부國父인 마오쩌둥이 1세대의 대표적 인물이다.

제2세대는 덩샤오핑을 비롯한 1937~1949년의 항일전쟁, 국공國共 내전을 거친 세대이다. 제3세대는 1949년 중국 건국 후, 입당한 이들이 이끄는 세대로 장쩌민 전 국가주석이 이들을 대표한다. 제4세대는 1966년 시작된 문화대혁명 이전에 대학을 마친 이들, 즉 후진 타오 국가주석 세대이다. 제5세대는 문화대혁명 시기에 청소년기를 보내 '문혁세대'로도 불린다. 홍위병이었다가 하방해서 '즈칭'으로 활동하기도 한 이들은 국가가 모든 것을 책임지는 사회보장 제도가 사실상 무너지는 것을 몸으로 체득한 세대이다. 시진핑은 이런 중국의 제5세대를 이끌어 나가는 인물로 선출되었다.

5세대가 주축이 된 중국 공산당 18차 전당대회는 2012년 11월 전국의 8000만 공산당을 대표해서 2307명이 참석했다. 이들 중에서 18기 중국공산당 중앙위원회 위원 205명, 후보위원 171명이 선출되었다. 〈신화통신〉에 따르면 이들의 평균 연령은 56.1세다.

중앙위원 205명의 80%가 1950년대에 태어나 문화혁명을 경험했고, 이들 중 31%가 농촌으로 하방했다. 중국 공산당 중앙정치국 상무위원 7명 중에서 시진핑 외에도 리커창, 장더장, 왕치산 등 4명이 바로 '즈칭'에 속한다. 25명의 중앙정치국 위원 중에는 7명이 지식청년이다. 문혁 시대의 지식청년들은 불행한 세대이지만, 귀중한 경험을 얻은 세대이기도 하다. 당시 지식청년들은 중국 농민과 함께 생활하면서 이들의 생활을 이해하고, 인민들의 생활수준을 향상시키는 데 중요한 역할을 했다.

시진핑과 리커창을 제외한 공산당 정치국 상무위원 7명은 모두 60세가 넘는다. 중국 공산당 상무위원의 정년은 70세로 다른 상무위원 5명은 모두 2017년에 개최되는 19차 전국인민대표대회에서 물러날 전망이다.

중국의 5세대 지도층은 여전히 장쩌민이 이끄는 상하이방의 영향력이 가장 크다. 상하이에서 요직을 맡았거나 장쩌민과의 인연을 통해 중앙 정계로 진출한 이들을 뜻하는 상하이방 인물로는 상무위원 중 장더장, 류윈산, 장가오리가 있다.

대륙의 2인자 리커창

시진핑과 중국의 차기 총리 리커창은 전혀 다른 스타일이다. 시진핑이 온화하고 서민적인 면모를 보이는 반면, 리커창은 날카로운 엘리트 이미지이다.

리커창은 기회가 있을 때마다 개혁을 강조한다. 2012년 11월 제18차 당 대회가 끝난 후 베이징 중난하이中南海에서 열린 국무원 주재 '전국 종합개혁시범 업무 간담회'에서 리커창은 이렇게 연설했다. "주민의 생활을 개선하고 전면적인 샤오캉小康(중국이 2020년 건설을 목표로 하고 있는 사회상. 의식주 걱정 없는 물질적으로 안락한 사회를 말한다) 사회를 만들려면 개혁개방을 강화하는 길밖에 없다. 경제발전 방식의 전환도 개혁개방 없이는 불가능하다. 개혁은 강을 거슬러서 올라가는 배와 같다. 앞으로 나가지 않으면 후퇴한다. 우리는 반드시 전진해야 하며 퇴로는 없다."

비슷한 시기에 한 언론사는 다음과 같이 보도했다. "리커창 발언의 핵심 의미를 두 글자로 나타내면 '개혁', 네 글자로는 '개혁, 개혁', 여섯 글자로는 '개혁 개혁 개혁'이다." 앞으로 시진핑·리커창 지도부가 개혁개방을 쉬지 않고 추진하겠다는 신호를 보낸 것이다.

또한 리커창은 공무원들의 업무 태도 변화를 요구하며 "준비된 원고는 이미 다 읽었다. 원고만 읽는 보고는 하지 마라"고 지시했다. 회의에서는 발전적인 의견을 교환하는 데 시간을 사용해야지, 단순히 보고서를 읽어 내려가는 형식적인 태도를 지양하라는 뜻이다.

리커창은 향후 10년간 중국 경제를 이끌어갈 목표로 4개 분야에서 '신新 현대화'를 이뤄야 한다고 주장한다.

공청단을 배경으로 한 출세가도

1955년 태어난 리커창은 문화대혁명의 여파로 3년간 농촌에서 활동했고 문혁이 끝나자 베이징대 법학과에 입학했다. 최근 중국에서 주목받는 78학번 세대의 대표주자로 중앙에서 누구나 부러워하는 탄탄대로를 걸어왔다.

안후이安徽성 출신의 리커창은 후진타오 주석이 활동한 공청단을 통해 출세가도를 달려왔다. 1925년 설립된 중국사회주의 청년단을 모태로 한 공청단은 중화인민공화국 건국 전후에 '중국 신민주주의 청년단'으로 개명됐다가 1967년 현재의 명칭으로 바뀐 후, 중국의 핵심권력기관으로 자리 잡았다. 현재 공청단은 약 8000만 명의 단원을 보유하고 있다.

리커창은 공청단을 통해서 중앙관계에서 수직상승해왔다. 같은 안후이성 출신의 후진타오를 쏙 빼닮았다고 해서 '리틀 후'로도 불리는 그는 후치리胡啓立 중앙서기처 서기의 눈에 들어 공청단 본부에서 근무했다. 그때 공청단 상무서기였던 후진타오를 보좌하게 된 리커창은 이후 후진타오의 배려로 공청단에서 가장 권한이 센 중앙 제1서기까지 올랐다.

중앙 정계의 경력만 보면 리커창은 시진핑보다 줄곧 앞서왔다. 하지만 1998년 중국에서는 낙후한 지역에 속했던 허난河南성의 부서기 겸 성장대리로 임명되면서 시련을 만났다. 2000년 300명이 넘게 숨진 뤄양洛陽 대화재가 발생했고, 3년 후에는 지역 주민들의 에이즈 감염사건 등으로 고초를 겪었다. 이후 후진타오의 배려로 외국 자본 유입으로 경제 발전의 중심지로 떠오른 랴오닝遼寧성 서기로 옮겨가면서 리커창은 다시 주목을 받았다.

그는 17차 당 대회에서 9명으로 구성된 정치국 상무위원회에 진입했다. 시진핑이 서열 6위, 리커창이 7위였다. 2008년 3월 결국 시진핑이 차기 국가주석의 자리를 예약한 부주석에 선출되었고 리커창은 부총리에 임명됐다. 2012년 11월 18차 당 대회가 끝난 후, 공개 기자회견에 등장한 리커창의 얼굴을 그리 밝지 않았다. 시진핑의 소개를 받은 리커창에게서 역전된 처지로 인한 아쉬움이 엿보였다는 반응도 적지 않았다.

영어에 능통하고 개방적인 리커창

리커창은 날카로우면서도 학구적인 이미지다. 베이징대에서 경제학박사 학위를 받은 그는 1991년 중국 경제학계의 최고상을 받기도 했다. 2008년 미국발 금융위기가 세계를 덮쳤을 때 비교적 잘 대처했으며 서민들을 위한 주거대책에서 큰 공을 세웠다는 평가를 받았다.

〈월스트리트저널〉에 따르면 리커창은 중국에서 서구 선진국의 학문과 영어를 배운 첫 세대이다. 당시는 덩샤오핑이 개혁개방을 시작한 시기였기에 눈치를 보며 영어 공부를 하지 않아도 되었다. 대학 동기들은 리커창을 '집요할 만큼 열심히 영어를 공부한 학생'으로 기억하고 있다. 거리에서나 식당에서 영어를 외우고 다닌 그는 외국 기업인들과 영어로 자연스럽게 소통할 만큼 능통하다.

사상 또한 개방적이기 때문에 앞으로 리커창이 외국 기업들의 투자와 관련된 문제들을 관할할 것이라는 관측도 나온다. 베이징대학교 동기인 보즈웨 싱가포르국립대 교수는 "대학 시절의 리커창은 정치적, 경제적으로 진보적이었다. 지적으로는 매우 개방된 편"이라고 말했다.

최근에도 미국 기업가들을 만난 리커창은 앞으로도 경제의 건전한 발전을 위해 계속 노력하고, 대외개방을 더욱 확대하겠다고 역설했다. 그는 "세계 각국이 중국과 협력할 수 있는 기회를 많이 가질 수 있도록 할 것"이라고 힘주어 말했다.

포용력으로 상징되는 시진핑과 적극적인 성격의 리커창이 조화를 이룬다면, 중국은 완전히 새로운 도약을 할 수 있을 것이다.

중국 18차 전당대회에서 선출된 공산당 정치국 상무위원

이름	출생년도	계파	출신지	학력	경력 및 방한기록
시진핑習近平 국가주석, 총서기, 중앙군사위 주석	1953년	태자당	베이징 (아버지는 산시성 출신)	칭화대 화공과 (법학박사)	푸젠성·저장성 성장, 상하이 서기 1995년, 2005년, 2009년 방한
리커창李克强 국무원 총리	1955년	공청단	안후이성 딩위안	베이징대 법학과 (경제학박사)	공청단 1서기, 상무 부총리.영어 능통 2005년, 2011년 방한
장더장張德江 전인대 상무위원장	1946년	상하이방	랴오닝성 타이안	김일성대 경제학과	지린성·충칭성 서기· 산업담당 부총리. 한국말 유창 1992년 방한
위정성俞正聲 정협 주석	1945년	태자당	저장성 샤오닝	하얼빈 군사공정학원	후베이성·상하이시 서기 1994년, 1995년, 1996년, 2003년 방한
류윈산劉雲山 중앙서기처 제1서기	1947년	상하이방· 공청단	산시성 신저우	공산당 중앙당교	신화통신기자, 공청단 네이멍구 부서· 중앙선전부장 2006년 방한
왕치산王岐山 중앙기율 검사위 서기	1948년	태자당	산시성 톈전	시베이대 역사학과	중국건설은행장, 베이징시 서기, 금융담당 부총리 2010년, 2012년 방한
장가오리張高麗 상무부총리	1946년	상하이방	푸젠성 진장	샤먼대 경제학과	산둥성 서기, 톈진시 서기 2003년 방한

시진핑에 대한 한국과 미국의 평가

미국이 분석한 시진핑

일리노이 주 상원의원이었던 오바마는 2005년 연방 상원의원에 당선되어 중앙 정계에 진출했다. 2008년 민주당 경선에서 승리하기 전에는 미국에서 널리 알려진 인물이 아니다. 중국이 오래 전부터 오바마에 관련된 정보를 수집했다는 보도도 없다. 이에 비해 미국이 시진핑을 오래 전부터 주목하고 꾸준히 '관리'해온 사실은 위키리크스에 의해 만천하에 드러났다.

위키리크스가 공개한 미 국무부의 비밀 외교문서에 따르면 2007년 3월 클라크 랜트 주중 미국 대사는 저장성 서기였던 시진핑과 함께 식사했다. 랜트 대사는 당시 나눈 대화를 정리해 미 국무부에 전문을 보냈다. 시진핑이 상하이 서기로 발탁되기도 전이었다. 전문에는 시진핑이 할리우드 영화를 좋아한다고 기록되어 있다. 그가 재미 있다고 꼽은 영화는 '라이언 일병 구하기'였고, 클린트 이스트우드 주연의 '아버지의 깃발'은 DVD도 구입했다. 그는 미국에서 만든 2차 세계 대전의 영화들은 "스케일이 크며 선악에 대한 가치관이 분명하다"고 평가했다.

반면 중국 영화를 비판하는 발언도 했다. 시진핑은 유명 영화감독인 장이머우張藝謀의 영화 '황후화皇后花'를 혼란스럽다고 평했다. 그는 "많은 영화들이 외국인들의 구미에만 맞추려 하거나 궁중의 음모를 다루고 있는데, 제작자들이 마땅히 담아야 할 가치를 못 담고 있다"고 지적했다.

위키리크스에 따르면 시진핑은 모험을 좋아하지 않는 인물이다. 2009년 미국 총영사관은 외교 전문을 통해 이렇게 보고했다. "저장 성과 상하이 시 당서기 시절 시진핑 부주석의 유일한 업적은 '아무 일도 하지 않은 것'이었다. 매우 조심스러운 성격이며, 방 뒤편에서 팔짱만 끼고 앉아 있는 스타일이라 실수를 하지 않는다."

시진핑을 '미스터 클린Mr.Clean'으로 묘사하거나 야망 있는 정치인으로 분석한 전문도 있다. 로이터통신은 "미 국무부의 외교문서는 시진핑을 부패하지 않은 인물, 마오쩌둥 사상을 계승하면서도 실용주의 노선을 가진 인물로 평가했다"고 보도했다.

독일 〈슈피겔〉은 시진핑이 위기에서 벗어나기 위해서 완벽한 공산당주의자가 됐다고 평했다. "문화대혁명으로 하방한 다른 태자당 사람들이 서구 문학에 심취했을 때 시진핑은 마르크스 사상을 공부했다. 아버지 시중쉰이 반혁명 혐의로 투옥되어 있을 때 공산당에 가입했다. 시진핑은 마오쩌둥주의자들보다 더 붉어짐으로써 생존하는 길을 택했다."

랜트는 시진핑과 담소를 나눈 바로 다음 날 당시 랴오닝성 서기였던 리커창과도 만찬을 함께 했다. 리커창은 당시 자유무역과 법치주의에 대한 강한 지지 의사를 표했다. 랜트는 리커창을 '박식하고 유머러스한 호감형'이라고 묘사했다.

반면 시진핑에 대한 〈뉴욕타임스〉의 평가는 상당히 냉정하다. "총서기 취임 연설에서 시진핑은 공산당의 부정부패 등 각종 문제를 개선하겠다고 했지만 노선 변화 조짐은 거의 없다." 〈뉴욕타임스〉는 중국 지도부 내에서 장쩌민 전 주석의 영향력이 강하게 남아 있다는 점을 제기했다. 신임 정치국 상무위원 7명 중에서 4명이 그의 측근이라는 점을 들며, 장쩌민이 상왕上王 역할을 할 가능성을 비판했다. 또한 시진핑이 취임 연설에서 '당黨'을 20회, '인민' 19회, '책임'을 10회 언급했지만 법과 관련한 단어는 사용하지 않은 점을 지적했다. 정치국 상무위원들이 기존 통치 방식을 변화시킬 만한 강력한 추진력을 갖고 있지 못하다는 비판적인 분석도 나왔다.

시진핑의 대미관對美觀은 구체적으로 알려진 것이 많지 않다. 신중한 성격인 그는 공개석상에서는 미국에 대해 거의 언급하지 않았다. 그렇기에 2009년 2월 멕시코에서 현지 화교들과 만난 자리에서 한 그의 발언은 이례적이다. "소수의 배부르고 할 일 없는 외국인들이 중국의 일에 함부로 이러쿵저러쿵 말하면서 간섭하고 있다. 중국은 혁명을 외국에 수출한 적도 없고 배고픔과 빈곤을 외국에 수출한 적

도 없으며, 외국을 흔들거나 괴롭힌 적도 없다." 중국에 대한 미국의
비판을 염두에 둔 것으로, 지나친 간섭은 용인하지 않겠다는 의지의
표현이기도 했다.

6세대 차기 지도자에게도 관심 있는 미국

〈뉴욕타임스〉는 2012년 11월 오바마 정부가 후춘화胡春華 네이멍구
자치구 당 서기와 쑨정차이孫政才 충칭시 서기가 6세대 지도부 경쟁
에서 선두에 나서리라 보고 관계 구축에 나섰다고 보도했다. 후진타
오의 지원을 받는 후 서기와 당 농업부장 출신의 쑨 서기는 18기 1중
전회에서 1960년대 생을 뜻하는 '류링호우' 중에서는 최초로 25명으
로 구성된 중국 공산당 정치국원에 발탁되었다. 10년 후 차기 중국
을 이끌 세대로 낙점된 것이다. 시진핑과 리커창이 17차 당 대회에
서 상무위원직을 맡은 것처럼, 이 두 명이 2017년 19차 당 대회에서
정치국 상무위원을 맡을 가능성이 거론되고 있다.

　게리 로크 주중 대사는 2012년 6월 이례적으로 네이멍구 후허하
오터呼和浩特를 방문, 후춘화 서기를 만났다. 그는 지린성 서기였던 쑨
정차이 서기도 만나 관계를 공고히 했다. 미국이 앞으로 부상할 중
국의 차기 6세대 지도자까지 신경을 쓰고 있다는 사실을 보여준다.

시진핑에 대한 10가지 질문

데이비드 샴보 조지워싱턴대 교수는 미국의 저명한 중국전문가이다. 그가 〈뉴욕타임스〉를 통해 제기한 '시진핑에 대한 10대 질문'은 미국 사회가 갖는 의문들을 총망라한 것이라고 할 수 있다.[2]

이 기고문은 미국이 시진핑 체제에 대해 갖고 있는 기대와 의구심을 정확하게 표현하고 있다. 향후 미중관계의 향방을 점칠 수 있는 의미 있는 지표가 될 것이다.

1. 공안·군부·당 선전부 등 개혁을 저지하는 보수적인 기관에 대항하여 중국 공산당을 정치 개혁의 길로 다시 이끌 수 있는가?
2. 시진핑과 차기 부총리는 수사에 불과한 경제적 재균형을 현실화할 수 있는가?
3. 중국이 티벳과 신장사태에 대해 인도적인 정책을 고려할 수 있는가?
4. 해양 분쟁과 관련, 주변국에 극단적인 입장을 취하고 미국에 대항하며 국제적으로 공세적 행태를 보이는 민족주의를 통제할 수 있는가?

---

2 2012년 12월 방한한 데이비드 샴보 교수를 인터뷰하면서 〈뉴욕타임스〉에 기고한 '시진핑 체제에 대한 10가지 질문'에 대해 물어볼 기회가 있었다. 샴보 교수는 "내 질문은 여전히 유효하다. 중국은 여기에 대해 단 한 가지도 제대로 답변하지 않고 있다"고 중국의 미래를 부정적으로 전망했다.

5. 주요 언론, SNS, 인터넷, 교육기관 등에 관한 통제를 완화할
   자신감이 있는가?

6. 군부가 중국의 주변국을 자극하고 민간의 당 통제와는 독립적
   으로 행동하는 우려스러운 행태를 통제할 수 있는가?

7. 수사보다는 내실 있는 외교정책을 허용할 수 있는가?

8. 아프리카, 중동, 남미 지역 등에서 중국의 탐욕스럽고 중상주
   의적인 에너지, 원조, 무역정책에 대해 증대된 불만을 어떻게
   다룰 것인가?

9. 시리아 및 이란 등 주요 글로벌 문제와 관련, 중국 정부는 문
   제를 만들어 내기보다는 해결을 위해 적극적이고 지원을 아끼
   지 않는 역할을 수행할 것인가?

10. 미국과의 관계 증진에 투자하는 전략적 선견지명을 가질 것
    인가?

세 차례 방한한 시진핑

시진핑은 한국을 세 차례 방문하며 인연을 쌓았다. 1995년 푸젠성
당 부서기, 2005년 저장성 당서기, 2009년 국가 부주석으로 방문해
환대를 받았고, 특히 2009년 12월 방한 때는 사실상 국가정상급 대
접을 받았다. 시진핑은 우다웨이 중국 외교부 부부장 등 차관급 인
사 6명을 비롯, 60여명의 수행원과 함께 부주석 취임 이후 첫 방한에

나섰다. 한중관계가 '전략적 협력 동반자' 관계로 격상되면서 이루어진 방한이었다.

당시 시진핑이 중국 공산당 서열 6위의 정치국 상무위원인 데다가 유력한 차기 국가 지도자였기에, 청와대 경호처가 직접 경호를 맡았다. 류우익 통일부 장관이 주중 대사 내정자 신분으로 4일 동안 밀착 수행한 것도 이례적이었다. 시진핑은 하루 동안 이명박 대통령과 조찬, 정운찬 국무총리와 만찬을 하는 기록도 세웠다. 당시 국회의장과 여야 지도부도 그를 위해 시간을 냈으며 전경련 등 경제단체장들의 만남도 있었다.

베이징 주재 미 대사관이 보고한 전문에 따르면 한국 외교관들은 그 방한을 성공적이라고 평가했다. 아직 차기 최고지도자 자리를 예약하기 전이었으나, 한국 정부는 그에게 제공하는 경호 수준을 국가 정상급으로 격상했고 이는 현명한 결정이라는 자평이었다.

이에 비해 방한 직전 들렀던 일본에서 시진핑은 전혀 다른 대접을 받았다. 일본 정부는 경호 수준 격상을 거부했고, 이 때문에 시진핑은 방일 기간 내내 "너네 나라로 돌아가라!" "지옥으로 꺼져라!" 등의 구호를 외치는 반중 시위대와 맞닥뜨렸다고 한다. 몹시 당황한 중국 외교부는 당시 주일 대사였던 추이텐카이崔天凱 현 외교부 부부장을 본국으로 소환해 질책하기도 했다.

중국 정부는 당시 한국 정부가 이명박 대통령의 최측근인 류우익 전 대통령 비서실장을 중국 주재 대사로 지명한 것에 "한국 정부가 한중관계를 중요시하고 있음을 명확히 보여주는 증거"라며 만족을 표했다. 중국 측에서도 후진타오 주석과 원자바오 총리의 방한 등 양국 고위급 인사들이 이례적으로 자주 교류하여 한중관계가 순조롭다고 평가했다.

한국 정치인들과의 친분

시진핑과 친분이 있는 한국 측 대표 인사로 꼽히는 류우익 통일부 장관은 2009년 당시 주중 대사 내정자 자격으로, 방한한 시진핑의 전체 일정을 수행했다.

류 장관은 시진핑이 세심한 성격의 소유자라고 말한다.[3] 겨울 찬 바람이 부는 가운데 경주 반월성을 올라간 시진핑은, 추운 날씨에서도 자신을 환영하기 위해 나온 농악대원들을 걱정했다. "추운 데서 연주하면 너무 힘드니 내려올 때까지 따뜻한 곳에 들어가 있어도 된다"고 말했다. 날씨가 너무 추웠기 때문에 한국 측은 굳이 올라가지 않아도 된다고 만류했지만, 시진핑은 "이렇게까지 준비했는데 어떻게 안 올라갈 수 있느냐"며 웃는 얼굴로 반월성에 올랐다.

서애西厓 류성룡의 12대손인 류 장관은 환영 만찬에서 류성룡에 관한 이야기를 꺼냈다. 임진왜란 당시 류성룡은 명나라의 병력을 지원

---

3 주중 대사를 역임하고 귀국한 류우익 장관은 2011년 9월 통일부 장관에 취임한 후 여러 계기를 통해 시진핑과의 인연에 대해 언급했다.

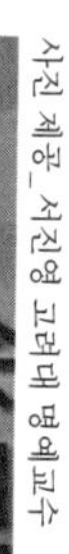

시진핑의 2012년 한중 수교 20주년 리셉션 참석

받기 위한 교섭을 벌였다. 시진핑은 당시 상황을 잘 몰랐던지 대화에 별로 참여하지 않았다. 그러나 다음날 다시 류성룡 이야기가 나오자 임진왜란 당시 조선과 명나라가 힘을 합쳤던 역사에 대해 많은 이야기를 했다. 청년기에 문화혁명을 경험해서 왕조 시대의 역사에 어두운 그였지만, 그날 저녁 명나라 당시의 관계를 공부한 것이다.

류성룡의 〈징비록〉을 류 장관에게 선물 받은 시진핑은, 다시 만났을 때 책에 대한 소감을 이야기했다. "명나라 시절의 역사를 생각하니 류 대사께서 중국에 오시는 것은 과거 양국의 인연이 계속되는 것이라고 생각한다. 한중관계 발전을 위해 노력해달라."

박준영 전남지사도 시진핑이 한국과의 인연을 말할 때 빼놓지 않

44

고 거론되는 인물이다. 두 사람은 서로를 오랜 친구를 뜻하는 '라오 평유老朋友'라고 부른다. 그는 시진핑을 "매우 진지하고 겸손하며 다방면에 걸쳐 지식도 깊다"고 평한다.

박 지사는 2005년 전라남도가 시진핑이 당서기로 있던 저장성과 자매결연을 맺으면서 인연을 시작했다. 박 지사는 시진핑이 상하이시 당서기 시절에 다시 만나 상하이시 재개발 계획지구에 포함된 상하이 임시정부 청사를 보존해 달라고 요청했다. 박 지사는 "한국 헌법에 '상해 임정 법통 이어받아'라고 나오는데 이는 헌법에 유일하게 등장하는 외국 지명이다. 한국의 정서를 감안해서 재개발을 재고해 달라"고 했다. 이 사실을 몰랐던 시진핑은 배석한 사람과 즉석에서 상의하더니 바로 보존 지시를 내렸다. 2009년 방한 시 박 지사를 만나지 못한 시진핑은 주한 중국 대사를 통해 그에게 "못 보고 가게 되어 매우 미안하다"는 내용의 서신을 전했다.

2012년 박 지사가 베이징에서 시진핑을 만났을 때 한중관계, 남북관계 등 다양한 대화를 나눴다. 박 지사는 중국이 남북대화와 평화를 위해 역할을 맡아달라고 요청했고, 시진핑은 남북대화를 적극 지지하겠다고 응했다.

한중관계도 정확하게 파악하고 있는 시진핑은 박 지사에게 이렇게 말했다. "한중 무역이 2300억 달러를 넘었는데 한미 1000억 달러, 한일 1000억 달러를 합친 것보다 많다고 한다. 2015년에는 3000억 달러를 넘어설 수 있도록 노력하자." 시진핑은 또 한국을 '가장 가까운 나라'라고도 했다.

부패 척결을 강조하는 시진핑

"썩으면 벌레가 생긴다"

2012년 2월 세계은행World Bank과 중국 국무원 산하의 발전연구센터는 〈중국 2030〉으로 명명된 보고서를 발표했다. 2030년을 내다보며 두 기관이 공동으로 중국의 발전전략을 연구한 것이다. 이 보고서는 중국이 2030년까지 현대적이고, 조화로우며, 창조적인 고소득 사회가 되기 위해서는 새로운 발전전략을 채택해야 한다고 제언한다.

이 보고서는 구체적으로 1) 시장중심 경제를 위한 구조개혁 2) 혁신 가속화 3) 녹색발전 전략의 추진 4) 평등한 기회 보장과 사회보장 확대 5) 재정시스템 보강 6) 전 세계와의 호혜적인 관계 달성을 제안했다.

당시 부총리였던 리커창과 로버트 졸릭 세계은행 총재가 만나서

이 보고서를 공동 작성하기로 합의한 것은 주목할 만하다. 앞으로 시진핑-리커창 시대의 개혁방침으로 볼 수 있을 것이다.

시진핑 취임 후 〈중국 2030〉의 목표를 이루기 위해 가장 강조하는 것은 부패 척결이다. 총서기가 된 지 이틀 만에 정치국 집단학습회에서 참석한 그는 부정부패 척결을 강조했다. "물건은 반드시 썩게 돼 있으며 썩으면 반드시 벌레가 생긴다." 고도의 경제성장을 이룩했지만 부패 문제가 발목을 잡을 것을 우려한 말이다. 심각한 법규 위반 행위는 매우 큰 문제이며 정치에도 치명적인 악영향을 미쳤다며, 특히 지도급 인사들의 솔선수범을 강조했다. 사익을 위해 권력을 함부로 휘두르거나 특권을 주장하는 행위는 결코 허용하지 않겠다고 경고했다. 부패 척결을 위해 국유기업도 적극 개혁하겠다는 의지를 내비쳤다. 그동안 중국 국유 중앙기업들이 수많은 부패 스캔들을 일으켜 사회적 물의를 일으켰기 때문이다.

중국 공산당은 시진핑의 등장을 계기로 고위급 관리에 대한 감독 강화 문구를 당의 헌법인 당장黨章에 명기했다. "당의 영도기관과 당원 영도간부에 대한 감독을 강화한다"는 문구를 "당 영도기관과 당원 영도간부, 그리고 특히 주요 영도간부에 대한 감독을 강화한다"로 수정한 것이다.

공산주의 이념도 강조하는 시진핑은, 개정된 새 당장을 철저히 학습하라고 간부들에게 지시했다. "당의 성격, 이론, 노선, 주요 주장을 담은 당장은 모든 당원이 함께 지켜야 할 근본적 행동 규범이다."

또한 중국의 법원·경찰·검찰 등 사법기관을 총괄한 중앙정법위원회의 서기를 교체하면서 격을 대폭 낮췄다. 중국 공산당 중앙위원회는 정치국 상무위원이던 저우융캉周永康 중앙정법위 서기를 퇴진시키고 멍젠주孟建柱 신임 정치국원을 새 서기로 임명했다. 공산당 정치국 상무위원으로 권력 서열 9위였던 저우융캉에 비해 25명으로 구성된 정치국원에 불과한 멍젠주의 등용은 중국의 사법제도를 변화시키기 위한 것으로 해석된다.

시진핑은 특정 이념에 치우친 극단 노선을 피하고 중도 노선을 취할 것이라는 관측이 유력하다. 러시아 과학아카데미 산하 극동연구소의 중국문제 전문가인 야코프 버거 선임 연구원은 시진핑이 극좌나 극우 중 한 쪽 방향으로 나아가는 일은 없을 거라고 전망했다. 버거는 "그는 당분간 계파를 초월한 당 운영에 나서서 계파 간 이해 균형을 맞추는 데 주력할 것"이라고 했다. 대만의 중앙통신사CNA는 과묵한 편인 시진핑이 특정 노선을 선택하기보다는 다소 느리더라도 온건한 입장을 취할 것으로 전망했다.

시진핑의 과제, 경제발전과 분배

18차 당 대회에서 했던 후진타오의 마지막 보고를 살펴보면 2013년 이후 중국 지도부의 '지휘방침'을 이해하는 데 도움이 될 것이다. 후진타오는 당시 성장과 분배 문제와 관련해 두 가지를 언급했다. 샤오캉 사회 건설을 위해 중국 인민의 소득을 2020년까지 2010년의 2배수준으로 늘리겠다는 것과 소득 분배 제도를 개혁해 주민 소득이 경제 발전과 동시에 늘어나게 해야 한다는 것이었다.

전문가들은 이를 위해서는 10년간 7% 이상 성장해야 한다고 주장한다. 중국은 제12차 5개년 계획(12.5규획)[4]을 추진 중인데 2013년 경제 성장률 목표는 7.5%로 설정했다.

분배 문제의 본질은 국유기업 개혁에 달려 있다. 전체 국가 자산의 80%를 넘는 비중을 차지하는 중국 국유기업은 기득권 세력의 이해관계와 밀접하게 연관되어 있다. 특히 태자당은 이 기업들을 좌지우지하며 정치권력을 행사한다. 태자당 출신의 시진핑이 과연 이를 해결할 수 있을지 의문이라는 관측도 나온다.

중국 제조업체들이 인력난에 시달리고 있다는 분석도 많이 나온다. 옛날과는 달리 젊은이들이 생산직 취업을 선호하지 않으며, 대도시로 나가는 농민공農民工은 차츰 줄어드는 추세이다. 매년 중국에서 대학을 졸업하는 사람들만 600만 명이 넘으며, 이들을 위한 대책 마련도 시급하다.

---

[4] 2011년부터 2015년까지 4개년의 경제발전 계획. 한계에 이른 성장방식을 바꿔서 지속적인 성장을 이루기 위해 산업구조 개선, 서비스업 증대 등을 이루겠다는 내용이다.

'신형新型대국관계'의 등장

전임자보다 강력한 군 통수권자

시진핑은 18차 당 대회를 계기로 총참모부·총정치부·총후근부總後勤部·총무장부 등 4개 총부總部 등에서 22명의 군 고위 장성을 전보하거나 승진시키는 등 개편을 단행했다.

시진핑이 총서기 겸 중앙군사위 주석으로 임명되면서 부 주석직에 임명된 공군 사령관 출신의 쉬치량許其亮, 지난濟南 군구 사령관인 판창룽范長龍도 승진했다. 언론은 이러한 대규모 군 수뇌부 인사는 해양·우주·사이버 강화 원칙에 따라 이뤄졌다고 보도했다. 중국 공산당은 18차 전당대회에서 "2020년까지 군의 기계화, 정보화에서 큰 진전을 이룩할 것이다. 해양, 우주, 사이버 공간에 관심을 쏟겠다"고 말했다.

취임 직후 소집한 당 중앙군사위원회 회의에서 시진핑은 군부에 절대적인 충성을 요구했다. "추호의 동요 없이 절대적으로 당이 군대를 영도領導하는 것을 견지해야 한다. 군은 정보화를 바탕으로 실전 능력을 대폭 끌어올려라." 국가 주권, 안보, 발전 이익을 단호히 지켜나갈 수 있도록 명령한 것이다.

이어 그는 광둥성 인근의 해군 부대를 3일간 순방했다. 주석으로서 군대 지휘권을 가진 후 처음으로 군대 시찰에 나선 것이다. 그는 군인들에게 싸울 수 있는 군대, 싸우면 이기는 군대가 되어야 한다고 지시했다. "싸우면 이기는 것이 강군强軍의 핵심 요소임을 잊지 말라. 중화민족의 위대한 부흥을 이루려면 반드시 부국과 강군을 결부시켜야 한다"고 했다. 언론은 이를 거듭 보도함으로써, 향후 시진핑 체제가 '강한 군대' 육성에 주력할 것을 시사했다.

중국 인민해방군의 위상은 다른 나라와는 다르다. 인민해방군은 국가의 군대가 아니라 '공산당의 군'으로 당헌에 규정되어 있다. 그렇기 때문에 당에서 최고 영향력을 갖는 인사가 군을 지휘한다.

군을 움직이는 핵심적인 인물은 당 중앙군사위 주석이다. 장쩌민이 2002년 국가주석에서 퇴임한 후에도 3년간 군사위 주석직을 유지했기 때문에 다음 주석인 후진타오가 제대로 권력을 누리지 못했다는 평가를 받았다. 그렇기 때문에 시진핑이 18차 당 대회에서 후진타오로부터 중앙군사위 주석을 넘겨받은 것은 시진핑의 막강한 파워를 보여주는 사례이다.

홍콩 〈사우스차이나모닝포스트〉는 당 중앙군사위원 11명 중에서 유일한 민간인인 시진핑이 취임 직후 군 인사를 단행한 것을 높이 평가하며 그가 신속하게 군을 장악했다고 분석했다. 린중빈林中斌 전 대만 국방부 부부장은 이렇게 전망했다. "시진핑 총서기는 군사, 외교 분야의 경험을 가진 흔치 않은 중국의 고위 지도자다. 전임자들보다 더 강력한 군 통수권자가 될 것이다."

거침없이 나아가는 중국군대

중국은 급성장하는 경제규모에 맞춰 군에 많은 투자를 해왔다. 후진타오 주석은 17차 당 대회에서 "부국富國과 강군强軍은 중국 특색의 사회주의 발전을 이루는 양대 기초다. 경제발전 성과를 국방 현대화 건설로 확대하고, 국방 현대화 건설을 다시 경제발전의 중요한 추동력으로 만들겠다"고 주창했다. 이에 따라 국방비를 대폭 증액하고, 대규모의 군사훈련을 실시했다. 강한 훈련으로 군대를 지휘한다는 강훈치군强訓治軍도 내세웠다. 군대를 기동능력을 갖춘 공격형 군대로 만들겠다는 의지의 표현이었다.

시진핑 시대가 출범하면서 중국은 국방력을 대폭 강화하고 있다. 2012년 11월엔 러시아로부터 수호이-35 전투기 24대를 구매하기로 했다. 수호이-35 전투기는 2015년부터 인도될 예정이며 총 구매가격은 15억 달러가 넘는다. 러시아는 그동안 중국이 수호이-35를 구입해서 자체 전투기 개발에 활용하려 한다며 판매에 소극적인 모습이었지만, 중국이 대량 구입 방침을 결정함에 따라 판매를 결정했다.

중국군에 힘이 쏠리면서 군부가 대외정책결정 과정에 개입하려
한다는 평가도 등장한다. 2012년 8월 미국을 방문한 차이잉팅蔡英挺
중국 인민해방군 제1부총참모장은 "댜오위다오와 그 부속도서들이
미일 상호방위조약 적용을 받는 것에 반대한다"고 말하기도 했다.
군부에서 후진타오에게 남중국해 문제에 대해 더 강력히 대응하라
고 촉구했다는 소문도 있다.

다른 기관과 마찬가지로 중국군대의 부패 문제는 심각하다. 중국
인민 해방군은 현재 크고 작은 기업을 경영하고 있다. 그러나 군 지
휘관들 대부분이 태자당이나 상하이방 출신으로 주룽지朱鎔基 총리
시절 군의 기업 경영을 금지하는 개혁을 시도했다가 실패했다. 공청
단 출신의 후진타오는 아예 군 개혁에는 제대로 손도 대지 못했다는
평가를 받는다.

미국을 겨냥한 칭화대 연설

시진핑이 공개적으로 대외관계를 언급한 경우는 많지 않다. 그런
점에서 2012년 7월 칭화대학에서 열린 세계포럼 강연은 그의 외교
안보관을 들여다 볼 수 있는 흔치 않는 기회이다.

"중국은 다른 국가들에게 (중국을 지지하라는) 뜻을 강요하지 않을
것이며, 낡은 생각과 시대에 뒤처진 접근법을 버리고 세계 평화를

위해 노력하길 원한다. 중국은 경제 발전과 세계 평화, 인류의 공동 발전이라는 대의大儀를 항상 지켜나갈 것이다. 시대의 흐름과 속도를 맞추면서 혁신하고, 새로운 안보 개념을 만들어 나가겠다. 우리는 앞으로도 평화 발전 노선을 견지하면서, 중미관계 등 새로운 형태 (상호존중, 호혜공영)의 대국관계를 추진하고, 주변국과의 선린우호 관계를 견지함은 물론 아태지역의 평화와 안전을 수호하겠다."

시진핑은 이 연설에서 중국이 선진국이 된다 해도 패권을 추구하지 않겠다고 강조했다. 미국과 함께 G2로 불리면서 생긴 주변국들의 불안을 해소하기 위해서이다. "오늘날 안보는 전통적 의미의 군사적 개념을 넘어서 공동 대응을 통한 조화롭고 안정적인 지역 및 국제안보 환경을 조성하는 것"이라고 주장한 시진핑은 IMF를 비롯한 국제기구에서 중국의 역할을 늘리겠다고 공언했다. 또한 이를 합리적으로 개혁하겠다는 입장도 밝혔다.

시진핑은 이날 연설에서 미국과의 관계에 대해 이렇게 언급했다. "중국과 미국은 강대국들 간 새로운 관계 정립을 위한 노력을 적극적으로 하고 있다. 특히 반 테러와 핵 확산 금지, 글로벌 금융위기 충격 등이 과제로 남아 있다. 발전을 통한 안보, 평등을 통한 안보, 상호신뢰를 통한 안보, 협력을 통한 안보, 혁신을 통한 안보 모색에 주력해야 한다." 다섯 가지의 안보를 키워드로 제시한 것이다.

그가 연설에서 새롭게 주창한 것이 신형대국新型大國 관계이다. 그동안 어둠 속에서 힘을 길러 미래를 준비하던 '도광양회韜光養晦' 정책

54

에서, 이제는 하고 싶은 일에 적극적으로 나서는 '유소작위有所作爲' 정책으로 선회했음을 선포한 것이다.

시진핑의 이런 정책을 바탕으로 중국에서는 2013년 이후의 '신형 미중관계' 구축에 대한 다양한 제안이 등장하고 있다. 장성쥔張勝軍 베이징 사범대학 국제관계학원 부원장은 이에 관해 이렇게 말했다. "이제는 미국과 구동존이求同存異가 아니라 구이존동求異存同을 시도해볼 만하다. 중국과 미국이 현재의 형식에 얽매인 교류, 내실없는 교류를 타개하기 위하여 새로운 인문교류 원칙으로 '이견은 보류하고 공동 이익을 추구'하는 구동존이 원칙이 아닌 '이견을 보류하지 않고 이를 해소'하는 구이존동 원칙을 시도해도 좋을 것이다. 오직 같은 견해에 대해서만 논의하고 일부 문제나 갈등은 의도적으로 회피함으로써 서로에 대한 생각을 직접 교류하는 기회를 낭비한다." 미국과의 적극적인 대화로 문제를 해소하고 거리를 더 좁혀야 한다는 것이다.

장궈칭張國慶 중국 사회과학원 미국연구소 연구원은 오바마 2기 정부의 아시아 복귀정책이 중국의 주변정세를 더욱 어렵게 만들 거라고 전망했다. "오바마의 일련의 발언 및 행동으로 볼 때 미국이 3가지 분야에서 호기를 부릴 가능성이 있다. 첫째, 아시아 복귀로 중국을 대하고 둘째, 비확산으로 이란을 대하며, 셋째 정권 교체 추진으로 시리아를 대한다." 장 연구원은 정책의 연속성에서 볼 때 오바마의 아시아 복귀 전략으로 인해 아태지역의 지정학적 불확실성이 지속적으로 커질 것으로 전망했다.

대만과의 관계도 변화 가능성

중국은 대만의 공식 국호인 중화민국을 사용하지 않고 타이베이台北라고 칭한다. 하나의 독립국가가 아닌 성省으로만 인정한다는 의미이다.

시진핑은 대만을 마주보는 중국 남부의 푸젠성에서 오래 근무했기에 양안관계를 조정할 줄 아는 지혜를 발휘할 것이라는 기대를 받고 있다. 마잉주馬英九 대만 총통은 시진핑이 총서기로 취임한 날 축하 전문을 보내어 "역대 가장 평화롭고 안정적인 양안관계를 계속 발전시켜 양안의 행복한 미래를 함께 열어가자"고 했다.

시진핑도 즉각 회신했다. "양안의 평화 발전을 튼튼히 할 수 있는 역사적인 기회를 놓치지 않도록 양측이 적극 협력해서 중화민족의 아름다운 미래를 창조하자"는 내용이었다.

대만 문제는 여전히 중국의 핵심 사안이다. 2012년 10월 왕이王毅 국무원 대만 판공실 주임은 "대만 문제는 중국의 핵심 이익이며 당과 국가업무에서 중요한 전략적 위치를 차지한다. 지난 10년간 이 문제는 중대한 성과를 거뒀으며 평화 발전이라는 새로운 국면을 맞이했다. 이는 그간 중국의 국정방침이 옳다는 방증"이라고 주장했다. 시진핑은 앞으로 10년 동안 양안관계를 새롭게 개선할 것으로 전망된다.

시진핑 체제의 3가지 시나리오

대한무역투자진흥공사KOTRA 중국사업지부는 시진핑 체제 출범 직후, 보고서를 발간했다. 〈시진핑 시대의 개막과 중국 경제 예측〉이라는 제목의 이 보고서는 시진핑 체제와 중국의 미래에 관한 3가지 시나리오를 제시했다.[5]

KOTRA는 "모든 세력구조에 권력분점이라는 불문율이 작동하고, 국가 경제발전이라는 공동의 목표와 코드가 존재하기 때문에 위기 국면이 발생할 가능성은 낮아 보인다. 향후 중국의 권력 판세 관찰은 제한된 범위나마 자유선거를 포함한 정치 민주화가 얼마나 착실하고 안정적으로 진행되느냐에 더욱 초점을 맞춰야 할 것"이라고 관측했다.

---

5 KOTRA가 시진핑 시대의 중국과 관련해 예측한 세 가지 시나리오는 2013년 이후 중국을 분석하는 틀로 주목받고 있다. 이 보고서는 "세 가지 시나리오는 앞으로 개별적으로 올 수도 있고, 복합적으로 현실화될 수도 있다"고 전망했다.

약한 리더십과 강한 계파 weak leaders and strong factions

절대 권력의 점진적 약화 속에 집단지도 체제가 강화될 추세이다. 지난 20년간 중국은 마오쩌둥이나 덩샤오핑 같은 절대 권력자를 갖지 못했다. 장쩌민과 후진타오는 다수의 정치국 상무위원 가운데 선임자先任者로서의 위치가 강했다. 중국판 트위터 '웨이보'에는 후진타오 주석 시대를 '잃어버린 10년'이라고 칭하는 글들이 올라오는가 하면, 원자바오 총리에게는 "약하고 효율성 없다"는 비판들도 많았다.

이를 중국 전체 인민들의 생각으로 볼 수는 없지만 적어도 '후진타오-원자바오' 체제의 권위가 과거 지도자의 수준은 아니라는 사실을 알 수 있다. 시진핑 체제의 경우, 전임인 '후진타오-원자바오'보다 공적이 부족하고 우군의 협력기반이 공고화하기까지 시간이 필요하므로 각 계파와 협력하는 집단지도 체제가 더 강화될 가능성이 있다.

약한 정부와 강한 이익집단 weak government and strong interest groups

개혁개방 부작용 심화로 정부 통치력이 약화될 가능성이 있다. 현재 중국 정부는 경제적 불균형, 물가불안, 지방정부 채무급증, 걷잡을 수 없는 부정부패, 환경오염, 자원부족, 공공보건 취약, 티베트

민족문제 등 해결해야 할 과제가 산적해 있다.

"국무원 총리가 기업체 CEO를 관리할 수 없다總理管不了總經理"는 말이 인터넷에 퍼질 정도로 국유기업 통제는 갈수록 어려운 상황이다. 이런 상황에서 계파 간 또는 엘리트 연합과 포퓰리스트 연합 간 갈등이 고조되고 당은 물론 정부조직 안에서도 긴장 국면이 커진다면 어떻게 될까. 정책결정 과정은 길어지고 더욱 복잡해지며, 교착 상태에 빠질 수도 있다.

더 큰 문제는 각종 이익집단들의 세력이 건국 후 그 어느 때보다 커져 있다는 점이다. 가장 강력한 특수 이익집단으로 부상한 부동산 개발업자들은 정부가 해를 바꿔가면서 공을 들여온 부동산 과열 대책들을 비웃기라도 하듯 계속 '버블'을 부추기고 있다. 업계 담합을 규제하는 반독점법 통과만 일 년이 넘게 걸렸고, 정부의 거시정책도 기대 수준의 효과를 내지 못하고 있기에, 적어도 시진핑 시대 초반에는 이익집단의 세력이 약화될 가능성은 크지 않다.

약한 공산당과 강한 국가weak party and strong country

2009년 9월 당 제17기 중앙위원회 제4차 전체회의(17기 4중전회)에서는 "당의 단합과 효율성, 창의력이 심각하게 약화되었다"면서 당내 민주화를 강력하게 촉구했으나 이후 3년 동안 민주화를 포함한 정치개혁은 거의 시도되지 않았다. 글로벌 금융위기 발생 이후 중국식 체제의 우월성을 강조하는 좌파 세력이 커진 데다가, 중동 전역과 북아프리카에서 급속히 확산된 이른바 '중동의 봄'이 자칫 중국으로 번질 것을 우려했기 때문이다.

고위 당 간부들의 부패 스캔들과 자본의 불법유출이 연이어 발생하자 중국은 사회 안정을 위해 국방비보다 더 많은 예산을 쏟아 부었다. 급기야 공산당의 무능함을 질타하는 목소리와 함께 국가의 중요한 사무를 당이 아닌 정부 행정조직이 담당해야 한다는 요구가 커졌다.

KOTRA는 중국 공산당의 큰 틀 속에 정책 성향이 다른 2개의 계파 연합이 존재한다고 분석했다. 후진타오를 필두로 한 공청단의 포퓰리스트 연합과 태자당과 상하이방의 연합체인 엘리트 연합이 그것이다. 공청단은 사회 정의와 사회 통합을 강조하며 연해(해안 주변)지역보다 내륙지역에 관심이 많은 반면, 후자는 경제 효율성과 경제 성장을 우선하며 연해지역에 관심이 많다. 태자당과 상하이방 연합으로 분류되는 시진핑이 자기 목소리를 내기까지 앞으로 공청단 계열과의 협력을 강화할 가능성이 크다.

재선에 성공한 오바마

오바마 연보

1961년 8월 4일	하와이 호놀룰루에서 케냐 출신의 유학생 아버지와 백인 어머니 사이에서 출생
1967년(6세)	인도네시아인과 재혼한 어머니를 따라서 자카르타로 이주, 4년간 거주
1971년(10세)	어머니가 오바마의 교육을 위해 하와이의 외조부모에게로 보냄
1972년(12세)	어머니가 하와이에 돌아와 수년간 함께 거주
1979년(18세)	하와이의 명문 사립 푸나호우 고등학교 졸업, LA 옥시덴탈대 입학
1981년(20세)	콜럼비아대 정치학과 편입
1983년(22세)	컬럼비아대 졸업 후 '비즈니스 인터내셔널' 등 컨설팅 회사 근무
1985년(24세)	시카고 남부에서 빈민구제 활동
1988년(27세)	하버드대 로스쿨 입학
1990년(29세)	하버드 법대 학회지 〈하버드 로 리뷰〉의 첫 흑인 편집장
1991년(30세)	하버드대 로스쿨 졸업(JD 취득) 후, 시카고에서 시민운동 시작
1992년(31세)	하버드대 로스쿨 선배인 미셸 로빈슨과 결혼
1995년(34세)	자서전 《내 아버지로부터의 꿈》 출간. 어머니 암으로 사망
1996년(35세)	일리노이 주 상원의원 당선(3선)
2000년(39세)	일리노이 주 연방 하원의원 민주당 경선 낙마
2004년(44세)	보스턴에서 열린 민주당 전당대회에서 존 케리 민주당 후보지지 연설, 11월 선거에서 연방 상원의원 당선
2006년(46세)	자서전 《버락 오바마, 담대한 희망》 출간
2008년(47세)	민주당 대통령 후보로 미국의 첫 흑인 대통령에 당선
2009년(48세)	노벨평화상 수상
2010년(49세)	건강개협법안, 금융개혁법안 발효 서명
2012년(51세)	재선 성공. 민주당 소속으로는 2차 세계대전 후 빌 클린턴에 이어 첫 재선 대통령

오해와 역경을 딛고 다시 시작하다

민권운동으로 피어난 정치의 꿈

오바마는 2012년 11월 45대 미국 대통령 선거에서 선거인단 수 332명을 확보, 206명에 그친 미트 롬니 공화당 후보에 승리해 재선에 성공했다. 오바마는 50.5%, 롬니는 48%의 득표율을 기록했다.

오바마는 박빙의 경쟁이 되리라는 선거에서 예상보다 큰 차이로 낙승을 거두었다. 백인 유권자로부터는 약 40%의 표를 받았지만 히스패닉, 흑인, 아시아계의 전폭적인 지원으로 4년 더 대통령으로 일할 기회를 획득했다.

오바마의 고향은 하와이 호놀룰루다. 하와이대에 유학중이던 케냐 출신의 흑인 버락 후세인 오바마 시니어와 미국 캔자스 출신의 백인 앤 던햄 사이에서 1961년 태어났다. 그의 이름 버락Barack은 '축복 받았다'는 의미이다. 어린 시절에는 배리Barry로 불렸지만 1980년

대에 본명인 버락을 쓰면서 흑인 혼혈아로 정체성을 갖게 되었다.

오바마의 생부는 그가 두 살 때 하버드 대학원에 입학하기 위해 하와이를 떠났고, 이후 이혼했다. 경제적 어려움을 겪던 오바마의 어머니는 아들이 여섯 살이 된 1967년 인도네시아 출신의 롤로 소에토로와 재혼했다.

오바마는 재혼한 어머니를 따라 인도네시아 자카르타에서 4년을 살았다. 오바마의 어머니는 1971년 그의 교육을 위해서 하와이에 있는 부모에게로 아들을 보냈다. 1979년 LA 옥시덴탈대에 입학할 때까지 외조부모와 지낸 오바마는 다소 혼란스러운 청소년 시절을 보냈다.

오바마는 1981년 컬럼비아대 정치학과에 편입, 국제정치를 전공했다. 이때부터 핵 문제에 관심을 가진 그는 연방 상원의원이 되자 비핵화 관련 법안을 제안했고, 대통령이 된 후에는 핵안보정상회의를 개최했다.

오바마는 대학 졸업 후 컨설팅 회사에 잠시 근무하다가 시카고 남부로 옮겼다. 가톨릭 교구의 지역사회 개발프로젝트의 책임자로 근무하면서 본격적으로 사회활동을 시작했다.

그는 하버드대 로스쿨에 입학, 1990년에는 흑인 최초로 〈하버드 로 리뷰Harvard Law Review〉의 편집장으로 선출됐다. 미국 법조계도 인정하는 권위 있는 학술지인 〈하버드 로 리뷰〉에서 그는 특유의 리더십을 발휘했다. 당시 그를 지도한 로렌스 트라이브 하버드대 로스쿨 교수는 자신이 가르친 학생 중에서 가장 영리하고 뛰어났다고 평가했다. 법학박사 학위JD를 취득한 오바마는 영리를 목적으로 한 로펌에 가지 않고, 시카고로 돌아가 민권변호사의 길을 걸었다.

이때부터 오바마는 정치가의 소질을 발휘했다. 일리노이 주 '유권자 등록 캠페인'의 책임을 맡은 그는 15만 명의 유권자들을 선거인 명부에 등록시키는 수완을 발휘했다. 상당수가 흑인이었다. 시카고대에서 틈틈이 헌법학을 강의하고 다양한 분야의 시민단체에서 활동하며 사회적 명성을 착실히 쌓았다.

경호 암호가 '변절자'

오바마는 1996년 일리노이 주 상원의원 선거에 출마하여 당선됐다. 시카고 남부 지역으로 흑인들이 많이 거주하는 그곳에서 주상원으로 활동하면서 빈곤층을 위한 건강보험, 사법 개혁에 관심을 가졌다. 그는 2004년까지 3선 의원으로 활동했다.

오바마는 2004년 7월 보스턴에서 열린 민주당 전당대회 기조연설당시 존 케리 민주당 후보를 지지하는 연설을 맡았다.[6] 뛰어난 연설로 정치권과 언론의 주목을 받은 그는 이를 계기로 2004년 11월

---

[6] 오바마는 2012년 12월 존 케리 상원의원을 자신의 2기 국무장관으로 지명했다. 그는 힐러리 클린턴을 포함, 상원의원 2명을 잇따라 국무장관으로 기용하는 진기록을 세웠다.

70%의 높은 지지율로 연방 상원에 진출하는 데 성공했다. 역사상 5번째 흑인 상원의원이자, 2005년부터 임기가 시작된 연방 상원의 유일한 흑인이었다.

그는 연방 상원 진출 후 같은 주 출신의 리처드 더빈 상원의원과 친밀하게 지냈고, 공화당의 리처드 루가 상원 외교위원장의 신뢰도 받았다.

오바마는 상원의원 임기 초기부터 '미국 최초의 흑인 대통령' 꿈을 키우기 시작했다. 케냐 출신의 아버지에 하버드대 로스쿨 졸업, 거기에 민권운동까지 더해져 신선한 경력이라는 호평이 많았다. 조지 W. 부시 대통령의 일방주의 정책에 반감을 가진 정치권과 언론은 그런 오바마를 주목했다.

2007년 2월, 오바마는 링컨이 연설했던 일리노이 스프링필드의 옛 주청사 건물에서 대선출마를 선언했다. 그리고 경선에서 힐러리 클린턴 상원의원과 치열한 경쟁을 벌인 끝에 민주당 후보로 확정됐다. 대선에서는 존 매케인 공화당 상원의원에게 압도적인 승리를 거두며 2009년 1월 미국의 44대 대통령에 취임했다.

오바마는 대학 시절 여름방학을 맞아 시카고의 로펌에서 인턴으로 근무하면서 하버드대 로스쿨 선배인 미셸 로빈슨을 처음 만났다. 오바마와 미셸은 3년간의 연애 끝에 1992년 결혼, 말리아(1989년생)와 사샤(2001년생) 두 딸을 두고 있다.

특이하게도 오바마는 대통령 후보 때 자신의 경호명으로 'Renegade(변절자)'를 선택했다. 기성 정치와 거리를 둔다는 의미에서 선택한 단어이다. 주요 인사의 가족 암호명은 같은 알파벳으로 시작한다는 전통에 따라 오바마 가족의 암호는 모두 R자로 시작된다. 미국의 첫 흑인 퍼스트레이디 미셸에게는 'Renaissance(르네상스)'라는 경호 암호가 부여됐다. 경호팀에서 장녀 말리아는 'Radiance(광채)', 차녀 사샤는 'Rosebud(장미 꽃봉오리)'로 불린다.

의욕이 넘쳤던 오바마 1기

오바마 취임 연설의 4가지 키워드

오바마가 흑인으로는 처음으로 미국의 44대 대통령으로 취임한 2009년 1월 20일, 워싱턴의 날씨는 영하로 떨어졌다. 불어 닥친 한파로 인해 코트와 모자, 장갑으로 몸을 감싸도 찬바람을 견디기 어려웠다. 그러나 미 연방의회 의사당에 설치된 특별연단에 나타난 오바마는 사자후獅子吼 같은 연설로 추위에 떨던 미국인들의 마음을 녹였다.

오바마는 미국의 위상 회복과 경제위기 극복이라는 두 주제를 중심으로 미국의 재건을 호소했다. "이제 우리는 스스로를 추스르고 먼지를 털어내고, 미국을 다시 만드는 작업을 시작해야 한다"는 그의 취임사에서 주목해야 할 키워드는 네 가지였다.

1. "유치한 짓은 버려야 한다"-부시 시대와의 결별

오바마는 "미국은 평화와 존엄을 추구하는 모든 사람과 어린이, 나라의 친구이며, 다시 한 번 선도할 준비가 됐다. 이를 위해 파시즘과 공산주의를 극복했던 앞선 세대처럼 힘을 신중하게 사용해야 한다"고 강조했다. 그는 자신의 연단에서 불과 몇 미터 떨어져 앉은 부시 전 대통령의 '일방주의'와 분명한 단절을 선언했다.

그는 미국은 젊지만 '유치한 행동childish things'은 그만둬야 한다고 말했다. 세계의 흐름과는 달리 일방적인 정책을 펼쳤던 부시를 겨냥한 말이기도 했다. 당선 후 밝힌 '오바마-바이든 계획'을 통해 세계 문제를 해결할 때는 다른 국가와의 협의를 중시하겠다고 밝혔다.

2. "미국 · 세계 위협하는 무리 물리칠 것"-단호한 반 테러주의

미국과 미국인의 보호를 최우선 목표로 내건 오바마는 특정 국가를 명시하지 않았지만 테러와 양민 학살을 자행하는 무리를 패배시키겠다고 경고했다. 반면 이라크에서는 책임감 있게 철수하고 아프가니스탄에서는 힘들여 얻은 평화를 계속 유지하겠다고 했다. 또 폭압적인 정권을 향해 "역사의 잘못된 편에 서 있다는 것을 알라"고 경고하면서도 "기꺼이 주먹fist을 펴겠다면 우리도 손을 내밀 것"이라며 '적과의 대화' 가능성을 열어 놓았다.

3. "미국인으로서 치러야 할 값이자 약속"-책임감 있는 참여

오바마는 미국이 처한 위기를 그대로 인정하면서, 책임감을 갖고 이에 정면으로 대처하자고 호소했다. "우리가 직면한 도전 과제들은 실제 상황이며, 쉽거나 짧은 시간에 극복될 수 있는 것은 아니지만 우리는 이 모든 것을 극복해낼 것이다."

그는 지금 우리에게 요구되는 것은 새로운 책임의 시대라며 책임 감 있는 행동을 촉구했다. "이것이 미국 시민으로서 치러야 할 값이 며 약속"이라고 강조했다. 경제위기에 대해서는 "과감하고도 신속한 행동이 필요하다. 새로운 일자리 창출은 물론 성장을 위한 기초를 닦는 행동에 나설 것"이라고 말했다.

4. "어려울 때는 여유 있는 사람이 앞장서야" – 자원봉사

오바마는 취임 바로 전날 십대를 위한 수용시설에서 페인트를 칠 하며 봉사정신을 강조했다. 경제가 어려울 때 여유 있는 사람들이 앞장서서 이 위기를 함께 극복해야 한다는 것이다. 그는 취임사에서 "강의 둑이 무너졌을 때 집 잃은 이를 받아들이는 친절, 동료의 실직 을 막기 위해 자신의 근로시간을 기꺼이 줄이려는 이타심이 이 어두 운 시대의 우리를 돌아보게 한다. 연기가 가득 찬 계단에 뛰어드는 소방대원의 용기, 자식을 기꺼이 키우려는 부모의 마음이 우리의 운 명을 결정하는 중요한 요소"라고 강조했다.

2012년 오바마는 선거 공약집 〈전진하는 미국Moving America Forward〉 을 내놓고 국제사회에서의 미국의 리더십을 위해서 국제적 경제발 전과 개발, 군사력 유지, 보편적 가치 등 3가지를 제시했다. 2기 임 기에서는 1기에서 추진했던 정책과 전략을 소폭 수정해 추진하면서 자신의 구체적인 업적을 남기는 데 주력할 가능성이 높다.

"고난의 겨울…게임할 시간이 없다"

2009년 2월 오바마는 취임 직후 처음으로 백악관에서 기자회견을 가졌다. 한 시간에 걸친 기자회견에서 딱 한 번만 웃었을 정도로 분위기는 시종일관 엄숙했다. 오바마는 미국이 처한 경제위기를 '고난의 겨울winter of our hardship'이라고 표현하며 의회가 속히 8000억 달러 규모의 경기부양법안을 통과시킬 것을 촉구했다.

"나는 의회가 매일 벌이는 정치 게임을 관망하고 있을 여유가 없습니다. 우리는 지금 당장 국민들이 필요로 하는 것을 만들어내야만 합니다."

오바마는 "조지프 바이든 부통령이 오바마에게 '경기부양책이 실패할 확률이 30%라고 말했다'는 보도가 나왔는데 이게 사실이냐?"고 묻는 한 기자의 질문에 "기억이 나지 않는다"며 딱 한 번 웃었다. 기자들도 이날은 경제위기의 심각성에 압도된 듯 대통령과의 정면 대결을 피한 채 간략하고 절제된 질문만 던지는 분위기였다.

오바마는 일본이 1990년대 대담하고 신속한 대책을 취하지 않아서 '잃어버린 10년'을 겪었음을 상기시키며 의회를 향해 '이념적 경직성'을 버리라고 촉구했다. 기자회견에 앞서 인디애나 주에서 열린 간담회에서 그는 "이번 위기를 재정비를 시작하는 계기로 활용하지 못하면 우리는 한국과 일본 자동차 회사들을 따라잡아 효과적으로 경쟁할 수 없으며 계속 추락할 것"이라고 경고했다. 오바마는 대선 과정에서도 한국과 일본 자동차 산업을 거론하며 미국이 경쟁력을 키워야 한다고 지적했다.

일자리 200만 개 창출 약속

오바마는 취임 후 일 년 만에 첫 연두年頭 국정 연설State of the Union을 했다. 미 대통령이 국가 상황과 한 해 동안의 국정 방향을 매년 초 국회에 설명하는 이 자리에서 그는 200만 개 일자리 창출을 최대의 과제로 제시했다. 70분간의 국정연설에서 60분가량을 경제회복과 고용창출, 이 두 가지 의제에 할애했다.

현 상황을 극복하고 일자리를 만들 수 있는 분야로 오바마는 중소기업과 소상공인들을 꼽았다. 월스트리트로부터 회수한 구제금융 300억 달러를 각 지역 은행에 제공해 중소기업에 대출하겠다고 약속했다.

그가 2008년 대통령 선거 당시부터 역점을 둔 청정에너지도 일자리 창출과 연관시켜 강조했다. "최신 전지電池를 만드는 노스캐롤라이나 주 청정에너지 회사는 전국적으로 1200개의 일자리를 만들고, 캘리포니아 주 태양열에너지 패널 제작사는 1000명을 신규로 고용하게 될 것"이라고 홍보했다. 에너지 효율을 높이고 청정에너지를 공급하는 것이야말로 미래를 위해 옳은 일이라고 주장한 그는 "청정 에너지를 선도하는 국가가 글로벌 경제를 선도하며, 미국이 바로 이런 선도적 국가가 되어야 한다"고 역설했다.

오바마는 건강보험을 비롯해 자신이 출범 초기에 언급한 교육·이민·금융 개혁 등을 절대 포기하지 않겠다고 강조함으로써 개혁 노선을 계속 유지하겠다는 입장을 밝혔다. 공화당을 향해서는 "단순히 모든 것에 반대하는 것은 단기적인 차원의 정치일 뿐 리더십이 아니다"라고 지적하며 국정에 관한 책임을 지라고 요구했다. 언론은 이날 연설에 대해 지지율이 하락한 오바마가 자신을 대통령으로 당선시킨 '변화change' 공약으로 다시 국민들의 지지를 회복하려 한다고 분석했다.

당시 오바마가 가장 힘쓴 부문은 미국의 경기 회복과 미국의 잠재력을 살리는 것이었다. 이를 위해서 2010년 기업체의 R&D(연구 개발) 증진을 위해 영구적으로 세액공제 혜택을 확대하는 방안의 법제화를 의회에 요청했다. 이 방안이 고용 창출은 물론 미국 기업의 국제경쟁력 향상에도 도움이 된다고 판단한 것이다.

기업 R&D 투자에 대한 영구적 세액 공제 조치 주장은 오바마가 처음이 아니다. 빌 클린턴 전 대통령도 이를 추진했다. 미 의회는 기업 R&D 투자에 대한 세액공제 확대 방안을 기본적으로 찬성하지만, 이를 대체할 재원 조달방안에 대해서는 각 당과 의원별로 입장 차이가 크다. 이 때문에 의회는 대규모 세수 감소를 우려, R&D 투자에 대한 제한된 일정 기간의 임시 세액공제 조치만 통과시켰을 뿐, 영구적 조치에는 반대해왔다.

그와 대선에서 맞붙었던 매케인은 "스테로이드를 주입하는 식의 '오바마-케인지언 정책(정부 재정지출을 확대하는 정책)'은 실패한다"고 맞서기도 했다.

교육 개혁에 주력한 오바마

오바마 1기의 가장 큰 과제 중 하나는 교육개혁이었다. 그는 교사가 학생을 제대로 가르치지 못한다면 교직을 그만둬야 한다는 입장을 밝혀 논쟁을 유도했다. "우리는 학생을 잘 가르치는 교사와 그렇지 않은 교사를 구분할 수 있어야 한다. 학생을 제대로 가르치지 못하는 교사는 궁극적으로 사직해야 한다." 공립학교의 문제를 단순히 돈으로 해결할 수는 없으며 교사들의 자질 향상이 필요하다고 강조했다.

취임 이후에도 '혁신을 위한 교육 Educate to innovate' 프로그램 2차 모임에서 교사들의 자질 향상을 강조했다. "교사의 역할이 절대적이다. 전문 식견을 갖춘 열정적인 교사들이 차이를 만들어낸다. 에너지의 대외의존 탈피와 건강증진, 환경보호, 국가안보 등 21세기의 중요한 도전들에 대응하는 데 양질의 교육은 매우 중요한 역할을 한다."

이 같은 '무능 교사 퇴출' 발언은 교원노조의 거센 반발을 샀지만 그는 아랑곳하지 않았다. 교육개혁 없이는 미국이 다른 나라와의 경쟁에서 뒤처질 수밖에 없으며, 그 중에서도 특히 교사에 대한 개혁이 우선되어야 한다는 것이 그의 일관된 주장이다.

"훌륭한 교사는 학생 성취도를 향상시킨 보상으로 더 많은 월급을 받아야 한다"며 성과급 도입의 필요성을 주장한 그는 여러 차례 교사들의 책임 있는 교육을 거듭 강조했다. "외국 학생들과 비교할 때 미국의 15세 학생들은 과학과 수학에서 각각 21위와 25위를 기록하고 있다. 이는 도저히 받아들일 수 없는 수준이다."

중간선거에서 참패한 오바마

2년 만에 맞은 생애 최대의 위기

47세의 젊은 나이에 변화를 외치며 미국 대통령의 자리에 오른 오바마는 2년 만에 최대의 위기를 맞았다. 2010년 11월 중간선거에서 공화당에 연방하원 60석 이상을 내주는 72년 만의 참패를 당하면서 2년 만에 변화의 대상으로 전락하고 만 것이다. 37개 주에서 실시된 주지사 선거에서도 공화당이 승리한 반면, 여당인 민주당은 상원 다수당 지위를 간신히 지키는 데 그쳤다.

하원 선거는 1938년 프랭클린 루스벨트 대통령 당시 공화당이 80석을 추가한 중간선거 이후 최대 의석 증가로 기록됐다. 전체 정원 100명 중 37명을 선출하는 상원의원 선거에서도 공화당이 약진, 의석수가 46석 이상으로 늘어나 민주당과의 차이를 크게 좁혔다. 주지사 선거에서도 위기는 찾아왔다. 대선의 풍향계 역할을 하는 오하이

76

오, 펜실베이니아, 아이오와 등 20군데 이상에서 공화당 후보가 낙
승했다.

이를 계기로 실시된 각종 여론조사에서 오바마는 국민들에게 미
래에 대한 긍정적인 비전을 주지 못한다는 조사가 나왔다. "힐러리
클린턴 국무장관이 오바마 대통령을 대신해서 2012년에 출마할 가
능성이 있는가?"라는 민감한 주제로 방송 토론이 진행되기도 했다.

2009년 오바마 정부가 출범할 당시에는 민주당이 상하원 모두를
장악하고 있었다. 행정부와 상하원이 모두 민주당의 영향력 하에 있
으므로 주요 사안을 쉽게 관철시킬 수 있었다. 민주당은 '토론 종결
cloture'을 가능하게 하는 60석 이상도 보유하고 있었지만 2년도 채 되
지 않아 이 모든 것을 잃었다. 차기 하원의장으로 선출된 존 베이너
공화당 하원 원내대표는 "이번 선거는 오바마 정부의 진로를 바꾸라
는 국민의 요구이다. 우리는 자녀와 손자들의 더 나은 미래를 위해
새로운 결단을 내려야 한다"고 주장했다.

미국의 첫 흑인 대통령 오바마를 지탱한 힘은 두 가지였다. 2008
년 대선 당시 538명의 선거인단 중 67%인 365명을 확보할 수 있도
록 밀어준 국민 지지와 상하원에서의 절대적인 우위였다. 하지만 2
년 후 두 정치적 자산에 균열이 생겼다. 출범 당시 78%에 이르던 오
바마의 지지율은 47%로 30%포인트 이상 추락했다. 기존 지지층이
었던 젊은이들과 진보 세력의 지지도 줄어들었다.

상원에서 야당의 '합법적 토론방해(필리버스터)'를 무력화해서 '토
론 종결'을 시킬 수 있는 '슈퍼 60석'을 잃었기에 의회에서 우월적 지

위가 흔들렸다. 오바마가 그동안 건강보험 개혁, 관타나모 수용소 폐쇄 추진 등 진보 진영의 소리에만 귀를 기울인 채 '당파적'으로 일을 밀어붙였기에 이를 수정하라는 여론이 쏟아져 나온 것이다.

오바마는 취임 후, 건강보험 개혁, 금융개혁 입법 등에서 적지 않은 성과를 남겼지만 경제 회생에 실패하고 미래 비전을 제시하지 못했다. 중간선거 패배 후, 진보 색채의 정책보다는 중도성향의 정책을 추진했다는 비판을 받았다.

스스로 내린 '성적 평가 유보' 학점

워싱턴 D. C.를 관통하는 '내셔널 몰National Mall'은 미국을 상징하는 광장이다. 링컨 기념관부터 연방 의회당까지 이어진 이 광장은 주요 행사가 있을 때마다 인파가 모여든다.

2009년 1월 20일 오바마가 첫 미국 흑인 대통령에 취임할 때는 영하 10도의 날씨에도 수많은 사람들로 새벽부터 발 디딜 틈이 없었다. 47세의 젊은 대통령이 취임사에서 미국의 변화를 외칠 때 감격의 눈물을 흘리는 이들도 있었다.

하지만 19개월 뒤인 2010년 8월, 전혀 다른 광경이 같은 장소에서 펼쳐졌다. 내셔널 몰에 도착한 전세 버스에서는 '반 오바마' 피켓을 든 이들이 속속 내리기 시작했다. 보수적 유권자 운동모임 '티파티Tea Party' 회원들이었다.[7] 이들은 오바마에게 독설을 퍼붓는 폭스뉴스 진행자 글렌 벡의 연설을 듣기 위해 모였다. 500미터가량 떨어진 백악관을 향해 소리를 지르는 사람들도 있었다. 오바마를 보기 위한 인파로 가득 찼던 광장이 2년도 안 되어 반대파에게 점령된 것이다.

집권 2년 만에 실시된 중간선거로 인해 오바마는 '고개 숙인 남자'로 전락했다. 복지 위주 정책에 대한 반발에서 시작된 민간단체 티파티가 이번 선거의 핵심 변수였다는 데 이의를 다는 미국의 정치인은 없다.

티파티가 지지한 후보 중 60여 명이 연방 상하원에 진출했다. 상원의원으로 당선된 짐 디민트(사우스캐롤라이나) 의원과 랜드 폴(켄터키), 마르코 루비오(플로리다) 후보가 그 대표적인 경우이다. 티파티의 표적이 됐던 해리 리드 민주당 상원 원내대표는 가까스로 의석을 지키는 데 만족해야 했다. 여야 유력 정치인들이 티파티에 '기성 정치인'으로 찍히지 않으려 눈치를 보는 사태까지 벌어졌다. 티파티는 2012년 대통령 선거과정에서도 반 오바마 진영을 결집시키는 데 적지 않은 역할을 했다.

오바마는 취임 일 년 후 자신의 대통령직 수행에 '성적 평가 유보Incomplete' 학점을 매겼다. 오바마는 한 방송사와의 인터뷰에서 경제가 완전히 회복되지 못했다는 이유로 이같이 평가했다.

---

7 1773년 영국과의 독립전쟁 당시 보스턴에서 발생한 '티파티 사건'에서 착안된 조직이다. 철저히 반反 오바마와 경제, 미국의 미래에 초점을 맞춰 주로 백인들의 호응을 받았다.

미국 대학은 수업 일수 부족 등으로 평가 자료가 미비한 경우 일정 기간 성적 평가를 유보하는 의미로 '성적 평가 유보'를 부여한다. 이 학점을 받은 학생들은 정해진 기간 내에 교수가 학력평가를 내릴 수 있는 조치를 취해야만 한다.

대통령 지지율이 45%대로 추락하자 민주당 후보들이 오바마의 선거지원 유세를 꺼리는 현상까지 나타났다.

오바마에 대한 끊임없는 오해

종교와 출생지에 대한 근거 없는 공격

미국의 첫 흑인 대통령으로 재선에 성공한 오바마는 재임 기간 많은 오해와 공격을 받았다. 특히 대표적인 것이 종교와 출생에 대한 내용이다.

오바마는 2009년 취임 당시에는 지지율이 80%에 이르렀지만, 2년 차인 2010년에는 42%까지 내려갔다. 역대 미국 대통령 중에서 취임 1년 8개월 만에 그보다 더 낮은 지지율을 기록한 대통령은 손에 꼽을 정도이다.

지지율에 반비례하여 미국인의 오해는 점점 커져갔다. 기독교 신자인 그를 무슬림으로 오해하는 사람들이 계속 늘어났다. 〈퓨 리서치〉 조사에서 미국인 5명 중 1명이 그의 종교를 이슬람교라고 응답했다. CNN은 "미국인의 3분의 1만이 그를 기독교인으로 제대로 알고 있다"고 보도했다.

이 때문에 오바마가 공개석상에서 했던 '신앙고백'에는 그의 절박한 심정이 묻어났다. 그는 2010년 뉴멕시코 주 타운홀 미팅에서 12개의 문장으로 자신이 기독교인임을 강조했다. 신앙생활을 하지 않는 어머니 밑에서 자랐지만 스스로 기독교인이 되기로 결심했다고 밝혔으며, 공직 활동 또한 기독교 신앙을 드러내는 일의 일부라고 말했다.

또한 오바마는 일부 보수층으로부터 "미국에서 태어나지 않아 원래 대통령 출마 자격이 없었다"는 오해도 받았다. 미 헌법은 미국 영토에서 태어난 사람만 대통령 피선거권을 갖도록 규정하고 있다.

오바마는 출생증명서로 1961년 8월 4일 하와이 태생임이 입증됐다. 하지만 반 오바마 성향의 사이트나 라디오 방송 등에서는 끊임없이 이 문제를 제기하고 있다. 미국 시민이 아닌 사람이 대통령에 선출됐다고 제소를 당한 적도 있을 정도이다. 2012년 선거 때는 민주당에서 아예 오바마의 출생증명서를 새긴 머그를 판매할 만큼 이 문제는 뜨거운 논란이었다.

전통적으로 미국 대통령은 여론의 강한 견제를 받아왔지만 정체성 자체가 문제된 적은 극히 드물었다. 이 사례들

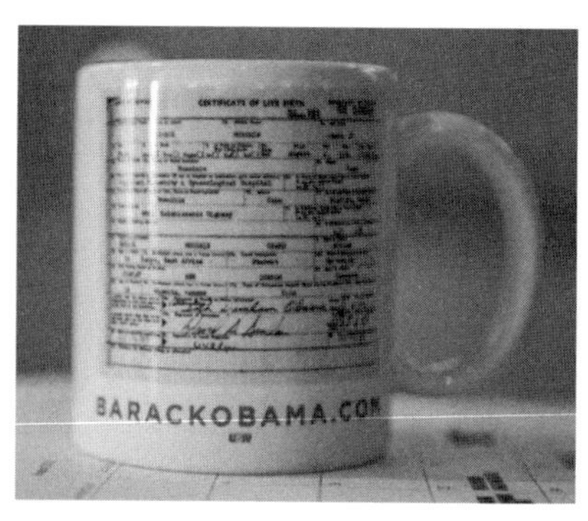

오바마의 출생증명서를 새겨 넣은 머그

82

은 '미 최초 흑인 대통령' 오바마의 당선을 계기로 심화된 정치 양극화를 상징하는 동시에 그에 대한 일부 백인들의 혐오증을 드러낸다.

오바마를 싫어하는 백인들은 그가 회교국가인 인도네시아에서 어린 시절을 보낸 사실을 강조하며 그의 종교를 의심한다. 그의 아버지가 케냐 출신임을 거론하며 출생지가 분명하지 않다고 주장하는 사람들도 적지 않다. 높은 실업률도 오바마에 대한 분노를 키웠다고 할 수 있다.

모스크 건립 찬성으로 곤혹을 치른 오바마

오바마는 역대 어느 미국 대통령보다도 다원성多元性에 대한 이해도가 높은 인물이다. 하지만 이 때문에 그는 미국 내에서 비판의 대상이 되기도 했다.

오바마는 9.11 테러 현장인 뉴욕 맨해튼의 '그라운드 제로' 주변에 이슬람 사원인 모스크 건립이 허용되어야 한다는 입장을 밝혔다가 곤경에 처했다. 민주당 내에서도 그의 발언이 신중하지 못했다고 지적하는 여론이 일었다. 해리 리드 상원 원내대표는 공개적으로 반대했다. "종교의 자유는 미 수정헌법 1조에 의해 보호를 받는다. 그러나 모스크는 그라운드 제로가 아닌 다른 곳에 건립되는 것이 타당하다." 모스크 건립에 반대하는 유권자들을 의식한 그는 오바마와 다른 입장을 밝힌 것이다.

하지만 오바마는 자신의 모스크 발언을 둘러싼 논쟁에 대한 입장을 "후회하지 않는다 No regret"라는 두 단어로 대답했다. 그는 이슬람권의 라마단을 축하하는 만찬에서 무슬림도 여느 국민들과 마찬가지로 자신의 종교를 믿을 똑같은 권리를 갖고 있다고 언급, 모스크 건립이 반대돼서는 안 된다는 입장을 밝혔다.

이 발언은 자신의 입장을 밝힌 것을 후회하지 않는다는 의미이다. 당시 〈타임〉 여론조사 결과 61%가 9·11 테러 현장 주변의 모스크 설립을 반대했고 26%만 찬성했다. 기독교 신자라고 밝힌 오바마 대통령을 무슬림으로 생각하는 미국인의 비율은 24%로 나타났다.

"나는 볼세비키가 아니다"

웹스터 사전을 출간하는 미국의 메리엄 웹스터사는 2012년 올해의 단어로 '사회주의socialism'와 '자본주의capitalism'를 선정했다. 자사 영어사전에서 순위를 조사했을 때 가장 많이 검색된 단어이다.

특히 사회주의는 2012년 미 대선에서 오바마와 롬니의 TV토론 후 최고의 검색률을 기록했다고 한다. 자본주의도 연관어로 많이 검색되었다. 이는 오바마가 미국에서 "사회주의 정책을 추진한다"는 오해를 받고 있음을 시사한다. 오바마는 2012년 12월 히스패닉계 방송과의 인터뷰에서도 사회주의 정책을 추진하는 것이 아니냐는 질문을 받고 자신은 사회주의자가 아니라고 강조해야 했다.

이 같은 현상은 새로운 것이 아니다. 오바마는 2010년 공화당 하원의원의 연찬회에서도 자신이 사회주의자가 아님을 공개적으로 입증해야 했다. 오바마는 당시 메릴랜드 볼티모어에서 개최된 공화당 하원의원 연례 연찬회에 이례적으로 참석했다. 8명의 공화당 의원들이 연달아 오바마에게 질의하며 치열한 논쟁을 펼쳤다. 공화당 하원의 서열 3위인 마이크 펜스 의원은 오바마 대통령이 그동안 지속적으로 공화당을 무시했다며 경기활성화를 위해 전면적인 감세안을 수용할 용의가 있는지 물었다. 그러자 오바마는 "워런 버핏 같은 백만장자의 세금을 깎아줄 수는 없다"며 반박했다. 공화당이 부자들의 입장만 옹호하고 있다고 받아친 것이다.

마샤 블랙번 의원은 정부가 운영하려는 공공보험에 대해서 자신의 출신지역인 테네시 주의 경험을 들어보고 신중해야 한다는 입장을 밝혔다. 이에 대해 오바마는 "내가 하려는 일을 '볼세비키의 음모'라고 하는데 그것은 바로 여러분이 묘사한 것이다. 공공보험을 포함한 건강보험 개혁안은 중도적인 입장에서 추진되고 있다"고 강조했다.

오바마의 '대통령 스타일'

위기 대응 5원칙

오바마는 서글서글한 인상이지만 자기관리가 철두철미한 사람이다. 그는 여러 차례 위기관리 능력을 보여줬다. 2008년 대통령에 당선된 직후, 오바마는 블라고예비치 일리노이 주 주지사의 연방 상원의원직 매직賣職 사건에 휘말릴 뻔했다. 블라고예비치 주지사는 오바마의 대통령 당선으로 공석이 된 일리노이 주 연방 상원의원직을 팔려고 했고, 이 사건 수사에 오바마와 그 측근들의 이름이 거명됐다.

미 연방 검찰은 블라고예비치 주지사와 그 비서실장을 기소하면서 블라고예비치가 재선을 위한 선거자금 조성을 목적으로 상원의원 자리를 돈 받고 팔려 했다고 밝혔다. 또 만족스러운 금액을 제시하는 후보가 없을 경우 자신을 스스로 상원의원에 임명, 2016년 대선에 출마한다는 야심을 가졌다고 밝혔다. 일리노이 주에서는 공석이 된 연방 상원의원은 주지사가 지명하게 되어 있다.

오바마는 평소에도 각종 잡음을 일으키던 블라고예비치와 일정한 거리를 두었다. 당시 정치전문지 〈폴리티코〉는 스캔들과 위기에 대응하는 '오바마 스타일'에는 방식에는 크게 다섯 가지 원칙이 있다고 분석했다.

우선 오바마는 투명한 모습을 보이는 데 주력했다. 자발적으로 나서 측근들의 연루 여부에 대한 자체 조사도 실시했다. 하지만 일단 조사 결과를 발표한 후, 내부적으로 진행된 조사 과정 등은 철저히 함구했다.

블라고예비치 스캔들을 절대로 언론이 주도하지 못하게 한 오바마는 스캔들이 터진 다음 날 바로 그의 사퇴를 요구했다. 사흘째 되는 날에는 자체 조사를 하겠다고 했다. 오바마는 크리스마스 직전에 조사 결과를 발표하고는 훌쩍 하와이로 크리스마스 휴가를 떠나, 자신을 스캔들과 의도적으로 분리시켰다. 주변 인사들이 언론과 접촉할 때는 반드시 사전 허가를 받도록 지시했고, 어떤 참모라도 허락 없이 자신을 대변하지 못하게 했다. 오바마 가족과 오랜 친분이 있는 에릭 휘터커나 백악관 비서실장에 내정된 람 이매뉴얼도 예외일 수 없었다.

측근들은 오바마를 스캔들로부터 보호하기 위해 몸을 사리지 않았다. 백악관 고문에 내정된 액설로드는 사태가 발생하기 전에는 오바마와 블라고예비치가 상원의원 후임 문제를 논의했다고 말했지만, 오바마가 그런 말을 한 적 없다고 밝힌 후에는 자신의 발언이 잘

오바마의 위기 대응 5원칙

❶ 투명한 모습을 보이라
❷ 언론이 사태를 주도하지 않게 하라
❸ 사전 허가 없이 참모들이 언론과 접촉하게 하지 말라
❹ 측근은 주군主君을 보호하기 위해 몸을 던지라
❺ 아무리 정당해도 논란거리는 미리 피하라

못됐다고 발표해 책임을 떠안았다.

오바마는 아무리 정당하다 해도 논란거리가 될 법한 사안은 미리 피했다. 일례로 상원의원 후임자 선정에 참여할 자격이 있었지만, 만약을 우려해 관여하지 않아 다행히 매관매직 스캔들에서 벗어날 수 있었다.

오바마의 단호한 용인술

오바마는 2010년 한 인터뷰에서 자신에게 불신을 표출한 스탠리 매크리스털 아프가니스탄 주둔 사령관을 전격 경질했다. 매크리스털을 소환한 오바마는 30분의 면담을 끝낸 후 백악관 로즈가든에 모습을 나타냈다. 주요 통치 행위를 강조할 때 활용하는 로즈가든의 기자회견에서 그는 사령관 교체를 발표했다.

오바마는 매우 유감스럽지만 군을 위한 올바른 결정이라고 확신해 아프가니스탄 국제안보지원군ISAF 사령관의 사의를 받아들인다고 말했다. 사령관 경질 사유에 대해서는 이렇게 말했다. "최근 보도된 기사에서 표출된 행동은 사령관이 준수해야 할 기준을 지키지 못한 것이다. 우리 민주주의 시스템의 핵심인 군에 대한 문민文民 통제를 훼손했다. 아프가니스탄에서의 목적을 달성하기 위해 우리 팀이 함께 일하는 데 필요한 신뢰를 무너뜨렸다. 우리 군의 강인함과 위대함은 군의 엄격한 행동수칙이 군을 지휘하는 장성과 민간인에게 똑같이 적용되는 데서 비롯된다."

이 경질 과정에서 오바마의 단호한 용인술을 살펴볼 수 있다. 오바마는 두 달 넘게 지속되던 멕시코만 원유 유출 사태로 정치적 위기에 처한 상황에서 이 일을 계기 삼아 반전의 기회를 만들었다. 모른 척 넘어갈 수도 있었던 사령관의 경솔한 인터뷰를 국가 안보 문제로 다루어 군 기강 확립 효과도 거뒀다. '분노 표출 → 전격 소환 → 경질 → 후임자 임명'까지 만 하루 정도밖에 소요되지 않은 신속한 일 처리였다.

중산층 수준인 오바마의 재산

2008년 대선 당시 오바마의 재산은 민주당 후보 중에서 가장 적은 편이었다. 경제지 〈머니〉는 민주·공화 유력 예비후보 중 상당수는 수천 만에서 수억 달러의 재산가라고 보도했다. 이 잡지가 분석한 민주당 주요 후보들의 재산을 보면, 힐러리 클린턴 상원의원은 현금과 채권 3010만 달러, 워싱턴과 뉴욕의 집 두 채를 포함해 총 3490만 달러의 재산을 갖고 있는 것으로 파악됐다. 남편인 빌 클린턴 전 대통령은 퇴임 후 6년 동안 강연료만 4100만 달러를 벌어들였다.

서민 정책을 강조하는 존 에드워즈 전 상원의원은 헤지펀드에 투자한 2400만 달러를 포함해 총 5470만 달러의 재산을 갖고 있다. 뉴 캐롤라이나에 각각 600만 달러, 230만 달러의 집 두 채와 워싱턴 인근의 버지니아에 아파트를 소유하고 있다. 이에 비해 오바마의 재산은 130만 달러로 주요 후보 중 가장 적었다.

"밤늦게까지 잠들 수 없다" 중압감 토로

오바마는 2009년 취임 직전 유명 앵커 바버라 월터스와의 인터뷰에서 미국 대통령으로서 느끼는 중압감을 토로했다. 그는 여러 가지 일로 밤늦게까지 잠들 수가 없다며 고민을 털어놓았다. 오바마는 "무엇이 가장 두려운가?"라는 월터스의 질문에 "내 걱정 중 하나는 경제가 취약하다는 사실"이라고 대답했다. 또 대통령에 취임한 후에는 일반인들과의 소통이 어려워질까 우려했다. 그는 이렇게 말했다. "대통령에게 일어날 수 있는 최악의 일은 보통 사람들이 매일 겪는 일들에서 멀어지는 것이다. 국민들이 매일 겪고 있는 힘든 일상의 맥박 위에 내 손을 계속 얹어 놓고 싶다."

　오바마는 대통령 직무 수행에서 겪는 어려움을 토로했다. 취임 초 그는 교회에서 보기와 달리 힘들 때가 많다고 털어놓았다. "고백하자면, 아내 미셸이 알다시피 저는 평온하지 못할 때가 많습니다." 자신이 이루고자 하는 것이 진전되지 않을 때, 자신을 비판하는 말들을 들을 때, 모든 노력이 무의미하다는 생각이 들 때 감정의 기복을 겪는다고 했다. "매우 고통스럽게도, 변화는 천천히 오기 때문에 나 자신으로부터의 의심과 맞닥뜨려야 합니다."

다양성을 강조하는 오바마

주목 받은 내각 구성

오바마는 1기 내각의 각료 인선에서 다양성을 가장 중시했다. 여성이 5명, 히스패닉 3명, 아시안 2명으로 역대 행정부 중 가장 많았다. 주류인 백인 남성의 수는 역대 최저였다. 〈폴리티코〉는 "텍사스 출신만 가득하던 부시 정권에 비해 지역적으로 다양해졌지만, 공화당 성향이 강한 '남부'에 대한 배려가 적다"고 분석했다. 론 커크 무역대표부USTR 대표 등 일부 인사를 제외하면 모두 북부 출신이다. 이들 대부분은 실용주의 성향의 중도파이다.

오바마는 중요한 국가 현안은 백악관 위주로 운영하며, 자신이 국정 중심임을 분명히 했다. 특히 에너지, 의료보험 같은 주요 현안에 관한 정책 결정은 자신이 직접 주도해왔다.

오바마가 국제무대에서 강조하는 것은 안보, 경제 문제에서의 '다자적多者的 협력'이다. 그는 2009년 유럽과 터키 순방에서 공통의 국제문제에 대한 협력을 요청했다. 소말리아 해적 소탕 문제도 다국적군의 공동 대응을 제안했다.

오바마는 부시와는 달리 먼저 화해의 손을 내미는 스타일이다. 부시의 '이념에 기초한 일방주의 외교'가 국익을 심각하게 훼손했다고 여기는 오바마는 대통령 후보 시절부터 국익을 위해서라면 적성국 지도자들과도 만날 수 있다고 밝혔다. 그는 적성국가나 관계가 소원했던 각국 지도자들에게 연달아 화해의 메시지를 보낸 후, 이에 상응하는 메시지가 나오면 대담한 조치를 내놓는다.

중남미에서 과거 잘못을 사과하다

오바마가 이전의 미국의 지도자와는 다른 점은 과거의 잘못을 솔직히 인정한다는 것이다. 그는 과거 미국의 오만했던 정책에 대해서도 솔직히 사과했다. 2009년 트리니다드 토바고에서 열린 미주기구OAS 정상회의에 참석했을 때의 일이다. 각국 정상들과 함께 앉아 있던 오바마에게 한 손에 책을 든 베네수엘라 우고 차베스 대통령이 다가갔다. 차베스는 오바마의 어깨를 가볍게 두드리며 친근감을 표시했고 오바마도 일어나 함께 악수를 나눴다. 오바마는 스페인어로, 차베스는 영어로 인사를 주고받았다. 오바마는 활짝 웃으며 차베스에게 받은 책을 들어보였고, 회의장에서는 박수가 터져 나왔다.

차베스가 오바마에게 준 책은 우루과이의 좌파 지식인 에두아르
도 갈레아노가 쓴 역사비평서《수탈된 대지: 라틴 아메리카 5백년사
Las Venas Abiertas de America Latina》이었다. 차베스는 오바마에게 "이 손으로
8년 전 부시를 맞았었다. 당신의 친구가 되고 싶다"고 했고 오바마는
"나도 내가 쓴 책을 선물로 줘야겠다"고 말했다. 차베스는 3년 전에
는 조지 부시 전 대통령을 '악마'라고 불렀다.

오바마는 이날 개회사에서 이렇게 말했다. "부시 행정부 시절 무
시당했다고 느꼈을 이 지역의 정상들을 만나고, 내가 잘 모르는 것
들을 듣고 배우러 왔다. 미국은 과거의 실수를 인정할 용의가 있다."

같은 날 회의에서 로널드 레이건 전 미 대통령이 축출하려 했던
다니엘 오르테가 니카라과 대통령은 50분에 걸쳐 미 제국주의를 비
판하는 연설을 했다. 하지만 그는 "오바마가 이를 책임져야 할 필요
는 없다"고 말했다. 오바마는 그에게 악수를 청하며 "내가 태어난 지
3개월 됐을 때 일어난 미국(케네디 행정부)의 쿠바 피그스만 공격으
로 나를 비판하지 않아 고맙다"고 말해 박수를 받았다. 오바마는 남
미 국가들의 미국에 대한 비판적 여론을 고려해 최대한 겸손하게 접
근하여 호감을 샀다.

그의 외교정책은 최소한 부시 행정부 때 전 세계적으로 고조됐던
반미 감정을 어느 정도 희석시켰다. 차베스는 오바마를 '부시 전 대
통령에 비교하면 매우 현명한 사람'이라며 주미 대사를 다시 파견하
겠다고 밝혔다.

이라크전 종전시키며 통합 강조

오바마의 1기 임기의 큰 업적은 이라크 전쟁과 아프가니스탄 전쟁 종결이라고 할 수 있다. 특히 오바마는 이라크전을 종료하는 데 주력했다. 2010년 8월 자신의 선거 공약에 따라 전투병력 철군을 예정대로 진행하여 이라크전의 공식 종료를 선언했다. 이라크에 대한 미국의 정책도 직접 개입에서 조언과 지원 위주의 전략으로 수정되었다. 2003년 3월 부시의 개전 명령으로 시작된 이라크 전쟁이 7년 5개월 만에 일단락된 것이다.

9·11 테러의 후속 대책으로 시작된 이라크 전쟁은 이라크 정부가 대량살상무기WMD를 실제로 보유했다는 증거를 발견하지 못해 전쟁 초기부터 끊임없이 정당성 문제가 제기됐다. 또한 4400여명의 미군 병사가 사망하면서 미국 내에서도 반전反戰 분위기가 고조됐다.

오바마는 이라크에서의 미군 전투 임무 종료를 공식 선언하면서 전임자를 비난하지 않았다. 이라크전에 초지일관 반대하고 침공을 감행한 부시를 싫어했지만 그는 통합을 강조했다. "나와 조지 부시 대통령이 이라크 전쟁에 대해서 처음부터 견해가 달랐다는 것은 널리 알려져 있습니다. 하지만 누구도 부시의 군에 대한 지원과 조국에 대한 사랑, 안보에 대한 헌신을 의심할 수는 없습니다.

이라크 전쟁을 지지했던 애국자들이 있고, 반대했던 애국자들이 있습니다. 우리는 모두 군인들에 대한 감사와 이라크의 미래에 대한 희망으로 하나가 됐습니다. 미국은 이라크의 미래를 위해 막대한 비용을 지불했습니다. 이제는 역사의 한 장을 넘겨야 할 때이고 우리 나라를 재건해야 할 때입니다." 이날부터 이라크전의 작전명은 '이라크의 자유'에서 '새로운 새벽'으로 바뀌었다.

오바마의 외교안보 정책

2009년 취임 때처럼 산적한 현안

오바마는 재선에 성공했지만 내부적으로는 많은 지원 세력을 잃었다. 2008년 리먼 브라더스 사태 이후로 악화된 경제도 여전히 어려운 상황이고 취업률도 좋지 않다. 역설적으로 그가 취임한 후 인종 및 세대 갈등이 오히려 더 심해졌다는 비판도 일고 있다. 국가 채무는 현재 16조 달러로 미국의 신용등급을 위협하고 있다. 2012년 대선과 함께 실시된 총선에서 민주당은 다수당을 유지했으나 하원 장악에는 실패, 국정운영에 어려움이 예상된다.

오바마 2기 정부는 지난 4년간 경험하지 못했던 도전을 받을 가능성이 크다. 당장 전 세계적인 경제 침체가 계속되는 가운데 중국이 강력한 경쟁국으로 부상하고 있다. 상승곡선을 그리고 있는 동북아시아의 영토 분쟁, 계속되는 중동의 혼란은 쉽게 해결될 수 있는 사안이 아니다.

특히 오바마가 경제회생과 미국의 전략적 이익을 유지하기 위해서 아시아로의 선회 정책을 계속하는 한 필연적으로 중국과 부딪칠 수밖에 없다. 중국은 아시아를 넘어서 태평양으로 진출하려 한다. 다른 어느 대통령보다 국내외 현안에 둘러싸인 오바마가 북한의 핵, 미사일 문제에 제대로 대응하지 못하리라는 전망도 나오고 있다. 국립외교원 최강 교수는 "오바마가 2기 임기를 시작하는 2013년은 2009년 때처럼 미국의 심각한 경제위기, 중동 문제 등에 의해 납치hijack당한 상태와 같다. 한국의 최대 현안인 북한 문제에 집중하기는 쉽지 않을 것"이라고 말했다.[8]

오바마-바이든 계획

오바마 1기는 일방주의 대신 다른 나라와의 협력을 강조한 시기였다. 오바마는 2008년 대선 승리 직후 미국의 안보를 위해 차기 미 행정부는 모든 우방국과 적국에 대해서 아무 조건 없이 '강인하고 직접적인tough and direct' 외교를 전개하겠다는 입장을 밝혔다. 그가 꾸준

---

8 최강 교수는 2012년 12월 서울에서 열린 한미 외교안보전문가들의 양국 대선 평가 간담회에서 이런 이유 때문에 오바마 행정부가 북한의 장거리 로켓 발사 성공을 평가절하하며 의도적인 무시 정책을 펼치고 있다고 분석했다.

히 추진해온 이 정책은 2기 정부에서도 적용될 가능성이 크다.

그는 "미국이 기꺼이 협상 테이블에 나서면 세계는 테러리즘과 이란, 북한 핵 같은 도전을 다루는 미국의 지도력을 따르게 될 것"이라고 말했다. 또 핵 확산을 막기 위한 핵 확산금지조약NPT을 강화해, 북한과 이란 같은 국가가 NPT 규정을 위반하면 자동적으로 강력한 국제 제재를 받도록 하겠다고 강조했다.

오바마-바이든 계획은 미국이 처한 가장 큰 위험은 "테러리스트의 핵무기 공격 위협과 위험한 국가들로의 핵무기 확산"이라고 명시했다. 이를 방지하기 위해 '핵 없는 세상'이라는 목표를 세우고 추진해 나가겠다는 입장을 분명히 했다.

또 무역 분야의 '공정무역을 위한 투쟁Fight for Fair Trade' 항목에서는 "외국과의 무역은 미국의 경제를 강화시키고 더 많은 미국인의 일자리를 만들어야 한다. 우리는 경제안보를 침해하는 어떤 협정도 강하게 반대할 것이다. 미국인들의 좋은 일자리를 만들기 위해 외국 시장을 개방하는 무역 정책을 위해서 싸울 것"이라고 밝혔다.

오바마가 당선 직후부터 내건 '강인하고 직접적인 외교'에 따라 미국진보센터CAP는 직접적인 외교의 첫 조치로 대북 특사 구상을 제안했다. 대통령 취임 후 100일 내에 대북 특사를 파견하자는 백악관 차기 법률고문 그레고리 크레이그의 아이디어였다. 크레이그는 대통령에게 올린 보고서에서 취임 후 100일 내에 국무부와 관련해서 해야 할 의제를 6가지로 요약했다. 이라크 철군계획 제시, 아프가니스탄 전쟁 해결 노력, 미국의 위상 회복, 외교에서의 당파성 타파, 수단 다르푸르 문제 해결과 함께 '북한과의 접촉 유지'를 명시했다.

크레이그가 대북 특사를 통해 북한에 전달해야 한다고 밝힌 내용은 "미국은 북핵 문제의 진전을 위해 노력할 것이며 양자회담을 통해 대화하겠다"는 것이다. 북핵 문제가 단기간에 해결되기 어려운 상황에서 먼저 대화 의사를 분명히 함으로써 상황의 악화를 막기 위해서이다. 크레이그는 이 보고서에서 대북 특사 파견 시 한국과의 사전 및 사후 협의도 강조했다.

이 제안이 실현될 경우, 대북 특사 1순위로 2000년 평양을 방문해 김정일 북한 국방위원장을 만난 매들린 올브라이트 전 국무장관이 꼽혔다. 올브라이트는 오바마의 민주당 경선 승리 이후에 앤서니 레이크 전 국가안보보좌관과 함께 외교 정책을 조언해왔다. G20회의에도 참석해 이명박 대통령을 비롯한 다른 나라의 정상들을 만났다. 포괄적 대북정책 '페리 프로세스'를 만들어 1999년 북한을 방문한 윌리엄 페리 전 국방장관도 유력한 후보로 분류됐다. 하지만 이 구상은 북한의 잇따른 도발에 의해서 사실상 폐기되다시피 했다.

오바마 2기의 대외정책을 총괄하는 국무장관에 존 케리 연방 상원의원이 선출되어 '강인하고 직접적인 외교'가 더욱 힘을 받을 가능성이 있다. 케리는 주요 현안을 해결하기 위해 외교를 앞세우자고 주장한 인물이다. 북한 문제에 대해서도 직접적인 대화를 통해서 해결하는 것이 바람직하다는 입장을 견지하여 미북간 고위급 대화가 전격적으로 열릴 가능성도 배제할 수 없다.

NSC 강화시킨 오바마

오바마가 취임 후부터 국가안전보장회의NSC를 대폭 강화한 결과, 미국 외교안보 정책은 철저히 NSC를 중심으로 이뤄지고 있다.[9]

NSC는 기존의 국가안보 사안은 물론 사이버 안보·에너지·기후 변화·분쟁국의 국가재건 문제까지도 다뤄야 한다는 것이 오바마의 생각이다. 1기 정부 시절 초대 제임스 존스 국가안보보좌관은 오바마 대통령의 지시 하에 NSC 강화계획이 추진되고 있다고 밝히기도 했다. "지금 우리가 살고 있는 세계는 지난 10년간 극적인 변화를 겪었기에 과거의 어떤 기준에 맞추기 위해 만들었던 기구들은 더 이상 효율적이지 않다."

그는 자신이 오바마에게 안보 관련 조언을 하는 '최우선적 통로primary conduit'이며, 대통령에 관한 모든 '비공식 채널back channels'을 제거하겠다고 밝혔다. 해병대 사령관 출신인 그는 NSC에 군대 원칙을 적용하겠다고 말하기도 했다. "내가 바로 NSC를 책임지며, 외교 안보 부처 장관들이 참석하는 NSC 회의에서는 내가 의장이다." 그는

---

9 미 NSC는 1947년 대통령의 외교안보 정책에 대한 판단을 돕기 위해 만들어졌다. 그동안 NSC는 미국의 대통령이 힘을 실어주느냐의 여부에 따라 부침이 심했다. 특히 조지 W. 부시 행정부 1기에선 강경파인 딕 체니 부통령이 콘돌리자 라이스 국가안보보좌관 대신 자신이 NSC 회의를 주재하겠다고 했고, 도널드 럼즈펠드 국방장관이 월권을 하면서 NSC가 정책 조정 기능을 상실했다는 평가를 받았다.

이렇게 자신감을 표명했다.

이 같은 구상이 현실화되어 NSC는 오바마의 직할기구로 외교안보 사안은 물론 주요 국내 현안에 대한 '컨트롤 타워' 역할도 하고 있다. NSC는 기존 국무·국방부 등의 사안 외에도, 국내 문제와 관련한 부처의 현안도 다룬다. 필요할 때마다 부처에서 유능한 인력을 차출, 특정 사안에 대한 문제가 해결될 때까지 운영한다.

오바마는 2010년 제임스 존스를 사임하게 하고 토머스 도닐런 NSC 부보좌관을 후임으로 승진시켰다. 도닐런은 카터 정부에서 공직을 시작한 후 약 30년간 민주당의 외교 안보정책에 직간접적으로 관여해왔다. 도닐런은 매일 아침 오바마 대통령에게 외교안보 현안에 대한 일일 브리핑을 하고 이란 핵 문제 등에 관한 실무회의를 주재하며 신임을 얻었다. 오바마는 2기 임기에도 NSC를 중심으로 외교안보 사안을 다뤄나갈 것이다.

핵무기 없는 세상을 위하여

핵안보정상회의를 발족하다

2010년 4월 워싱턴 컨벤션센터에서 제1회 핵안보정상회의를 주최한 오바마의 얼굴에는 자신감이 넘쳐흘렀다. 주요국 정상들과 정상회담을 한 그는 환한 미소를 지으며 만족을 표했다. 그 미소에는 건강보험 개혁 법제화 성공에 이어 '핵무기 없는 세상'을 향한 대장정도 성공적으로 출범시켰다는 안도감이 담겨 있었다.

그는 단호한 목소리로 "사과만한 크기의 핵물질이 수십만 명의 목숨을 앗아갈 수 있다. 알 카에다 같은 테러 조직이 그런 것을 입수하면 반드시 사용할 것이다. 전 세계의 단합된 대처가 요구된다."

핵안보정상회의는 그가 치밀하게 연출하고 주연한 오바마의 '원맨 쇼'였다. 핵무기 감축 및 사용 억제를 핵심으로 하는 '핵 태세검토보고서NPR' 발표와 러시아와의 핵무기 감축협정 갱신으로 '핵 드라이브'를 걸고 회의를 개최했다. '핵물질 통제'의 중요성을 내세우며 한국·중국·러시아·인도 등 47개국의 정상급 지도자들을 한자리에 불러 모았다. 그 덕분에 이 회의는 1945년 샌프란시스코에서 유엔을 창설하기 위한 국제회의 이후 미국 대통령이 주도해 열린 최대 규모의 정상회의로 자리 잡았다.

오바마는 참가국 정상들이 모두 참여하는 1·2차 전체회의와 단독정상회담으로 이원화한 후, 자신이 원하는 약속들을 이끌어냈다. 전체회의에서는 대학 시절부터 꿈꿨던 '핵무기 없는 세상'의 이념을 유려한 웅변으로 발표해 참가자들을 감동시켰다. 중국·인도·파키스탄 등 각국 정상들과의 단독 회담에서는 철저히 반대급부를 제시하며 설득했다. 회의의 목표를 핵물질이 테러리스트의 수중에 넘어가는 것을 방지하는 데 맞췄기에 합의를 쉽게 이끌어 낼 수 있었다.[10]

전 세계 이목을 집중시킨 '프라하 선언'

오바마는 국내에서는 건강보험 개혁에 초점을 맞추고, 국제적으로는 핵무기 감축을 추진해왔다. 2009년 체코에서의 '프라하 선언'

---

10 오바마는 이명박 대통령에게 2차 핵안보정상회의 개최를 제안, 2012년 3월 서울에서 2차 핵안보정상회의가 개최됐다. 오바마는 원래 러시아가 2차 핵안보정상회의의 주최국이 되기를 희망했던 것으로 알려졌다.

을 통해 '핵무기 없는 세상'을 만들겠다는 입장을 밝혀 주목을 받았다. 그는 핵무기를 '냉전이 남긴 위험한 유산'으로 규정하고 미국이 앞장서서 핵무기 감축조치를 취하겠다는 입장을 밝혔다. 2009년 오바마가 노벨평화상을 수상한 이유도 핵무기 감축에 대한 그의 의지 때문이다.

그는 궁극적으로는 핵무기를 완전히 없애자는 '제로의 논리logic of zero'를 지지한다. 오바마는 잡지에 이 논리를 기고한 브루킹스연구소의 수석연구위원 이보 달더를 주駐북대서양조약기구NATO 대사로 기용하기도 했다.[11]

외교안보 문제에 대해 발언할 기회가 있을 때마다 늘 핵 문제를 언급한 그는 "미국의 안전을 위해서 핵무기가 테러리스트들에게 흘러들어가는 것을 막고 핵 확산을 제어하겠다"는 입장을 강조했다. 전 세계의 위험지역에 산재한 핵물질에 대해 안전조치를 취하겠다고도 했다.

오바마가 핵 문제에 이렇게 큰 관심을 보이는 이유는 진보진영의 핵 감축 주장과 테러리스트의 핵 공격설로 불안해 하는 미국인들의 심리를 반영한 것이다. 또 부시 전 대통령의 탄도탄요격미사일ABM · Anti-ballistic Missile 제한협정 폐기, 인도에 예외적인 핵 개발 용인 등으로 신뢰가 약화된 미국의 위상을 다시 회복시키기 위해서이다.

---

11 이보 달더는 〈포린 어페어즈〉 2008년 11·12월호에서 "미국은 1000개 정도의 핵무기만 가지면 유사시 충분한 핵 억지력을 행사할 수 있다"고 주장했다.

오바마는 4년이 되지 않는 짧은 상원의원 활동을 하면서 '넌-루가법'으로 유명한 리처드 루가의 영향을 많이 받았다. 외국의 핵무기 해체를 돕기 위해 미국이 관련 비용과 기술을 제공하는 이 법의 적용 과정을 확인하기 위해 루가와 함께 시베리아의 페름시를 방문하기도 했다. 그는 이곳에서 대륙간탄도미사일ICBM 해체 작업을 직접 지켜봤다. 그와 루가가 탄 비행기가 러시아 국경수비대에서 3시간 동안 억류되기도 했다. 오바마는 루가와 함께 핵무기확산방지법안을 제출했으며, 한때 그를 국방장관 후보로 고려하기도 했다.

핵연료은행 창설을 주장하다

오바마의 핵 문제에 대한 관심은 크게 두 가지 방향으로 추진되어 왔다. 우선 전 세계에 우라늄 농축 시설이 들어서는 것을 막기 위해 핵연료은행Fuel Bank의 창설을 주장하고 있다.

이와 관련해 그는 2007년 다른 상원의원들과 함께 '핵무기 위협 감소법안'을 제출했다. 이 법안은 IAEA가 제안한 핵연료은행 설립을 위해 미국이 5000만 달러를 자발적으로 기부할 것을 명시하고 있다. 핵연료은행은 각국이 군용으로 전용 가능한 우라늄 농축 시설 건설을 막기 위해 IAEA가 특별 시설을 설치해 상업용 핵연료를 제공하는 개념이다. 오바마 행정부의 외교안보 전략을 뒷받침하는 씽크탱크인 신新 미국안보센터CNAS는 〈21세기 국가안보 전략〉 보고서에서 핵연료은행 창설을 제안했다.

오바마는 세계에는 약 60톤의 농축우라늄이 있고 이를 통해 1000개의 핵무기를 만들 수 있다며, 핵연료은행 설립을 위해 미국이 5000만 달러를 자발적으로 기부할 것을 법안에 명시했다. 핵연료은행 창설을 통해 북한과 이란의 핵 문제를 해결하는 한편, 핵 개발을 추진하는 나라들을 설득할 수 있다는 판단에서이다.

다른 하나는 러시아와의 핵무기 감축 협상이다. 오바마는 선거 공약에서 러시아와 함께 핵무기를 대폭 감축해야 한다는 입장을 강조했고 1기 임기에서 이를 관철시켰다.

그의 참모들이 작성한 〈피닉스 이니셔티브Phoenix Initiative〉 보고서는 구체적으로 러시아의 협력을 전제로 미국 핵무기를 1000개 수준으로 대폭 감축해야 한다고 주장했었다. 수전 라이스 유엔대사가 서

핵연료은행

핵탄두 개발로 연결될 수 있는 농축우라늄 개발계획을 엄격히 제한하는 대신, 다국적 핵연료은행(저장소)을 만들어 필요한 나라에 핵에너지를 공급하자는 차원에서 추진되는 아이디어. 원래 국제원자력기구IAEA가 제안한 이 핵연료은행을 설치하면, 민군民軍 양용의 핵에너지 시설들을 구축하려는 각국의 시도를 감소시킬 수 있을 것으로 평가된다. 핵연료은행이 적극적으로 추진되면 원자력 이용 기술이 발달한 한국을 비롯한, 전 세계 모든 나라의 핵 정책에 상당한 영향을 미칠 수 있다.

문을 쓰고 제임스 스타인버그 국무부 부장관, 앤-마리 슬로터 국무부 정책기획실장이 오바마 정부 출범 전에 필자로 참여했다.

핵 없는 세상과 '핵 태세검토보고서'

오바마는 2010년 4월 핵 태세검토보고서Nuclear Posture Review·NPR를 발간했다. NPR은 미국 핵 정책에 대한 개요와 전략을 제시하는 중요한 보고서다.[12] 미국 4개년국방검토Quadrennial Defense Review·QDR, 탄도미사일방어검토Ballistic Missile Defense Review·BMDR, 우주태세검토Space Posture Review·SPR와 함께 '4대 전략방위태세 검토 보고서'로 불린다.

오바마는 프라하에서 선포한 '핵무기 없는 세계' 아이디어를 NPR에서 구현했다. 오바마 정부의 NPR은 미국의 핵 정책을 바꾸는 것은 물론 한반도 및 전 세계에 영향을 미친다는 점에서 매우 중요하다. 이번 NPR은 핵무기 없는 세상을 주창하는 오바마의 이념을 구현하기 위해 8년 만에 미국 핵 정책이 대폭 바뀌는 것을 의미한다.

오바마는 NPR을 통해 미 안보전략에서 핵무기의 역할을 축소하고, 핵 확산과 핵 테러리즘 예방을 최우선 순위로 추진하겠다고 밝혔다. 러시아나 중국보다 핵 테러를 더 큰 위협으로 본 것이다. 대량

---

12 미국 핵 정책의 근간이 되는 이 보고서는 8년 주기로 작성되고 있다. 1994년 클린턴 정부, 2002년 부시 정부에서 각각 발간되어 정책 기초 자료가 되어왔다.

살상무기를 사용하거나 획득하려는 테러리스트들의 노력을 지원하는 모든 국가, 테러리스트 조직에게는 반드시 책임을 묻겠다는 입장을 명문화했다.

핵무기 대폭 감축도 약속했다. 신규 핵탄두 개발이나 추가 핵실험을 하지 않겠다고 밝혔다. 부시 행정부에서 거부한 포괄적핵실험금지조약CTBT의 비준을 다짐하고 핵분열물질생산금지조약FMCT 협상도 개시하겠다고 했다. 핵탄두를 장착한 토마호크 미사일을 퇴역시킨다는 입장도 명시했다.

부시 행정부가 발표한 NPR과의 가장 큰 차이는 핵 확산금지조약NPT 당사국과 핵 비확산 의무를 준수하는 비핵보유국에 대해서는 핵무기를 사용하지 않겠다는 입장을 분명히 한 것이다. 부시 행정부는 생화학무기와 대규모 재래식 공격을 포함한 폭넓은 위협을 억제하기 위해서 핵무기를 사용할 권리를 갖는다고 언급했다. 그러나 오바마 행정부는 군축·비확산 분야에서 사용되는 '소극적 안전보장Negative Security Assurance' 개념을 정책의 기본으로 삼겠다고 명문화했다.

하지만 북한과 이란은 소극적 안전보장 대상에서 제외됐다. NPT를 탈퇴하고 비확산 의무를 위반했기 때문이다. NPR은 4차례에 걸쳐 북한이 이란과 함께 비확산 의무를 어기고 핵보유를 꾀하고, 유엔 안보리 결의를 위반하며, 미사일 운반능력을 추구한다고 했다. 도발적인 행동은 지역 안보를 불안하게 하기 때문에 유사시 핵 공격 대상이 될 수 있음을 분명히 명시했다.

제한된 환경에서만 핵무기 사용

오바마는 동맹국이나 파트너 국가들의 중요한 이해관계를 지키기 위한 제한된 환경에서만 핵무기를 사용할 거라는 입장을 분명히 하고 있다. 그는 새로운 NPR이 유엔 안보리, IAEA, CTBT 회의에 긍정적인 영향을 미치기를 바란다.

오바마 행정부는 NPT를 준수하는 국가와 그렇지 않은 국가로 나뉘서 대응하는 방법을 택했다. NPT규정을 준수하면 소극적 안전보장은 물론, 동맹국에게는 핵우산도 제공한다. 그러나 핵무기를 보유하거나 핵 비확산 의무를 준수하지 않는 나라들에 대한 미국 핵무기의 억지적 역할은 계속 유지한다고 강조했다. 미국 안보전략에서 핵무기의 역할이 감소해도 동맹국에 대한 확장 억지력 제공은 변함없다는 입장이다. 전 세계의 동맹국과 파트너들이 자체적인 핵무기 능력을 필요로 하지 않도록 한다는 안보 공약도 재확인했다.

그러나 미국의 일방적인 핵무기 사용 자제 결정이 다른 나라의 오판을 유도할 수 있다는 비판도 있다. 진보세력은 NPR 발표에 앞서 핵 공격 억지를 미국 핵무기의 '유일한sole' 목적으로 규정할 것을 촉구했다. 하지만 이번 NPR은 미국과 동맹국, 파트너 국가에 대한 핵 공격을 억지하는 것은 미국 핵무기의 '근본적인fundamental 역할'이라고만 규정했다. 보수세력은 미국의 핵 능력을 약화시켰다고 비판한다. 오바마는 NPR 발간 후 워싱턴에서 제1차 핵안보정상회의를 개최했으며 2012년 서울에서 제2차 핵안보정상회의를 개최하도록 배려했다.

오바마는 2010년 NPT 발효 40주년을 맞아 발표한 성명에서 핵무기 감축 의지를 재강조했다. 그는 부시가 반대했던 CTBT 비준에 대한 의지를 밝히면서 "핵무기에 사용되는 핵분열 물질의 생산을 종식하기 위한 조약 협상에 나설 것"이라고 말했다.

Xi

Jinping

vs.

Obama

18대 대통령
박근혜의 당선

박근혜 연보

1952년	경북 구미에서 박정희 전 대통령과 육영수 여사 사이에서 출생
1964년(12세)	장충초등학교 졸업
1967년(15세)	성심여자중학교 졸업
1970년(18세)	성심여자고등학교 졸업
1974년(22세)	서강대학교 전자공학과 졸업. 프랑스에서 유학중 어머니가 조총련계 문세광이 쏜 총탄에 의해 사망
1979년(27세)	10. 26 사태 발생 전까지 영부인 대행 역할, 새마음 봉사단 명예 총재 등으로 대외활동
1982년(30세)	영남대 재단, 육영재단 이사장
1989년(37세)	'박정희 대통령, 육영수 여사 기념사업회' 이사장
1995년(43세)	정수장학회 이사장
1997년(45세)	한나라당 입당
1998년(46세)	대구 달성 보궐선거에서 제15대 국회의원에 당선, 한나라당 부총재
2000년(48세)	제16대 국회의원
2002년(50세)	한나라당 탈당 후 한국미래연합 창당. 대선 직전에 한나라당에 재입당 북한 방문, 김정일 국방위원장 면담
2004년(52세)	한나라당 대표, 한나라당의 정치자금 부정수수 사건 발생하자 '천막당사'로 이전. 제17대 국회의원
2006년(54세)	지방선거 지원 유세 중 피습당해 얼굴에 상처 입고 수술받음
2007년(55세)	한나라당 대선후보 경선에서 이명박 전 서울시장에게 패배
2008년(56세)	제18대 국회의원
2011년(59세)	한나라당 비상대책위원장
2012년(60세)	새누리당으로 당명 개명 제19대 국회의원 제18대 대통령 선거에서 당선
2013년(61세)	2월 25일 대통령 임기 시작

'새로운 판 짜기'에 돌입한 한미중일

박근혜 당선을 환영한 시진핑과 오바마

미국은 물론 중국, 일본 정부는 새누리당 후보였던 박근혜가 한국의 18대 대통령에 당선된 것을 환영하는 분위기이다. 안정을 중시하는 '박근혜 스타일'이 외교 분야에서 급격한 변화를 추구하지 않을 거라는 예상 때문이다.

특히 오바마는 박근혜의 당선을 진심으로 희망했다고 미국 측 외교안보전문가들은 전하고 있다. 오바마 행정부는 노무현 전 대통령의 비서실장이었던 문재인 민주통합당 후보가 당선될 경우, 2000년대 부시-노무현의 갈등에 버금가는 한미 간 충돌이 일어날 가능성을 경계했다.

이런 분위기는 미국 워싱턴 정가政街의 소식을 전하는 넬슨 리포트에서도 확인된다. 넬슨 리포트는 박근혜가 당선된 직후에 "워싱턴에서는 아무도 '문재인 대통령' 당선을 바라는 사람들이 없었다. 박근혜의 당선 소식에 모두 안도했다"고 전했다.[13]

오바마는 '아시아로의 선회' 정책을 적극 펴기 위해서는 일본뿐 아니라 한국의 도움이 절실하기에 한미동맹을 더욱 굳건히 할 수 있는 박근혜가 자신의 상대가 되기를 바랐다.

이런 배경에서 대통령 당선이 확정된 다음날인 2012년 12월 21일, 박근혜는 오바마로부터 전화를 받았다. 오바마는 "지금의 한미관계는 그 어느 때보다도 굳건하며 한미동맹은 한반도뿐 아니라 역내域內 및 세계의 평화와 안정에 기여하는 바가 크다"고 강조했다. 또 "2013년은 한미상호방위조약 60주년이 되는 해이고, 자유무역협정을 통한 무역과 경제관계뿐만 아니라 교육, 문화 등 다양한 분야로 확대 발전하고 있어 기쁘다"고 했다.

이에 박근혜는 "나의 임기 5년 중 대부분을 오바마 대통령과 함께 일할 수 있게 되어 기쁘다. 앞으로 긴밀히 협의하면서 한미동맹 관계를 한층 강화하기를 바란다"고 했다. 그러면서 코네티컷 초등학교에서 일어난 총기 참사 사건에 대한 애도와 위로를 전했다.

박근혜는 한미동맹을 중시하지만, 누구보다 한중관계의 중요성을 잘 알고 있는 정치인이다. 정치인이 된 후, 중국과의 접촉을 꾸준히

---

[13] 넬슨 리포트가 박근혜가 당선 직후에 보도한 12월 19일자 기사에는 이런 표현이 있다. "Reaction here in DC was instant and clearly relieved, you could almost feel the release of breath which had been held all over State, DOD, the White House and elsewhere."

넓혔고 중국어도 공부해왔다. EBS방송을 보면서 중국어를 독학했다는 박근혜는 2011년 한나라당 대표 자격으로 중국을 방문했을 때 만찬장에서 중국어로 인사말을 하며 친근감을 표현했다.

그렇기 때문에 중국 언론 매체들은 박근혜 당선을 신속하게 전하며 우호적으로 평가했다. 〈CCTV〉는 중국어에 능통한 한국 정치인이 대통령이 됐다고 보도했다. 한 언론은 "박근혜 당선인은 중국 문화에 많은 관심이 있다. 아버지가 사망한 후에는 중국 철학사를 읽으며 고통스러운 시기를 이겨냈다고 했다"고 보도하기도 했다.

시진핑은 한국 근대화에 성공한 박정희 전 대통령의 딸 박근혜에게 큰 관심을 갖고 있는 것으로 알려졌다. 특히 도시와 지방의 격차를 상당히 좁혔던 새마을 운동을 높게 평가하고 있다.

중국은 일본에서 자민당의 승리로 차기 총리가 된 아베 신조에게는 축전을 보내지 않았지만, 박근혜가 당선됐을 때는 장신썬 주한 중국 대사를 즉각 보내어 환영의 뜻을 밝혔다. 장 대사는 "박 당선인은 유능한 정치가이자 중국 인민의 오랜 친구다. 중국 문화를 잘 알고, 중국의 언어 철학 사상에 대한 연구가 매우 깊다"며 중국의 우호적인 반응을 전했다. 박근혜는 "후진타오 주석이 지난 10년간 훌륭하게 잘 이끌어서 중국이 세계에 핵심적인 주요 국가가 되었다"며 경의를 표한다고 했다. "시진핑 중국 공산당 총서기는 2005년에 본 적이 있다. 유익한 대화를 나누었던 기억이 있다"고도 말했다.

"동북아에 신뢰 외교, 균형 정책 필요"

박근혜는 한국 정치인으로는 이례적으로 자신의 외교안보 정책을 외교 전문지에 발표했다. 2011년 '신뢰 외교trustpolitik'와 '균형 정책 Alignment Policy'을 키워드로 하는 대북정책 구상을 〈포린 어페어즈〉에 기고했다. A4용지 7장 분량의 이 기고문 제목은 '새로운 한반도를 향하여'이다.

그는 이 기고문에서 "한반도를 끊임없는 갈등 공간에서 신뢰 공간으로 변화시키려면 국제적 규범에 근거, 남북한이 서로에게 기대하는 바를 이행하게 하는 '신뢰 외교'가 필요하다. 신뢰 외교의 2대 원칙으로 북한은 한국 및 국제사회와 맺은 약속을 반드시 지켜야 하며, 평화를 파괴하는 행동에 대해서는 확실한 대가를 치러야 한다. 한반도에 신뢰 외교를 실현하기 위해서 한국은 지금까지 해온 대북정책을 새롭게 발전시켜야 한다"고 언급했다. 측근들은 박근혜의 이 주장이 "햇볕정책도, 압박 정책도 아닌 제3의 길이 필요하다는 입장을 밝힌 것"이라고 해석했다.

그는 자신의 균형 정책을 "단순히 강경과 유화의 중간적 입장을 취하는 것이 아니라 남북한 간 안보와 교류 협력 사이의 균형, 남북 대화와 국제 공조 사이의 균형을 의미한다"고 설명했다. 단호한 입장이 요구될 때는 더욱 강경하게 대응하는 동시에, 협상을 추진하는 데는 매우 개방적인 접근 방법이라는 것이다. "만약 북한이 추가 핵실험을 감행한다면, 한국은 동맹인 미국은 물론 국제사회의 주요

파트너와 협의해서 모든 가능한 대응을 고려해야 한다"고도 했다.[14]

박근혜의 측근은 "신뢰 외교는 외교 전반에 대한 철학이고, 이를 적용하는 실천 전략이 균형 정책이다. 자동차가 어느 한 쪽으로 기울어지면 사고가 나는 것처럼 복잡한 남북관계 현안에서 잘못된 것은 조정하고 바로잡자는 의미를 담고 있다"고 했다.

동북아의 모델은 EU

박근혜의 제안은 북한이 2005년과 2007년 합의한 비핵화를 충실히 이행하면 이에 걸맞은 지원과 보상을 하며 관계를 개선하지만, 추가 핵실험 등의 도발이 있을 때는 가능한 모든 조치를 강구하겠다는 의미이다. 이 같은 내용은 브루킹스연구소의 마이클 오핸론 선임 연구원 등이 북한 문제를 주제로 출간한 《대타협》에서 제시한 '대북 포괄적 협상안'과 유사하다고 분석된다.

일각에선 균형 정책이라고 번역된 'Alignment Policy'가 생소하다는 반응을 보였다. 한 전문가는 "북한이 취하는 태도에 대북정책을 연동시키는 상호주의를 추진하려는 것 같은데 정렬·조정·제휴를 의

---

14 박근혜의 측근들은 그가 직접 신뢰 외교와 균형 정책이라는 용어를 생각해 냈으며 나중에 전문가들이 영어로 번역했다고 밝혔다. 〈포린 어페어즈〉 기고문 작성에는 18대 대통령직 인수위원회에서 활동한 윤병세 전 청와대 통일외교안보수석과 이정민 연세대 교수 등이 도움을 준 것으로 알려졌다.

미하는 영어 단어 alignment를 선택해 균형 정책이라고 제시한 것이 특이하다"고 지적했다.

박근혜는 이 기고에서 두 차례에 걸쳐 유럽연합을 우리가 추진해야 할 모델로 제시했다. "유럽이 공유하고 있는 화해의 경험은 아시아가 배울 수 있는 소중한 경험이다. 안보와 경제협력을 함께 도모하는 유럽안보협력기구OSCE 프로세스는 동북아에도 적용될 수 있다."

아시아 패러독스와 동북아 평화협력구상

박근혜는 2012년 10월 한·중·일 3국 국제포럼 리셉션에 참석, 동북아시아의 외교안보 사안에 대해 비교적 자세하게 정책 방향을 밝혔다.[15] 그가 이날 밝힌 개념들은 일 년 전 〈포린 어페어즈〉에 실은 기고문을 발전시킨 것이다. 이전에 밝힌 '신뢰 외교' 개념을 북한뿐만 아니라 새로운 동북아의 실현을 위해서도 구사하겠다는 입장을 분명히 했다. 경제 규모 세계 10위 안팎의 한국이 미국, 중국, 일본, 러시아가 부딪치는 동북아시아에서 적지 않은 역할을 할 수 있다고 본 것이다.

그가 목도하는 아시아는 3국간 경제의존도가 최고수준에 달하면

---

15 한중일 3국 협력사무국과 조선일보가 주최한 이 행사에는 박근혜뿐만 아니라 당시 무소속 후보였던 안철수도 함께 참석해 자신의 비전을 발표했다.

서도 역사와 영토갈등, 군비경쟁, 핵위협, 신뢰부족으로 큰 진통을 겪고 있는 곳이다. 그는 이를 '아시아 패러독스'라로 명명했다. 그는 이를 해결하기 위해 '대大 화해 → 책임 있는 동북아 → 트로이카 협력'의 3단계 방안을 추진하겠다고 했다. 신뢰에 기반한 '동북아시아 평화 협력 구상'을 통해 지역 안정과 공동 발전의 새로운 전환점을 마련하겠다는 것이다. "한중일 3국 정상이 2010년 합의한 '3국협력 비전 2020'과 다양한 이행기구는 평화협력 구상의 유용한 토대이다."

박근혜는 대 화해의 전제조건으로 '올바른 역사 인식'이 필요하다고 했다. 1970년 12월 빌리 브란트 서독 총리가 폴란드 바르샤바의 유태인 희생자 위령비 앞에 무릎을 꿇은 사실을 상기시키며, 일본 정부가 위안부 문제를 비롯한 과거사 문제에 책임을 지는 자세를 보여야 한다는 입장을 명확히 했다. "과거를 잊는 자, 미래를 보지 못한다"는 표현으로 역사 인식의 중요성을 거듭 강조했다.

그는 북핵 문제를 동북아에서 가장 큰 현안으로 규정했다. 미중과의 관계에 대해서도 비교적 분명한 어조로 자신의 견해를 밝혔다. "중국의 부상과 미국의 아시아 정책이 상충한다고 보지 않는다. 어느 하나를 선택해야 하는 문제가 아니다. 미국은 포괄적 동맹이고, 중국은 협력적 동반자이다." 한미동맹을 바탕으로 중국과의 관계를 확대시켜 나가겠다는 입장을 명확히 한 셈이다. 박근혜에게 외교안보 사안을 조언하는 한 전문가는 "중국과의 관계만을 증진시켜 한미동맹을 약화시키는 일은 결코 없을 것"이라고 말했다.

박근혜의 '아시아 패러독스' 극복 연설

2012년 대선이 주로 경제민주화, 복지 등과 관련된 내용에 중점을 맞춰 치러지면서 상대적으로 각 후보들의 외교안보 전략은 주목을 받지 못했다. 그런 점에서 박근혜가 '2012 동북아 정세 변화와 한중일 3국간 협력' 국제포럼의 리셉션에서 발표한 외교안보 정책과 관련한 입장은 앞으로 그의 대외정책을 이해하는 중요한 연설이다. 다음은 그 요지다.

"불과 몇 십 년 전만 해도 국제사회의 변방으로 취급되었던 동북아는 이제 새로운 국제질서의 중심축이 되었습니다. 한중일 3국이 전 세계의 총 생산과 세계의 20%를 차지하고 있다는 점이 이를 단적으로 보여줍니다. 국가 경제의존도도 최고 수준에 도달하고 있습니다.

그러나 이렇게 눈부시게 부상한 동북아는 지금 역설적으로 역사와 영토 갈등, 군비경쟁, 핵위협, 신뢰 부족으로 큰 진통을 겪고 있습니다. 지금 우리가 그릇된 판단을 하게 될 경우 돌이킬 수 없는 상처를 입을 수 있습니다.

동북아의 발전을 위해서는 이렇게 양면성을 지닌 아시아 패러독스Asian Paradox를 극복해야 합니다. 위기를 기회로 전환시켜야 합니다. 그러기 위해서는 세 가지 차원에서 새로운 발상과 실천이 필요합니다.

첫째, 끊임없는 갈등에서 대 화해grand reconciliation로 나가야 합니다.

둘째, 책임 있는 동북아responsible Northeast Asia로 거듭나야 합니다.

셋째, 신뢰를 바탕으로 한중일 트로이카 협력Troika Cooperation을 더욱 확대해야 합니다.

이는 동북아의 근본적 변화를 만들 것이며, 궁극적으로 새로운 동북아 공동체를 구축하는 기반이 될 것입니다. 한반도의 평화적 통일 환경 조성에도 크게 기여할 것입니다. 우리는 이러한 역사적 변화를 이미 목도했습니다. 60년 전 유럽 석탄철강 공동체 창설과정, 40년 전 미중관계 정상화과정, 20년 전 냉전 해체 과정이 바로 그것입니다. 그 뒤에는 이를 가능케 한 지도자들의 용기 있는 결단과 국민들의 이해와 지지가 있었습니다.

동북아의 변화를 위해서도 정치적 리더십, 정부와 시민사회의 유기적 협력이 필요합니다. 아시아 패러독스를 극복하고 동북아의 새로운 지평을 구축하기 위해 우선적으로 필요한 것은 올바른 역사인식입니다. 유럽이 제2차 세계대전의 상처를 치유하고 통합될 수 있었던 것은 독일, 프랑스 그리고 영국이 함께 '대 화해'를 바탕으로 새로운 협력의 장을 열었기 때문입니다. 우리는 브란트 전 독일 수상의 용기 있는 반성을 기억합니다. 그가 42년 전 바르샤바의 유대인 희생자 추모비 앞에서 참회했을 때, 유럽은 화해의 기반을 마련했고 마음속으로 하나가 되었습니다.

'과거를 잊는 자, 미래를 보지 못한다'는 그의 메시지는 동북아 국가에게도 시사하는 바가 큽니다. 저는 한중일 정부와 시민사회가 역사 갈등 극복과 화해, 협력의 미래를 함께 협의하는 제도적 장치를 마련할 필요가 있다고 생각합니다.

새로운 아시아를 위한 '대 화해'를 이루어낼 수 있다면 책임 있는 동북아의 구현은 그 만큼 더 앞당겨질 수 있습니다. 책임 있는 동북아란 아시아는 물론 전 세계의 평화와 발전을 위해 적극적으로 기여하는 것입니다.

기후변화, 테러, 핵 확산, 인권 등 글로벌 이슈에 대한 실질적인 기여를 확대해야 합니다. 그래야 국제사회는 동북아를 더욱 신뢰하게 될 것입니다. 부상하는 동북아의 역할은 미중관계와 분리하여 생각할 수 없습니다. 미국과 중국은 21세기 국제질서 유지에 있어서 핵심 역할을 담당하는 강대국들로서 경쟁과 협력의 균형을 조화롭게 유지해야 합니다. 저는 중국의 부상과 미국의 아시아 정책이 상충한다고 보지 않습니다. 한국과 일본은 미국과 밀접한 안보관계를 유지하는 동시에 중국과도 긴밀한 협력관계를 발전시켜 나가고 있습니다. 어느 하나를 선택해야 하는 문제가 아닙니다. 미국은 포괄적 동맹이고, 중국은 협력적 동반자입니다.

동북아에서 가장 큰 현안인 북핵 문제를 평화적으로 해결하고, 북한이 올바른 선택을 하도록 돕기 위해서도 한중일 3국의 협력은 그어느 때보다 필요합니다. 이는 제가 제안한 한반도 신뢰 프로세스를 통해 더욱 강화될 것입니다. 한중일 3국의 정치·안보 대화가 경제·사회 협력과 균형을 맞추어 발전해 나갈 때에 아시아 패러독스는 해소되고 더 안정적이고 책임 있는 동북아가 실현될 것입니다.

저는 국가 간 폭넓은 협력과 공동발전을 위해 신뢰 외교가 필요하다는 점을 강조해 왔습니다. 이와 관련하여, 저는 신뢰에 기반한 새로운 동북아의 실현을 위해 '동북아시아 평화 협력 구상'Northeast Asian Peace and Cooperation Initiative을 추진하겠습니다. 한중일을 포함한 동북아 역내 국가들 간 신뢰구축과 협력안보, 경제·사회 협력, 인간안보의 증진을 통해 지역안정과 공동발전의 새로운 전환점을 마련하겠습니다."

지속 가능한 평화, 신뢰받는 외교, 행복한 통일

박근혜 외교안보 정책의 3대 키워드는 '지속 가능한 평화, 신뢰받는 외교, 행복한 통일'이다. 그는 이를 바탕으로 한 정책을 통해 한반도 정세를 안정적으로 관리하고, 통일의 기반을 실질적으로 구축하겠다는 구상을 갖고 있다.

박근혜는 이명박 정부보다는 유연한 형태의 '진화하는 대북정책'을 펴겠다고 공약했다. 햇볕정책도 압박 정책도 아닌 제3의 길을 추구하겠다는 것이다.

그는 2010년 북한의 천안함 폭침 이후 사실상 중단된 남북대화를 재개하겠다는 의지를 갖고 있다. 2012년 11월 〈조선일보〉와의 인터뷰에서는 "북한의 사과가 대화의 전제 조건은 아니다. 사과 문제를

박근혜의 주요 외교안보 정책

지속 가능한 평화	주권, 안보 확실하게 지키기
	강력한 억지, 협상다각화의 병행추진을 통한 북핵 문제 해결
	신뢰 프로세스를 통한 남북관계 정상화
신뢰받는 외교	동아시아 평화와 유라시아 협력촉진
	경제외교 업그레이드와 신성장 동력 발굴
	매력 한국 건설을 위한 국민외교시대 개막
행복한 통일	국민과 함께 국제사회가 지지하는 통일 지향

논의하기 위해서도 대화가 필요하다"고 했다. 북한과 대화하면서 문제를 풀어가겠다는 입장을 밝힌 것이다. 전면 중단된 남북 교류를 즉각 재개하겠다는 뜻은 아니다. "(남북대화를 한다고) 5·24조치를 해제하는 것은 아니다. 지금 (북한이) 아무 변화도 없고, 우리 젊은 장병들이 희생당했는데 아무 일 없다는 식으로 할 수는 없다"고 했다. 북한이 천안함·연평도 사건에 대한 분명한 조치를 취해야 의미 있는 후속 조치가 이뤄질 수 있다는 것이다. 금강산 관광 재개 여부 역시 북한 당국의 납득할 수 있는 조치에 달려 있다고 말한다.

북한 핵·미사일 문제에 대해선 "평화를 파괴하는 행동은 확실한 대가를 치러야 한다"고 주장했다. 대북 억지력 강화, 국제사회와 협력을 바탕으로 북한 핵·미사일 문제를 해결한다는 것이지만 일각에서는 실효성에 의문을 제기하고 있다.

역대 모든 정권이 추진한 남북 정상회담에 대해선 신중한 입장이다. 그는 한 언론 간담회에서 이렇게 말했다. "남북 정상회담을 마다할 이유가 없지만 천안함·연평도 사건처럼 국민의 목숨을 앗아간

엄중한 사건이 있었는데 아무 일 없었다는 듯 정상회담을 하자는 것은 문제가 있다." 서른두 살 차이 나는 김정은 북한노동당 제1비서와의 회담에 대해 적극적으로 생각하지 않고 있음을 내비친 것이다.

Xi

Jinping

vs.

Obama

팍스 차이메리카
PAX CHIMERICA

본격화된 경쟁과 협력의 시대

미중의 외교관 설전

2009년 10월 워싱턴 D. C.의 신미국안보센터CNAS 회의장. 당시 미국무부의 부장관 제임스 스타인버그가 연설을 마치자 한 동양인이 손을 번쩍 들었다. 주미 중국대사관 소속 외교관이라고 자신을 밝힌 그는 "스타인버그 부장관은 중국이 다른 나라들과 사이좋게 지내서 매우 기분이 나쁜 것 같은데 그것은 중국 탓이 아니다"고 직격탄을 날렸다. 외교관이 주재국 고위 관료에게 공개 석상에서 항의성 발언을 한 것은 이례적인 일이다. 스타인버그가 연설에서 "중국의 자원 확보 활동이 미국뿐 아니라 다른 나라에서도 '합당한 우려'를 불러일으키고 있다"고 한 지적에 반박한 것이다.

중국 외교관은 "미국의 역할은 미국의 자원시장에 중국이 더 투자할 수 있도록 더욱 개방하고, 중국이 자원시장에 더 다가갈 수 있도록 돕는 것 아니냐"고 따졌다. 워싱턴 한복판에서 벌어진 미 국무부 부장관과 중국 외교관의 설전은 세계 곳곳에서 첨예하게 대립하는 양국 관계의 단면을 상징적으로 보여줬다.

미국과 '중화인민공화국' 관계의 시작은 우호적이지 않았다. 중국의 국공國共 내전 과정에서 미국이 장개석 정부를 지원했기 때문에 중국 공산당은 적지 않은 반미 감정을 갖고 있었다. 1949년 중국에 공산당 정부가 들어설 때 베이징의 주중미국대사관은 폐쇄됐다. 특히 1950년 발발한 6·25 전쟁에서 미군과 중국 인민해방군이 직접 피를 흘리면서 싸워 결정적인 대립관계로 고착되었다.

이런 상황이 변화한 계기가 1972년 리처드 닉슨 미국 대통령의 중국 방문이다. 당시 양국이 발표한 상하이 공동성명은 평화공존원칙에 입각, 패권추구에 반대하며 양국관계를 정상화시킨다고 밝혔다.

그러나 대만 문제에 대한 이견으로 계속 늦춰진 수교는 결국 1979년 1월 1일 이루어졌다. 이에 앞서 1978년 12월 발표한 수교 공동성명은 "미국은 중화인민공화국이 중국의 유일 합법정부라는 점과 대만이 중화인민공화국의 일부라는 중국의 입장을 인정한다"라고 명시한다.

미국은 이 테두리 내에서 대만과 무역, 문화 및 기타 관계를 계속 유지해왔다. 중국과 수교한 미국은 대만 관계법Taiwan Relations Act을 제정했다. 미중관계 정상화 이후 미국이 대만과의 관계를 지속하기 위해 만든 이 법은 주로 상업적, 문화적, 인적 교류 지속을 언급하고 있다. 방어적인 목적에서 대만에 무기를 지속적으로 판매하는 사항

도 포함하고 있다. 대만 관계법을 통해 미국은 '하나의 중국' 정책을
유지하면서도 대만과의 관계를 유지할 수 있는 근거를 만들었다.

분쟁 지역을 자국 영토로 표기한 중국 여권

미국 내에서는 아직도 중국을 한 수 아래로 보는 분위기가 있다. 미국의 일부 전문가들은 1949년 건국 후의 중국을 미국과 수교한 1979년 이전의 30년과 그 후로 구분한다. 중국의 비약적인 발전은 미국의 수교 이후에 이뤄졌고, 미국과 협력했기에 발전했다고 보는 시각도 있다. 이렇게 주장하는 전문가들도 중국의 놀라운 성장세는 인정한다.

특히 중국이 예상보다 빨리 태평양으로 손을 뻗고 있다는 사실에 미국은 긴장하고 있다. 2009년 후진타오는 중국 해군 창설 60주년 기념식에서 "연안 해군에서 벗어나 대양 해군으로 거듭나자"고 선언했다. 이를 기점으로 중국 해군은 현재 아프리카 연안을 누비고 미얀마, 스리랑카에 자국의 거점 항구를 건설하고 있다. 중국의 잠수함과 구축함들이 태평양 곳곳을 누비고 있으며 첫 항공모함인 랴오닝함도 진수시켰다.

시진핑 체제는 이런 상황을 더욱 가속화시켜 주변국에 긴장을 조성한다는 지적을 받는다. 그가 당 총서기가 된 18차 전당대회를 전후로 중국은 영토 분쟁 지역을 자국 영토로 표시한 여권을 발급하기 시

작했다. 베트남과 영유권 분쟁 중인 스프래틀리 제도(난사군도南沙群島), 파라셀 제도(시사군도西沙群島), 필리핀과 분쟁 중인 스카보러섬(황엔다오黃巖島)이 모두 중국의 영토로 되어 있다. 그러자 인도는 중국인들에게 인도 영유권을 넓힌 지도를 사용한 비자를 발급하고 있다. 베트남은 국경을 넘어오는 중국인들의 여권을 무효화하고 별도 여행허가서를 내주고 있다. 미국도 이에 대한 우려를 표명하고 있다.

그러나 중국은 이에 대한 미국의 개입을 평가절하하면서, 오히려 미국이 아시아로의 선회정책을 추구하면서 갈등을 일으키려 한다고 주장한다. 특히 중국은 미국의 미사일 방어시스템MD 구축에 민감하게 대응하고 있다. 〈인민일보〉는 2012년 10월 "아시아 안보환경을 파괴하는 행위를 삼가하라"는 기사를 게재했다. "미국은 세계에 절대적인 안전은 없으며 자신만을 위해 타인에게 수를 쓰고 전체 안보환경을 파괴한다면 결국 자신도 안전할 수 없다는 사실을 분명히 알아야 한다. 만약 자국 방어수준을 넘어서서 역내 안보와 안정에 해를 입힌다면 결국 전략적 실수였다는 사실이 반드시 입증될 것이다. 미국은 아태지역의 중요한 국가로서 아시아의 평화발전을 위해서 더 많이 기여해야 하며 이를 감당할 능력도 있다."

중국이 바라는 중미관계와 관련하여, 중국의 입장을 가장 명쾌하게 피력한 것은 양제츠 중국외교부장이 닉슨의 방중 및 상하이 코뮤니케 발표 40주년 기념을 계기로 밝힌 기고문이다. "상하이 코뮤니케는 중미관계의 새 장을 여는 핵심으로 하나의 중국, 상호존중, 평등호혜, 평화공존, 내정불간섭 원칙을 포함해 양국관계의 기본원칙을 확립했다."

양 부장은 그 외에도 중미관계에는 일부 문제 및 방해요소들이 있다며, 다음과 같은 미국 측의 잘못된 행동을 단호하게 반대한다고 경고했다.

1. 미국이 대만에 신무기를 판매하며 중미관계와 양안관계의 평화로운 발전을 심각하게 손상시키는 행위.
2. 미국이 소위 인권, 종교 등의 문제를 이용하여 중국내정에 간섭하는 행위.
3. 미국이 일부 사람들의 인민폐 환율 등 문제를 확대하고, 중미간의 경제무역 마찰을 정치화하는 행위.
4. 미국 일각에서 중국위협론을 부추기며 중국을 억제해야 한다고 크게 떠드는 행위.
5. 미국 국내의 정치적 요소가 중미관계에 부정적인 영향을 미치도록 하는 행위.

베이징 컨센서스 vs. 워싱턴 컨센서스

시진핑과 오바마의 대결은 국제경제에서는 베이징 컨센서스Beijing Concensus 대 워싱턴 컨센서스Washington Concensus 대결로 이해되고 있다.

워싱턴 컨센서스는 고용유연화와 시장 개방이 핵심으로 사실상 미국이 주도하는 경제를 의미한다. 1997년 시작된 한국의 외환위기 당시 IMF가 우리에게 요구한 정리해고와 구조조정이 바로 워싱턴 컨센서스 정책이다. 2010년 로버트 졸릭 당시 세계은행 총재는 선진 국이 후진국에 강요해온 경제 정책인 워싱턴 컨센서스가 더는 유효 하지 않다고 밝혔다. 졸릭은 조지타운대학에서 '경제 개발의 민주화' 라는 주제의 강연을 하면서 "한 도시에서 만들어진 경제 정책이 모 든 나라에 적용되는 것은 불가능한 일"이라고 했다.

그는 워싱턴 컨센서스가 오히려 개발도상국 경제에 악영향을 끼 쳤다고도 지적했다. "이제 개발도상국이 세계의 동력이 되고 있다. 워싱턴 컨센서스가 아니라 뉴델리, 베이징, 카이로에서 다양한 컨센 서스가 나와야 한다."

베이징 컨센서스는 〈타임〉 기자였고 골드만삭스의 고문으로 활동 한 조슈아 쿠퍼 라모가 2004년 발표한 보고서를 통해 알려진 개념이 다. 워싱턴 컨센서스에 대항해서 나온 것으로 '정부 주도의 경제 발 전 모델'을 말한다. 각국이 독자적 가치를 유지하면서 세계 경제체제 에 편입돼야 한다는 뜻을 내포하고 있다.

베이징 컨센서스를 민주화보다 국내 체제 안정 및 유지를 우선시 하는 '국가자본주의 모델'로 보는 시각도 있다. 중국의 2008년 티베 트 소유 사태 진압에 대해 이해를 표명하거나 류사오보의 노벨 평화 상 시상식에 참석하지 않은 국가를 '베이징 컨센서스권'으로 규정할 경우 약 110개 국가가 된다.[16]

시진핑 체제에서는 베이징 컨센서스권을 대폭 늘려 나가면서 중국에 우호적인 국가를 만드는 데 주력할 것으로 예상된다. 또 10년 간의 집권 기간 중 중국이 주도하는 상하이협력기구sco를 적극 활용할 것으로 관측된다.

2012년 중국 베이징에서 12차 회의를 가진 상하이협력기구 정상회의에는 러시아, 카자흐스탄, 우즈베키스탄, 키르키즈스탄, 타지키스탄 외에도 옵서버로 인도, 이란, 몽골, 파키스탄 등이 참석했다. 2001년 출범한 SCO는 미국이 주축인 북대서양조약기구NATO에 대항하기 위해서 만들어진 기구로 갈수록 영향력이 커지고 있다.

SCO는 이번 회의에서 위기 조기경보 및 긴급대응의 중요성을 인식하고 이를 SCO협력범위에 포함한다는 내용의 언론 커뮤니케를 발표했다. 또한 미국을 겨냥해서는 일부 국가 또는 국가 그룹에 의한 일방적인 미사일 방어시스템 강화가 국제안보에 해를 끼친다고 지적했다.

중국의 과제와 엇갈리는 전망

중국이 아직 미국을 따라잡기는 요원하다는 평가가 많다. 특히 중국은 과거에는 자신만을 위해 쉬운 길을 걸어왔지만 앞으로는 국제

---

16 《시진핑 시대의 중국》의 저자 사토 마사루는 "중국은 건국 이후 120여 개국의 개발도상국에 원조를 제공했는데, 원조를 받은 나라들이 베이징 컨센서스권에 포함된 것으로 보인다"고 했다.

사회에서 더 큰 짐을 맡아야 한다는 지적도 많다. 세계 각국이 앞으로 중국에게 환경이나 환율, 에너지 문제 등을 강하게 요구할 것이고, 중국은 이를 준비해야 한다. 선진국들의 견제보다는 '내부의 적들'을 어떻게 다루느냐에 앞날이 달려 있다. 왕지쓰王緝思 베이징대 국제관계학원 원장은 "향후 동부 연안지역과 서부 내륙 간의 지역적 불균형과 빈부 격차 심화, 공직 부패, 환경과 에너지문제, 티베트와 위구르의 민족 분열 조짐 등 이른바 중국적인 '소프트 파워'를 약화시키는 각종 장애물을 빨리 제거하지 않으면 과거 같은 발전은 기대할 수 없다"고 지적했다.

중미관계 전문가 진찬룽金燦榮 인민대 국제관계학원 부원장도 "중미관계는 앞으로 4~5년간 더 어려워지고 새로운 문제도 더 많이 발생할 것이다. 다만 이런 모순과 갈등은 충분히 통제 가능한 범위 안에 있다"고 말했다. 그는 오바마–시진핑 체제에 대해서는 "비교적 어려울 것이다. 중미관계에서 발생하는 각종 문제도 훨씬 더 많아지겠지만 통제 가능한 범위 내에 있다고 본다"고 말했다. 미국의 대중 수출이 크게 늘면서, 무역 불균형이 완화될 것이기에 객관적인 상호의존도가 양국 관계를 안정으로 이끌 수 있다는 것이다.

시진핑 체제의 중미관계에 대해서 진 부원장은 "중국은 집단지도체제이기에 정책을 바꾸기가 쉽지 않다. 누가 최고지도자가 되어도 대미정책은 변화성보다 연속성이 높다. 시진핑도 개인적으로 미국에 호감을 갖고 있다"고 말했다. 반면 왕 원장은 "중국인들은 오바마 정부의 중국 정책이 부시 정부보다 나쁘다고 인식하고 있다. 미국의 아시아 회귀 전략은 아시아의 군사동맹을 강화하는 것이고, 미국의 북한에 대한 위협은 곧 중국을 위협하는 것으로 인식했기 때문이다. 중국과 미국의 안보 쟁점이 대만에서 서태평양·한반도로 전이될 경우, 아시아 안보 형세는 더욱 복잡해질 것"이라고 지적했다.

핵심자원 중국 의존 심화, 미일 방위지침 개정

중국에 대한 미국의 우려는 갈수록 심화되고 있다. 미중 경제안보 검토위원회가 2012년 연방의회에 제출한 연례보고서에는 희토류, 코발트, 알루미늄 등의 주요 자원 수입을 중국에 의존하는 비율이 심화되고 있다고 지적했다. 미국은 주요 광물자원 48종 중에서 17종을 중국을 통해 수입하고 있다. 이 보고서는 2010년 중일 외교분쟁 당시 중국이 일본에 희토류 수출을 금지했던 사례를 거론하며 대비책 마련을 제안했다. 중국이 언제든지 핵심 자원을 정치적 무기로 활용할 의지가 있으니 주의해야 한다는 것이다.

위원회는 중국 자본이 빠르게 미국으로 유입되어 위험요소로 작용할 수 있다고 전망했다. 중국은 2010년 58억 달러, 2011년 300억 달러를 투자하는 등 미국에 대한 직접투자를 늘리고 있다.

미국은 중국에 맞서 한국, 일본과의 동맹 강화를 추진하고 있다. 미일 양국은 2012년 하반기부터 방위협력지침의 개정 문제를 논의 중이다. 미일 양국의 방위협력 지침은 1978년 제정된 후 1997년에 개정됐으나 최근의 추세에 맞춰 재개정해야 한다는 여론이 일고 있다.

모리모토 사토시森本敏 일본 방위상은 기자회견에서 "이전에 예상하지 못한 다양한 위험이 문제가 되고 있다. 동아시아에서는 한반도뿐 아니라 중국이 해양에 진출하는 문제도 있다"고 지적했다. 방위협력 지침 개정의 주요 이유가 바로 중국임을 명확히 한 것이다.

미일 방위협력지침의 핵심은 일본이 공격당했을 경우를 상정한 것으로 양국이 주일미군과 자위대를 어떻게 활용해서 공동대응할지 명시했다. 미일 방위지침은 1997년에는 한반도 급변 사태 발생 시 대응을 중심으로 개정되었지만, 이번에는 중국에 대응하는 방안이 주로 논의될 전망이다.

오바마는 동아시아에서 영토 갈등이 계속돼 더 이상의 파국을 불러오길 바라지 않으면서도 중국 정부의 '힘의 외교'가 이 지역에서 가져올 반발을 적극 활용하길 원한다. 중국을 견제하고 동아시아 국가와의 전략적 연대를 확대한다는 것이다. 오바마가 남중국해 등에서의 영토 분쟁이 평화적으로 해결되고 국제법 준수가 중요하다는 입장을 지속적으로 밝히는 이유도 이런 전략에 따른 것이다.

21세기 가장 중요한 양자관계

오바마의 첫 중국 방문

오바마는 2009년 1기 임기 당시부터 '오바마-바이든 계획'을 통해서 중국을 국제체제에 완전히 편입시켜 공동의 정치경제에 입각한 협력관계를 구축하겠다는 뜻을 밝힌 바 있다. 그는 중국을 파트너로 삼아 산적한 문제 해결에 나서겠다는 뜻을 분명히 하며 기회가 있을 때마다 미중관계의 중요성을 강조해 왔다.

그는 부시 행정부에서 시작된 '미중 경제대화'를 한 단계 승격시켜 2009년 '미중 전략경제대화'를 개최했다. 개회사에서 오바마는 "미국과 중국은 21세기 세계에서 가장 중요한 양자兩者 관계"라는 말로 중국을 중시한다는 입장을 밝혔다. 대공황 이후 가장 심각한 경제위기에서 출범한 오바마 행정부는 'G2Group of Two' 개념에도 별로 반감을 드러내지 않았다.

2009년 11월 오바마의 첫 중국 방문은 그의 이런 의지를 구체화시켰다. 상하이, 베이징에서 나흘을 머물면서 후진타오 주석, 원자바오 총리와 하루씩 회담을 갖고 만찬을 함께 했다. 세계 경제위기 극복 외에도 기후변화, 비확산 문제에서 중국을 글로벌 해결의 파트너로 삼을 것을 분명히 밝혔다. "강력한 중국, 번영하는 중국은 국제사회의 힘의 원천이 될 수 있을 것"이라는 말로 중국인들의 자존심도 살려주었다.

오바마는 각종 글로벌 이슈를 중국과 함께 풀어가겠다는 의지가 확고하기 때문에 티베트와의 대화, 인터넷 검열의 문제점을 지적하는 그의 발언은 중국 지도부가 불쾌할 만큼 강도가 세진 않았다. 한국과 일본에서와는 달리, 중국에서는 만리장성과 자금성을 둘러보는 관광 시간도 가지면서 관심과 호의를 숨기지 않았다. 중국의 젊은 세대는 오바마와 마오쩌둥 전 주석이 합성된 '오바마오' 그림이 새겨진 티셔츠를 만들어 입으며 열광적으로 그를 반겼다.

2009년 그의 첫 아시아 순방 당시 23시간의 일본 방문은 위와 같은 중국 방문과는 뚜렷한 대비를 이뤘다. 일본 방문의 의미는 오바마 대통령의 첫 번째 아시아 방문국이라는 점이 전부였다. 하토야마 유키오鳩山由紀夫 정권의 출범 이후 계속 마찰을 빚은 후텐마 비행장의 이전 문제 탓에, 미일 양국 정상회담은 새로운 합의점을 찾기보다는 더 이상의 악화를 막고 충돌을 피하는 데만 초점이 맞춰졌다.

중국의 부상을 경계하는 일본인들은 오바마가 도쿄 산토리홀에서 "미국은 중국을 제어하지 않을 것"이라고 말하자 실망했다. 심지어 오바마가 아키히토明仁 일왕에게 깊이 허리를 숙여 인사했다는 점이 미국 내에서 논란이 됐다는 것도 거꾸로 일본인의 자존심을 건드렸다. 일본에선 이미 오바마 행정부의 '재팬 패싱Japan passing(미국의 일본 무시)' 기조가 번지는 것 아니냐는 경계론까지 나왔다.

표면적으로 중국은 미국에 대해서 협력을 강조하고 있다. 2012년 미중 전략경제대화에서 다이빙궈

오바마와 마오쩌둥을 합성한 그림

戴秉國 중국 외교담당 국무위원은 미중간의 협력에 대한 새로운 개념을 제시했다. 중국과 미국이 세계를 이끈다는 의미의 'G2'보다는 소통과 협력을 강조하는 'C2'를 추구하자는 것이다. 중국 측은 C를 cooperation(협력), coordination(조정), community(공동체) 의미라고 설명했다.[17]

---

17 시진핑 집권 이후의 미중관계를 'C2'로 봐야 한다는 분석도 최근 많이 제기된다. 채욱 대외경제정책연구원장은 2012년 11월 12일 〈서울경제〉와의 인터뷰에서 "시진핑 시대의 중국은 내부 문제가 많아 패권적 정책을 펴기가 어렵다. 중국이 핵심 이익이라고 생각하는 영토와 주권 문제가 아닌 이상 미국과 협조하는 'C2 Cooperation2' 체제를 유지할 것"이라고 전망했다.

2009년 7월 첫 미중 전략경제대화

취임 초부터 중국 중시 전략을 구사한 오바마는 관계 강화 수단으로 미중 전략경제대화를 적극 활용했다.

원래 미중 전략경제대화는 2006년 12월 부시 행정부 당시 헨리 폴슨 미 재무장관과 중국의 우이吳儀 경제 부총리가 이끄는 '경제대화'가 그 시초이다. 미국이 대중對中 무역 적자를 줄이기 위해 위안화의 평가절상을 요구하면 중국이 방어하는 형식이었다. 그러나 이후 국제사회에서 중국의 위상이 올라가면서 두 나라가 각종 글로벌 이슈를 함께 논하는 최고위급 대화로 발전했다.

2009년 7월 미국과 중국은 1차 전략경제대화의 순조로운 출발을 위해 초반부터 상대를 배려했다. 오바마는 두 나라가 클린 에너지 창출과 기후변화 대책 마련, 핵무기의 확산을 저지하는 데에 공통의 이해관계를 갖고 있다고 강조했다. 특히 중국에게 "북한과 이란의 핵 드라이브를 종식하는 일에 미국과 함께 노력해 달라"며 두 나라 모두 동아시아의 '핵 군비경쟁'을 원치 않는다고 말했다.

중국은 대화 시작에 맞춰 농민들이 가전제품을 살 경우 구매가격의 13%를 정부가 보조하는 정책의 제품 상한가를 확대하기로 했다. 이에 따라 미국산 같은 값비싼 외국 제품들의 구매가 쉬워졌다.

하지만 무대 뒤 사정은 결코 화기애애한 것만은 아니었다. 〈월스트리트저널〉은 "양국 간 화합의 쇼가 미국의 늘어가는 빚에 대한 중국의 거듭된 우려로 빛을 잃었다"고 평가했다. 중국 셰쉬런謝旭人 재정부장과 왕치산王岐山 경제담당 부총리는 각각 "재정 적자(관리)에 크게 주의를 기울여 달라", "미국은 달러 가치를 보호해야 한다"며 회담 내내 티머시 가이트너 미 재무장관을 압박했다. "마치 빚을 오랫동안 갚지 못한 채무자 집을 찾은 은행원처럼, 중국은 미국에 빚 관리의 중요성을 반복적으로 강조했다."

중국 관리들은 가이트너 장관으로부터 "경제가 되살아나는 대로 재정 적자를 줄이겠다"는 다짐을 받아낼 때까지 집요하게 이 문제를 거론했다. 미국의 최대 채권국인 중국으로선 미국의 재정 적자에 신경 쓸 수밖에 없다. 1조 달러가 넘는 재정 적자가 계속 늘어나 달러화 가치가 하락하면, 달러화 표시 채권을 많이 보유한 중국은 손해를 보게 되기 때문이다.

세계 무역 및 투자 증진 합의

양국은 전략경제대화에서 세계무역 및 투자를 더욱 증진하고 보호주의에 반대하는 데 합의했다. 경제 성장과 고용 창출이 세계경제의 회복에 중요하다는 점도 확인했다. 이와 함께 금융 분야에서 감독 기능을 강화하고 규제를 개선해, 건실한 금융 시스템을 촉진하기로 했다. 양국 간의 심각한 무역수지 불균형 해소를 위해 미국은 저축을 장려하고, 중국은 내수를 늘려나가기로 했다.

왕치산 당시 중국 부총리는 경제협력의 표시로 미국산 첨단제품의 중국 수출을 더 쉽게 조치하기로 했다고 말했다. 가이트너 재무장관은 양국 정부의 구매·건설 계약 분야에서 상대국 기업을 자국 기업과 동등하게 대우하기로 합의했다고 밝혔다.

하지만 당시 미중 전략경제대화의 유일한 '가시적' 성과는 기후변화와 환경 보호 문제 해결을 위한 양해각서MOU에 서명한 것이라는 평가도 나왔다. 미국은 회의 시작 전에 구체적인 이산화탄소 배출량 감축 방안을 논의하겠다고 밝혔지만, 양국이 지켜야 할 감축 목표 설정에는 합의하지 못했다.

중국의 반발을 의식한 미국은, 신장 위구르·티베트 등지의 중국 내 소수 민족의 인권 문제에 제대로 대응하지 못했다. 오바마와 클린턴 장관은 연설에서 인권 문제를 간단히 제기했을 뿐 본격적인 논의는 회피했다. 왕광야王光亞 중국 외교부 수석 부부장이 신장 위구르 자치구에서 발생한 유혈사태에 미국이 '절제된 태도'를 보여주어 감사하다고 말할 정도로, 미국은 중국의 인권 문제를 거론하는 데 소극적이었다.

2008년 6월 미국과 중국은 메릴랜드 아나폴리스에서 개최된 제4차 미중 전략경제대화에서 향후 10년간 에너지와 환경 분야에서 협력하기로 합의했다.

국제사회에서의 미중 협력

중국은 북한의 대량살상무기WMD를 동원한 도발에는 미국이 주도하는 유엔의 제재에 어느 정도 협력하는 자세를 보인다. 중국은 2012년 4월 북한이 장거리 미사일을 발사했을 때도 이를 강력히 규탄하는 안보리 의장 성명에 동의했다. 안보리는 중국의 동의를 바탕으로 "(북한의 장거리 미사일 발사는) 안보리 결의 1718호 및 1874호의 심각한 위반임을 강조한다. 안보리는 이러한 발사가 역내에 중대한 안보 우려를 초래하였음을 개탄한다"고 했다.

또 안보리는 모든 핵무기 및 현존하는 핵 프로그램을 완전하고, 검증 가능하며, 불가역적인 방식으로 폐기하고, 탄도미사일 기술을 이용한 어떠한 추가 발사, 핵실험 또는 어떠한 추가 도발도 하지 말 것을 요구했다. 북한이 미사일을 추가 발사하거나 핵실험을 할 경우 그에 상응하는 조치를 취할 것이라고 밝혔다.

이 의장 성명은 2009년 북한의 장거리 미사일 시험 발사 이후에 나온 것보다 강한 내용을 담고 있다. 당시 한국 정부 관계자는 "북한의 핵, 미사일 도발은 물론 '어떠한 추가 도발'이라는 표현으로 재래식 무기를 활용한 도발도 금지할 것을 요구했다는 점에서 의미가 있다"고 말했다. 당시 안보리 의장국인 미국의 수전 라이스 유엔 주재 미국대사는 "북한의 미사일 발사를 규탄하는 의장 성명은 국제사회의 합의를 보여주는 것"이라고 밝혔다. 시진핑 체제는 핵과 미사일을 사용한 북한의 도발에는 제한적인 형태로나마 북한을 제재할 것

으로 예상할 수 있다.[18]

시진핑-오바마 시대에는 환경문제에 대해서 어떤 협력을 이룰지 세계의 관심이 집중되어 있다. 그동안 중국이 소홀히 해왔던 환경문제에 대해서도 달라진 모습을 보일 수 있다는 관측도 일고 있다.

중국 정부는 2009년 덴마크 코펜하겐 유엔 기후변화 회의를 앞두고, 2020년까지 온실가스 배출량을 기준시점인 2005년보다 40~45% 줄이겠다는 계획을 밝혔다. 중국이 온실가스 배출 감축 목표를 구체적으로 밝힌 것은 처음이었다.

중국 정부의 '감축 목표' 발표는 중국이 기후 변화 협약에 소극적이라는 국제 여론을 의식한 것이다. 그러나 감축 목표의 기준이 국제적으로 통용되는 '총량' 개념이 아니어서 논란이 일기도 했다. 당시 중국 국무원은 "중국은 유엔기후변화협약과 교토의정서 이행을 지지한다. (선진국과 개도국이) 서로 차별적인 책임을 져야 한다는 원칙을 계속 견지하겠다"고 말했다.

네덜란드의 재생에너지 컨설팅 회사인 에코피스의 중국 책임자 크리스 라츠코프스키는 한 인터뷰에서 "중국이 지구 온난화에 대한 자신들의 기여도를 심각하게 여기게 됐다는 강력한 신호"라고 평가했다.

---

18 시진핑이 북한의 미사일 장거리 로켓 발사에 대해 적극적인 조치를 취하지 않았다는 비판도 나오고 있다. 유엔 안보리가 이에 대한 제재를 논의할 때 중국 측은 "북한을 너무 구석으로 몰 경우 동북아 평화가 위협될 수 있다"는 입장을 밝혔다.

오바마는 코펜하겐의 기후변화 회의에 직접 참석할 정도로 이에 대해 관심이 많다. 그는 미국의 온실가스 배출량을 10년간 17% 감축하고 2050년까지는 83%를 줄이겠다는 방안을 제시했다. 유엔의 코펜하겐 기후변화 회의는 교토의정서를 대체할 새로운 협약 마련을 목표로 한 것이다. 미국이 온실가스 감축 목표치를 제시한 것은 온실가스 감축을 약속한 이래, 10여년 만에 처음이었다.

동아시아에서의 미중 갈등

재선 직후 동남아를 방문한 오바마

오바마는 재선에 성공한 후 첫 해외 순방지로 미얀마와 태국, 캄보디아 등 동남아시아 3개국을 선택했다. 특히 미얀마와 캄보디아는 미국의 현직 대통령으로서는 첫 방문이었다.

태국 방문 시에는 잉락 친나왓 총리와 정상회담을 하고 양국의 동맹강화 방안을 논의했다. 미얀마에서는 테인 세인 대통령과 미얀마 민주화 운동의 상징인 아웅산 수치 여사를 만났다. 그는 미얀마가 지속적으로 민주화를 추진한다면 협력을 강화하겠다고 약속했다. 캄보디아 프놈펜에서 열리는 동아시아정상회의EAS에서는 동남아국가연합ASEAN 회원국 정상들과 만나 이 지역에 대한 관심을 표명했다. 오바마의 방문을 전후로 힐러리 클린턴 국무장관, 리언 패네타 국방장관 등이 이 지역을 방문했다.

오바마의 이 지역 방문 일정은 대선 전에 계획된 것이었지만, 이 지역 순방은 '아시아로의 선회'를 내세운 오바마 2기가 아시아를 더욱 중시할 의지를 보여준 것이다. 중국이 18차 당 대회를 통해 전열을 가다듬은 직후에 이 지역을 방문함으로써 중국을 견제하겠다는 의도를 드러냈다고 할 수 있다.

중국은 오바마의 아시아 순방은 이 지역에서 중국의 영향력 축소, 위상확대 억제 등의 다목적을 갖고 있다고 분석했다. 특히 중국과 친밀한 관계인 미얀마, 캄보디아를 미국의 현직 대통령이 처음 방문했다는 점에서 '중국 포위 전략'이라고 봤다.

중국은 그동안 남중국해 지역을 자신의 앞마당처럼 생각했다. 캄보디아와 미얀마에 원조를 하며 '후견국'처럼 행세하기도 했다. 미얀마와 캄보디아는 중국 외에도 미국을 끌어들여 경제발전을 추진한다는 목표 하에 미국과의 관계개선에 적극적으로 나서고 있어서 미중간의 각축전은 더 심해질 것이다.

오바마 "아시아 군 예산 삭감 없다"

오바마는 취임 당시부터 '아시아 대통령'을 내세웠다. 2009년 취임 후, '미국의 첫 태평양 대통령'이라는 구호를 내세우며 여러 차례 아시아를 중시하는 외교를 펼치겠다는 입장을 밝혔다. 하와이와 인도네시아에서 어린 시절을 보낸 미국의 첫 흑인 대통령에 대한 아시아 국가들의 기대감도 높았다. 인도의 만모한 싱 총리는 오바마의 첫 국빈으로 워싱턴에 초대됐고, 후진타오 역시 국빈으로 초대됐다. 오바마 정부는 아프가니스탄과 파키스탄에 자원을 집중 투입했으며 그동안 사이가 좋지 않았던 말레이시아와 새로운 관계를 형성하는 성과를 올리기도 했다.

최근 오바마 정부는 미국의 '아시아–태평양 재개입 정책'Asia-Pacific Reengagement Policy에 박차를 가하면서 중국 압박의 강도를 높여가고 있다. 안보 차원에서 호주·필리핀과 군사 교류 확대를 통해 중국을 포위하고, 경제 차원에서는 환태평양경제동반자협정TPP으로 중국을 견제하고 있다.

오바마는 2011년 인도네시아 발리에서 열린 동아시아정상회의EAS에 처음 참석했다. 미국 대통령의 EAS 참가는 처음 있는 일이었다. 미국이 진정한 '태평양 국가'의 일원으로 중국의 패권주의를 적극 저지하겠다는 의지를 행동으로 보여주는 것으로 평가됐다. 호주 의회 연설에서 "미국은 태평양 지역의 강대국이며 계속 그렇게 남을 것"이라는 오바마의 말도 이런 맥락에서 나왔다.

인도와 인도네시아에도 손짓하는 오바마

오바마는 2010년 11월에도 아시아 지역에서의 영향력 확대와 중국 견제라는 두 가지 목적을 갖고 태평양을 건넜다. 당시 그는 인도,

인도네시아, 한국, 일본을 순방했다.[19]

오바마는 중국과 경쟁 관계에 있는 인도의 뭄바이 및 뉴델리에서 사흘간 머물며 양국 관계를 한 단계 증진시켰다. 인도 의회에서 연설을 하고, 총리가 베푸는 만찬에 참석했다. 인도 방문 기간 중 약 80억 달러 규모의 미국산 항공기 및 관련부품 계약도 성사시켰다. 인도를 '아시아의 주역'으로 등장시켜 중국을 견제하고자 하는 시도이다. 자신이 유년 시절을 보낸 인도네시아 방문에 이어 G20회의와 아태경제협력체APEC 정상회의가 열리는 한국과 일본을 방문했다. 당시 힐러리 클린턴 국무장관도 아시아 순방에 나서 총 7개국을 방문했다. 클린턴 장관은 베트남 하노이에서 열리는 EAS에 참석하고 중국, 캄보디아, 말레이시아, 파푸아뉴기니, 뉴질랜드, 호주를 순방했다.

오바마 정부는 중국이 센카쿠 열도(중국명 댜오위다오)를 비롯한 영토 분쟁에서 목소리를 높이고, 아시아에서의 패권을 강화하려는 움직임을 보이자 이 지역 국가들과의 관계 강화에 적극적으로 나서고 있다. 2010년 중국 관영 언론들은 미국이 대對아시아 외교를 강화하면서 반중反中 연맹을 만들고 있다고 비판했다. 〈신화통신〉은 미국·러시아 언론 등을 인용해 "백악관의 대중對中 억제 정책의 색채가 뚜렷해지고 있다. 미국이 '반중 연맹' 결성을 위해 국가들을 모으고 있다"고 보도했다.

---

19 오바마는 서울에서 열리는 G20정상회의에 참석하기 전 인도, 인도네시아를 차례로 방문했다. 중국은 당시 오바마의 방문을 중국 포위 전략으로 보고 경계심을 나타냈다.

미국은 레이건 때부터 아시아 지역에서의 영향력 확대를 모색해왔
으나 9·11 테러 이후 이라크와 아프가니스탄 전쟁을 치르면서 아시아
에 대한 관심이 소홀해졌다. 그사이 중국은 군사적·경제적으로 비약
적인 발전을 이루면서 미국과 함께 'G2' 국가로 불릴 만큼 성장했고,
이 힘을 바탕으로 아시아의 헤게모니 싸움에서 주도권을 장악해가고
있다.

미국은 중국이 아시아 지배권을 더욱 확대할 경우 자칫 동아시아
의 패권 경쟁에서 완전히 밀려날 위험성이 크다고 판단해 적극 대응
하고 있다. 세계의 성장 엔진이 된 아시아 지역을 등한시해서는 결
코 미국의 미래를 장담할 수 없다고 여긴 것이다.

미국의 최고 지도자들은 미 국방 예산을 향후 10년간 최대 1조 달
러를 삭감할 예정이지만 아태지역의 핵심 전력을 계속 유지한다는
입장을 기회 있을 때마다 강조한다. 오바마도 "국방예산 삭감이 아
태지역에 대한 미국의 군사적 영향력 감소로 이어지는 일은 없을
것"이라고 강조한다.

미국은 현재 85,000여명 규모의 병력을 주둔시키고 있는 한국·일
본과의 기존 군사동맹을 유지하면서 아시아의 다른 국가들과 새로
운 군사 교류를 통해 중국에 대한 전방위 포위망 구축을 구상하고
있다. 호주에 해병대를 파견하고 필리핀·인도와 새롭게 군사 교류를
확대하는 것도 이 때문이다. 미국의 TPP 추진 배경에는 중국의 경제
적 영향력 확대 저지라는 목적이 있다. 중국은 한국·일본과 아세안
이 포함된 10개국의 동아시아 자유무역지대EAFTA를 창설한다는 구상

아래 움직이고 있는데, TPP는 이에 대한 '맞불' 성격을 띠고 있다.

남중국해 해역 공권력을 강화하는 중국

오바마의 서진 전략에 맞서 시진핑은 남중국해 싼사三沙시 관할 해역에서의 공권력 행사를 강화하는 등 강경책으로 맞서고 있다. 2012년 하이난海南성 인민대표대회는 싼사시 주변에서 외국 선박의 영해 진입과 어로 행위 단속 강화법을 개정했다. 개정된 법에 따르면 이 지역에서 외국 선박을 수색하거나 나포할 수 있다.

싼사시는 중국 남부의 하이난성에서 300킬로미터 정도 떨어진 시사西沙 군도의 융싱다오永興島에 만들어진 초미니 도시이다. 약 10제곱킬로미터의 작은 도시이지만 인민대표대회까지 형성되어 있다. 2킬로미터 되는 활주로도 건설했으며, 항구도 만들어 남중국해 일대의 바다를 관할하고 감시 선박들을 투입하고 있다. 이에 베트남과 필리핀 등 주변국이 격렬하게 반발함에 따라 향후 갈등 요소로 떠오를 가능성이 크다.

오바마 행정부 1기에서 국무부 부장관을 맡아 대중對中 정책을 주도한 제임스 스타인버그는[20] 최근의 영토 분쟁에 대해 "중국은 헤게

---

20 제임스 스타인버그는 오바마 2기에서도 미국의 외교정책에 영향을 미칠 인물로 평가된다. 그가 오바마 재선 직후 방한해서 동아시아의 영토 분쟁에 대해 언급한 것은 사실상 오바마 정부의 공식 입장으로 이해된다.

모니적 야망이 없다고 주장하지만 주변국들은 증대하는 군사력을 등에 업은 야심의 표현으로 인식하고 있다"고 지적했다. 그는 후진타오의 '해양강국' 실현 발언을 '위험한 미래의 불길한 전조'라고 말하며, 중국은 커지는 힘을 휘둘러 주변국의 정당한 이해 손상을 추구하지 않겠다는 다짐을 보여줄 무거운 책임이 있다고 강조했다. 그는 시진핑 체제에 대해서도 "중국은 자신의 의도에 대해 주변국에 행동을 통해 '전략적 안심'을 시켜줘야 한다고 지적했다.

미중, 아세안 회의에서 갈등

오바마는 2012년 동아시아정상회의EAS에서 중국의 반발에도 불구, 영유권 분쟁을 공식 거론했다. 오바마는 아세안 국가들의 입장을 지원하며 남중국해 영유권 분쟁 당사국들이 '행동수칙Code Of Conduct' 협상에서 진전을 이뤄달라고 했다. 오바마는 남중국해의 분쟁해결에는 다수의 국가가 참석해야 한다고 했다. 이는 중국의 당사자 간 협상 주장을 정면으로 반박하는 것이다.

원자바오는 EAS에서 남중국해 분쟁 지역인 황옌다오(필리핀명 스카보러섬)는 중국 고유 영토이며 주권 분쟁이 존재하지 않는다고 반박했다. 중국과 필리핀이 서로 영유권을 주장하는 황옌다오는 중국 본토에서 1200킬로미터, 필리핀 루손 섬에서는 230킬로미터 떨어져 있다. 원 총리는 이 회의에서 남중국해 영토 분쟁에 초점을 맞추려는 미국에 강하게 맞섰다. 중국의 주권 수호행위는 합법적이라며 오바마의 아세안 지지 입장에 유감을 표시했고, 당사자 간 접촉을 강조하며 아세안 회원국들의 '행동수칙' 협상 요구를 거부했다.

중국은 오바마 정부의 서진 전략을 계속 우려하고 있다. 우신보吳心伯 푸단대학 교수는 "이념적 측면에서 중국에 대한 오바마 정부의 억제 전략은 클린턴 정부의 예방 전략과 부시 정부의 헤징hedging(위험 분산) 전략과 일맥상통하지만 그 조준성은 더욱 강하다"고 평가했다. 예방 전략과 헤징 전략은 중국이 미국에 대해 불리한 방향으로 발전할 경우를 대비하자는 내용이지만, 억제 전략은 직접적으로 조준성을 가지고 중국의 행위를 견제하는 개념이라는 것이다. 우 교수는 이에 대한 중국의 전략으로 주변국가의 의심 해소 및 신뢰를 증가시키고, 아시아 국가의 문제는 아시아 스스로 해결해야 하는 주동성主動性과 창조성을 가져야 한다고 제언했다.

천안함 사건으로 인한 미중 갈등

한국과 북한 사이에서 중립을 유지한 중국

2010년 3월 26일 발생한 북한의 천안함 폭침 사건은 남북관계뿐 아니라 미중관계에도 심각한 갈등을 만든 국제문제였다. 중국은 천안함 사건이 발생하자 동아시아의 긴장고조를 이유로 '중립'적 입장을 유지했다. 반면 미국은 천안함 사건을 한미동맹을 더욱 강화시키는 계기뿐만 아니라 중국을 압박하는 외교 카드로 사용했다.

천안함 사건 직후, 중국이 김정일 북한 국방위원장의 중국 방문을 전격 수용하자 논란이 일었다. 미국은 김 위원장의 방문을 수용한 중국 정부를 비판했다. 당시 한국과 미국은 사태 해결 과정에서 중국의 적극적인 협조를 요청했다. 특히 천안함 사건의 '유일한 용의자'인 김 위원장의 중국 방문에 신중을 기해달라고 당부했다. 미 국무부의 커트 캠벨 동아태차관보는 공개적으로 "(천안함 조사 과정에서) 중국의 움직임을 주의 깊게 지켜볼 것이다. 우리는 중국에게 책임 있는 역할을 주문했다"고 말했다.

이 같은 요청에도 불구하고 중국은 김정일의 방문을 받아들임으로써 일단 한미 양국보다는 북한의 손을 들어주었다. 백악관 국가안전보장회의NSC 아시아담당 보좌관을 지낸 빅터 차 전략국제문제연구소CSIS 한국실장은 "중국은 천안함 사건이 해결될 때까지 김 위원장의 방문을 거절했어야 한다. 현 상황에서 중국이 보여준 태도는 매우 부적절한 것"이라고 비판했다. 맨스필드 재단의 고든 플레이크 사무총장도 "중국의 태도는 46명의 장병을 잃은 한국이 겪는 고통과 동북아 강대국으로서 책임 있는 역할을 고려하지 않은 것"이라고 평가했다.

오바마는 2010년 9월 한미동맹 유지를 위해 천안함 사건을 주도한 것으로 알려진 북한 인민무력부 산하 정찰총국과 김영철 정찰총국장 등에 제재를 가하면서 사실상 중국에 경고 메시지를 보냈다. 오바마는 당시 후진타오 주석이 방중한 김 위원장을 만난 직후에 제재를 발령함으로써 중국과 북한의 상황 인식에 동의하지 않음을 보여줬다. 중국과 북한이 이제 천안함 사태를 잊고 대화를 모색하자는 메시지를 보냈지만 미국은 이에 대해 'No'라는 답변을 보낸 것으로 해석되었다.

논란의 중심으로 떠오른 서해

천안함 사건 직후 미국 국방부 제프 모렐 대변인은 핵 항공모함 조지 워싱턴의 서해 파견을 공개적으로 발표했다. 북한과 중국을 모두 겨냥한 조치였다. 97,000톤급의 '떠다니는 군사기지'로 40여대의 항공기를 탑재한 조지 워싱턴함의 서해 파견은 북중 양국을 긴장하게 했다.

천안함 사태 대응책으로 한미 연합훈련을 시작한 미국은 이 훈련이 일회성에 아니라 계속될 것이라고 밝혔다. '불굴의 의지' 훈련 당시 동해에서 활동했던 조지 워싱턴함을 다시 서해에 파견한다고 발표함으로써 굳건한 한미 동맹을 과시하고 천안함 폭침 이후 경계 태세를 대폭 강화하고 있음을 분명히 했다. 한미 연합훈련의 핵심인 조지 워싱턴함을 동해와 서해에서 번갈아 운용한다는 메시지를 전달함으로써 유사시 어느 지역에도 즉각 파견될 수 있음을 시사했다.

조지 워싱턴함의 서해 파견 발표는 격화되는 미중 대립에서 절대 밀리지 않겠다는 미국의 의지 표현이기도 하다. 미국은 한미 연합훈련 당시 천안함 사태가 발생한 서해가 아니라 동해에서 활동함으로써 중국의 반발을 지나치게 의식한 것이 아니냐는 의혹을 받았다. 대중 관계에서 유약하다는 비판을 받았던 오바마 정부에서는 중국과의 긴장이 다소 고조되더라도 압도당하는 모양새를 보여서는 안 된다는 인식이 형성됐다.

중국은 천안함 폭침 이후 결정된 한미 연합훈련을 강하게 비판했다. 친강秦剛 외교부 대변인을 통해 한미 서해 합동군사훈련을 반대한다고 공식 선언하고 나섰다. 이에 한미 양국은 북한 잠수함의 대남 침투를 겨냥해 실시하는 서해 군사훈련은 방어에 초점을 맞추고 있으며, 전부터 연례적으로 실시해왔다는 점에서 문제가 없다고 맞섰다.

모렐 대변인은 중국의 압박을 일축했다. "이번 훈련에 대한 결정은 오직 우리가 내린다. 각국의 영해는 전적으로 존중해야 하지만 해상 12마일 영역을 넘어선 공해·국제수역에서는 누구든 자유롭게 훈련할 수 있다. 조지 워싱턴함이 가장 최근에 서해에서 활동한 것은 작년 10월로, 정기적으로 자주 있는 일이다. 우리에겐 서해 훈련이 특이한 것이 아니다."

중국은 한미 서해 군사훈련이 북한 잠수함의 대남 침투를 막기 위한 것이라고 하나 사실은 중국을 겨냥한 것이라고 인식한다. 특히 중국은 작전 반경이 800킬로미터를 넘는 조지 워싱턴함의 서해 진입을 매우 경계하고 있다. 시진핑 시대에 천안함 사태와 유사한 일이 발생한다면 상당한 위기로 치달을 가능성이 있다. 이미 후진타오 시대에 대양해군을 선언한 중국은 미국과의 일부 충돌을 각오하고 거세게 나올 수 있기 때문이다.

미중의 해양 갈등이 현실화되면서 서해가 강대국의 각축장으로 변할 조짐을 보이고 있다. 중국이 항공모함 운용을 시작한 가운데 일본이 이지스함을 서해에 배치하는 방안을 검토하고 있다.

서해에 이지스함 배치를 검토 중인 일본 방위성이 표면적으로 내

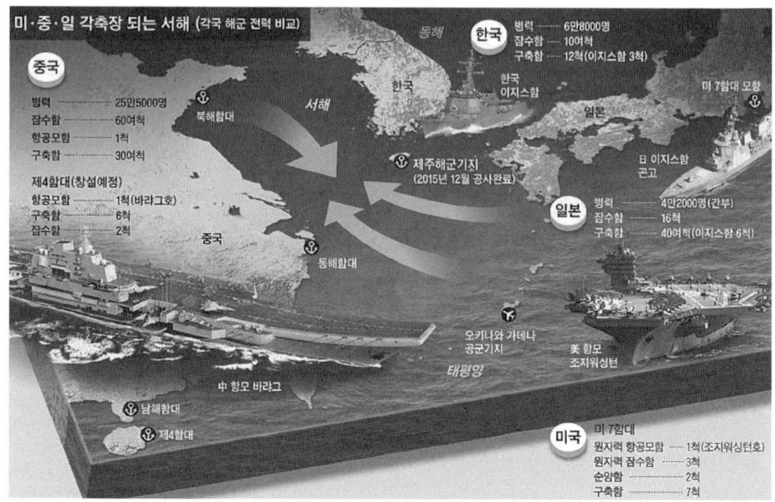

새로운 해양 갈등의 주 무대로 떠오른 서해 **21**

건 이유는 북한의 미사일 발사 탐지이다. 일본의 이지스함이 서해에 들어온 적은 한 번도 없다. 북한 문제를 앞세워 중국을 견제하겠다는 고도의 정치적 의미가 담긴 전략이다. 특히 서해는 중국의 수도인 베이징으로 진입하는 길목이기 때문에 중국은 민감하게 반응하고 있다. 미국 역시 필요하다면 언제든 이 지역에 항공모함을 보내겠다는 입장이다. 미국은 서해를 한미 합동 작전 지역으로 보고 있다.

미·중·일은 이미 동중국해, 남중국해를 놓고 갈등을 빚고 있고, 서

---

21 서해는 2010년 천안함 폭침 이후 국제사회의 주목을 받았다. 미국은 천안함 사건 직후 항공모함 조지 워싱턴을 보내 한미합동훈련을 실시하려 했고, 이에 중국이 강력히 반발하면서 미중이 공개적으로 설전을 벌이는 등 기 싸움을 펼쳤다.

해 역시 이런 연장선상에서 강국의 충돌 수역이 될 수 있다. 중국은 세계 2위에 올라선 경제력을 바탕으로 동중국해, 남중국해의 제해권制海權을 장악하는 정책을 추진하면서 자원 확보와 영향력 확대를 위해 최고 속력으로 해양 정책을 밀어붙이고 있다.

중국 해군이 추진 중인 3단계 목표는 2020년까지 괌·사이판·인도네시아를 연결하는 제2도련島鏈 · island chain까지 작전이 가능하도록 하는 것이다. 2050년까지는 전 세계의 해양에서 오성홍기가 휘날리게 하는 것이 목표다. 이 같은 전략 하에 중국은 일본과 영토 분쟁을 벌이고 있는 댜오위다오(센카쿠) 앞바다 충돌사건에 대해서도 초강경 입장을 취했다. 남중국해 문제에서 아세안 국가는 물론 미국과도 충돌하고 있다. 특히 중국은 근해에서 타국의 해양 접근을 허용하지 않는 반 접근전략Anti-Access을 구사하며 해마다 10% 이상씩 국방비를 늘리고 있다.

한반도의 현상 유지를 바라는 두 나라

미중 양국은 한반도에 긴급한 상황이 생기면 문제를 근본적으로 해결하기보다는 현상 유지에 매달린다. 2011년 김정일 사망 이후 미국과 중국이 잇달아 내놓은 공식 입장에는 공통점이 있다. 약속이나 한 듯 한반도의 안정을 최우선 가치로 제시했다는 것이다.

미 국무부는 "북한의 새 지도부가 한반도의 안정을 위해 노력해달라"고 했다. 중국 외교부 역시 "한반도 평화 안정에 기여할 수 있도록 함께 노력하자"고 했다. 가치와 체제가 다른 두 강대국이 김정은 체제에 똑같은 주문을 한 것이다.

두 나라의 이런 입장은 데자뷰 현상을 보는 듯하다. 과거 천안함, 연평도 사태가 발생했을 때도 양국은 무엇보다 한반도의 안정을 먼저 내세웠다. 다시는 한반도에서 전쟁이 없어야 하기에 이런 입장은 한국에 도움이 되는 면도 있다. 세계를 움직이는 G2 국가가 한반도 문제에 즉각 개입하는 것은 어쩔 수 없는 현실이기도 하다.

그러나 양국이 말하는 한반도의 '안정'을 다른 말로 바꾸면 '현상 유지'다. 남북이 분단된 상태를 지속하기를 바라는 것이다. 미중이 한반도 정세가 바람직한 방향으로 진전될 수 있는데도 일시적인 혼돈이 두려워서 현상을 유지시키려 한다는 비판도 있다. 한반도에 위기 상황이 발생할 때마다 '안정'만을 외치는 미국과 중국에 끌려 다니는 것은 아닌지 비판적으로 바라봐야 한다.

중동과 아프리카에서도 충돌하는 두 나라

발자국만 남긴 오바마의 중동 정책

시진핑과 오바마의 시대에선 아시아뿐만 아니라 중동에서도 충돌이 발생할 수 있다는 관측이 나오고 있다. 특히 산업화에 주력하는 중국이 석유 확보를 위해 중동 지역에서의 영향력을 확대하면서 필연적으로 미국과 부딪칠 가능성이 크다.

중동은 미국과 중국의 입장이 180도 가까이 상반되는 유일한 지역이라고 할 수 있다. 중국은 핵 개발 중인 이란에 대한 제재도 사실상 반대하는 입장이다. 중국은 서방의 경제 제재를 받고 있는 이란과의 거리를 좁히면서 원유 확보는 물론 중동 지역의 영향력 확대를 모색하고 있다. 시리아 사태에 대해서도 바샤르 알 아사드 현 시리아 대통령을 지원해왔다.

집권 2기를 맞은 오바마 대통령은 이스라엘과 팔레스타인의 충돌을 막을 장치가 없어 고민하고 있다. 2011년 '아랍의 봄'을 거친 중동 정세는 더욱 불확실해지고 있다. 우방국은 줄어들고 리비아와 시리아의 상황은 여전히 불투명하다. 이란의 핵무장은 점진적으로 진행 중이다. 미국이 주요 거점으로 삼은 요르단에서도 최근 반정부 시위가 발생하면서 불안이 가중되고 있다. 이런 사태는 오바마 2기에서 중동정세가 더욱 악화될 가능성이 커지고 있다는 증거이다.

특히 '아랍의 봄' 이후 미국과 우호관계를 유지했던 국가들의 입장이 바뀌고 있다. 중동의 맹주인 이집트는 무바라크 정권이 붕괴된 후, 반미 성향의 '무슬림 형제단'이 지원하는 무함마드 무르시 정부가 등장해 미국과 각을 세울 가능성이 크다.

무르시 대통령이 이끄는 이집트의 자유정의당은 무바라크 정권 퇴진을 주도한 '무슬림 형제단'을 배경으로 한다. 이스라엘과 격렬한 전투 중인 하마스는 무슬림 형제단의 분파分派로 분류된다. 바로 이런 배경이 오바마 2기의 중동 대응을 더욱 어렵게 만든다. '무슬림형제단'은 무르시 정부에 이스라엘과의 단교를 요구하고 있다. 핵 개발 중인 이란이 시리아를 지원하며 반미 블럭을 공고히 하는 상황에서 이러한 중동의 상황 변화는 발등에 떨어진 불과 같다.

오바마의 중동 정책은 2012년 대선에서도 큰 논란이 됐다. 롬니 후보는 오바마 정부가 이스라엘과의 관계를 소홀히 한다고 집중 비난했다. 2008년 대선에서는 유태계 미국인들의 78%가 오바마에게 투표했지만 2012년에는 69%만 지지하는 데 그친 것으로 드러났다.

〈뉴욕타임스〉는 오바마 1기의 중동정책을 '가벼운 발자국만 남기는 전략light footprint strategy'이라고 비판했다. 국내에 치중하다보니 무엇 하나 제대로 해결하지 못하고, 그저 무인공격기를 비롯한 사이버 기술로 원격조종하는 전략만 구사했다는 비난도 있었다.

민주당 내에서도 오바마가 더 직접적으로 중동 사태에 개입해야 한다는 제언이 나오고 있다. 리비아 벵가지의 미 영사관 피습사건은 이런 분위기를 더욱 확산시켰다. 리비아 내전에 적극 개입했더라면 미국 대사의 희생은 없었을 것이라는 지적도 있다. 시리아 유혈 사태 종식을 위해 더욱 노력해서 바샤르 알 아사드 시리아 대통령을 물러나게 했어야 한다는 것이다. 전임자들처럼 이스라엘과 팔레스타인의 평화 협상도 노력해야 했으나 오바마는 '발자국만 남기는 데' 그치고 말았다.

시리아에 평화안을 제의한 중국

중국의 시진핑 체제는 미국이 이처럼 곤혹스러워 하는 상황에서 중동 문제에 적극 나서고 있다. 미국과 반대 입장을 분명히 하면서 자국의 이익을 확보하겠다는 것이다.

2012년 11월 이스라엘의 팔레스타인 가자지구 공습이 계속되자 중국은 유엔 안전보장이사회가 나서야 한다고 주장했다. 중국 외교부의 화춘잉華春瑩 대변인은 "우리는 유엔 안보리를 포함한 국제사회가 필요한 행동을 취하는 것을 지지한다. 안보리가 국제사회의 호소에 부응해 가자지구 문제에 대해 강력하고 통일된 목소리를 내야 한다. 계속되는 가자지구 공습을 우려한다며 이스라엘이 즉각 정전에 나서 긴장 격화를 막아야 한다"고 말했다. 중국은 당시 팔레스타인 자치정부 특사의 방중 계획을 공개하기도 했다.

같은 시기에 중국은 시리아 내전을 종식시키기 위한 평화안도 제안했다. 당장 내전을 멈추고 정치 개혁을 위한 협상위원회 구성 등을 촉구하는 내용이다. 여간해서는 중동 문제에 나서지 않았던 중국이었기에 국제사회는 이를 큰 변화로 여기고 있다. 중국은 내정간섭을 이유로 국제사회의 중요한 현안에 대한 입장을 밝히지 않는 편이었다. 그동안 국제분쟁은 미국이나 EU 등 서방 진영의 역할이었기에 이는 중국의 대對중동 외교의 전환을 의미하는 신호탄으로 받아들여진다.

후진타오는 18차 당 대회에서 "중국은 국제문제에 더욱 적극적으로 개입하고 책임 있는 주요 국가에 걸맞은 역할을 하겠다"며 적극적인 자세로의 전환을 예고했다. 중국은 시리아 내전으로 인한 중동 정세의 악화를 우려하고 있다. 안정적인 석유 공급이 어려워질 수 있기 때문이다. 중국은 석유 소비량의 11%를 이란으로부터 수입한다. 중국이 앞으로 중동 문제에서 사사건건 자국의 입장을 강조하고 나선다면, 미국에는 상당한 부담이 될 수 있다.[22]

---

22 국립외교원 인남식 교수는 '공산주의' 중국이 '이슬람' 중동을 체계적으로 관리하고 있다고 평가한다. 인 교수에 따르면 중국은 2012년에 1만 명이 넘는 무슬림을 전용기에 태워 메카 성지순례를 보냈다. 중국에는 현재 약 3000만 명의 무슬림이 사는 것으로 추정된다.

중국·아프리카 협력 포럼

중국은 아프리카에서의 주도권 장악에도 주력하고 있다. 중국·아프리카 협력 포럼은 2000년 출범 이후 3년마다 개최되고 있다. 이 포럼의 5차 장관급회의는 2012년 7월 개최되었고 후진타오 주석이 직접 나와서 연설했다. 중국·아프리카의 새로운 형태의 '전략적 동반자 관계'의 신국면을 창출하자고 역설했다.

그는 정치적 상호신뢰 강화와 내실 있는 협력 확대를 제안했다. 농업 인프라 건설 등 아프리카를 우선 발전시킬 수 있는 분야에서 협력하겠다는 입장을 밝혔다. 그뿐 아니라 기후변화, 식량안보, 지속가능한 발전 등의 국제문제를 함께 풀어나가자고 제안했다. 사실상 미국에 맞서서 유엔을 비롯한 국제무대에서 함께 행동하자는 제안이다.

문화 교류에도 눈을 돌린 중국은 2009년 '중국·아프리카 협력 포럼 샤름 엘 세이크' 선언문과 행동계획을 발표했다. 이에 따라 중국은 3년간 아프리카 고위층을 방문하고, 역내 평화와 안보를 공동 촉진하기로 했다. 국제 금융위기에 대응하고, 기후변화 및 인적교류를 강화하기로 한 것이다. 아프리카의 부채탕감, 물류 중심 및 농업 시범센터 건설, 중소기업 특별융자 제공, 의료설비 현물 원조 확대도 약속했다.

2012년 6월에는 중국·아프리카의 관계를 심화하기 위해 협력 포럼인 '문화부 장관 포럼'을 발족시켰다. 개막식에서 애덤 듀크 나이

지리아 문화관광부 장관은 중국·아프리카 관계를 높이 평가했다. "중국·아프리카 간의 문화교류가 모든 아프리카 국민, 중국 국민들에게 많은 혜택을 주고 양국 국민들에게 더 많은 복지를 창조해주는 장면을 목도했다."

최근 포럼으로 중국과 아프리카는 긴밀하게 협력할 수 있는 발판을 마련했다. 베이징 행동계획과 샤름 엘 셰이크 행동계획의 구체적인 실천방안도 마련했다.

중국과 아프리카는 '중국·아프리카 문화 포커스' 시리즈 활동을 개최했다. 〈인민일보〉는 문화 고위층 상호 방문 43회, 총 70회에 걸쳐 1600여명의 중국·아프리카 예술단의 상호 방문 공연을 진행했으며 아프리카 국가의 30개 예술축제에 총 160여회 참가했다고 보도했다.

미중의 군사력 경쟁

매년 국방비를 늘리는 중국

미국의 연간 국방비는 약 7000억 달러에 이른다. 2011년 스톡홀름 국제평화연구소SIPRI조사에 따르면 중국보다 10배가량 많은 액수이다. 이것만 놓고 보면 군사 분야에서 중국은 미국의 맞수가 되기 어렵다. 하지만 미국은 재정 적자를 줄이기 위해 예산의 20%가량을 차지하는 군사비를 대폭 감축하기로 했다. 향후 10년간 4000억 달러를 줄이기로 확정했다. 미국 언론은 이 외에도 추가적인 국방비 감축액이 5500억~9000억 달러 사이가 될 것이라고 예상한다.

미국은 28,000여명 수준의 주한미군 감축 계획은 없다고 공언하지만, 국방비 감축 계획에 따라 세계 군사전략을 대폭 수정해야 하고 핵심 전투력 향상을 위해 계획한 각종 무기 구매 계획 수정도 불가피해졌다. 미 국방부는 육군과 해병대에서 전체(772,000명)의 6%

인 47,000명의 병력을 감축해야 할 것으로 전망한다.

이미 미 상원 군사위원회의 칼 레빈(민주) 상원 군사위원장, 존 매케인(공화) 간사와 짐 웹(민주) 동아태 소위위원장이 주한미군 기지이전 계획의 전면 재고를 요구하고 있다. 적정 수준에서 한국의 방위비 추가 분담이 관철되지 않을 경우 주한미군 추가 감축을 고려할 수 있다는 반응이 지배적이다.

반면 세계 최대 외환보유국인 중국은 매년 10% 이상씩 국방비를 늘려왔다. 중국은 2011년 국방예산을 전년 대비 11.2% 상승한 1060억 달러라고 발표했다.[23]

2011년 중국 인민해방군은 로버트 게이츠 미 국방장관의 베이징 방문에 맞춰 중국 최첨단 스텔스기 '젠殲-20'을 시험 비행했다. 군 기관지인 〈해방군보解放軍報〉는 2012년 11월 자체 제작한 조기경보기가 훈련에서 작전 능력을 입증했다고 보도했다. 이 훈련에 참가한 KJ-2000 기종의 비행 장면을 보도하면서 "훈련을 통해 전투 정보 전달 체계가 우리의 선진 제트전투기와 성공적으로 연결됐다"고 밝혔다.

미국과 중국의 격차가 빠르게 줄어들면서 시진핑과 오바마는 군사 분야의 패권을 놓고 다툴 것으로 전망된다. 군사 분야에서 중국의 부상과 미국의 쇠락은 한반도를 둘러싼 동북아 안보 지형의 근본적 변화를 가져올 수밖에 없다. 머지않은 장래에 미중이 아태지역의

---

23 중국의 국방비는 정부의 공식 발표보다 훨씬 더 많을 것으로 추정된다. 미 국방부는 2011년 중국의 군사관련 지출을 최대 1800억 달러로 추정했다.

중국의 해양 진출과 미국의 주요기지

제해권을 놓고 각축하는 상황이 발생함에 따라 한국의 안보에도 큰 영향이 미칠 것이다.

미국은 매년 국방장관이 중국 국방력에 관한 보고서를 의회에 제출한다. 이에 따르면, 미 국방부는 중국이 정보화된 상황에서 지역 전쟁에서 싸워 이기는 역량을 향상시키기 위해 장기적이고 포괄적인 군 현대화 작업을 추진하고 있다고 분석했다. 인민해방군 현대화를 핵심 이슈로 삼았다는 것이다.

인민해방군의 역할 및 임무 증대에 따라 중국 지도부는 재래식 탄도 미사일, 첨단 순항 미사일, 대함 탄도 미사일, 대우주 무기, 사이버 공간에서의 군사력에 지속적으로 투자했다. 미 국방부는 인민해방군의 가장 중요한 잠재적 임무가 바로 대만과 관련한 것이라고 예상한다. 대만 사태 발생 시 미국의 개입을 효과적으로 억지하고, 적대 행위 발생 시 대만군을 격퇴한다는 것이다.

이를 위해 인민해방군은 첨단 컴퓨터 시스템, 정보기술 및 통신 네트워크를 사용하는 정보화된 여건의 지역 전쟁에서 싸워 이기는 전력 구축에 초점을 맞추고 있다.

중국의 첫 항공모함 랴오닝함

2012년 11월 25일 〈CCTV〉는 하루 종일 중국의 항공모함 랴오닝함에서 함재기 이착륙장면을 반복해서 내보냈다. 랴오닝함의 함재기가 될 젠殲-15기는 랴오닝함의 갑판 위를 순조롭게 이착륙했다. 〈CCTV〉와 〈신화통신〉은 랴오닝함의 함재기 착륙 훈련이 성공적으로 이뤄졌다고 보도했다.

흔들리는 갑판 위에서 함재기를 착륙시키고 순식간에 급발진시키는 것은 상당한 고난이도의 기술을 요한다. 랴오닝함 취역에 이어 함재기 이착륙 성공은 중국 해양력의 급속한 성장을 상징한다.

랴오닝함과 조지 워싱턴함 비교

중국 랴오닝함		미국 조지 워싱턴함
800킬로미터	작전 반경	1,000킬로미터
2,500명	승무원	6,000명
젠-15기, 조기경보기 등 50여대	탑재기	FA-18전투기, 조기경보기 등 80여대
29노트	최대속도	30노트 이상
증기 터빈 엔진	동력	원자력 추진 엔진
300미터	길이	330미터
70미터	폭	76미터
67,500톤	만재 배수량[24]	104,000톤

자료: 글로벌 시큐리티, 유용원의 군사세계

65,000톤급의 랴오닝함은 헬기를 포함해 40대 이상의 함재기를 탑재할 예정이다. 랴오닝함 함재기가 될 젠-15기는 장거리 폭격 능력까지 갖춰 미국 최신예 전투기 F-18의 상대가 가능하다. 〈신화통신〉은 젠-15기가 미국의 F-18은 물론 러시아의 수호이-33와도 비교될 만하다고 보도했다. 이제 막 취역한 랴오닝함을 미국과 비교하기란 무리라는 평가도 있지만 향후 5년 내에는 중국이 충분한 능력을 갖출 것으로 전망된다.[25]

---

24 배를 물에 띄웠을 때 밀어내는 물의 양. 만재 배수량은 기준 배수량에 승조원, 연료, 전투기, 헬기 등 작전 가능한 모든 것을 실었을 때의 최대 배수량을 뜻한다. 단위가 클수록 작전 능력이 뛰어나다고 볼 수 있다.

25 러시아의 항공모함을 사들여 개조한 랴오닝함은 2011년 8월 랴오닝성 다롄항 인근에서 첫 시험 항해를 시작했다.

랴오닝함의 첫 시험 항해 직전, 미 해군의 원자력 잠수함 오하이오함은 중국 해군이 대양 방위 라인으로 설정하는 마리아나 제도에서 토마호크 미사일 발사훈련을 실시했다. 미 해군은 일본을 거점으로 한 제7함대의 전투력을 높이기 위한 훈련이라고 했지만, 중국에 대한 경고의 의미도 담은 것으로 보인다.

군부와 친밀한 시진핑에 대한 우려

〈뉴욕타임스〉는 2012년 11월 시진핑이 후진타오보다 군부와 더 깊은 관계를 유지하고 있다고 분석하면서, 군사비 급증 가능성을 시사했다. 시진핑이 당 총서기 직위와 중앙군사위 주석직을 동시에 장악하면서 나오는 우려이다.

1979년 경뱌오 중앙군사위 비서장의 비서로 채용된 시진핑은 그의 휘하에서 3년간 군 생활을 했다. 경뱌오와 친했던 아버지의 적극 천거가 있었기 때문이다. 그는 푸젠성과 저장성에 근무하면서 군맥軍脈 확대에 신경을 썼다. 〈뉴욕타임스〉는 군부와 관계가 좋은 시진핑이 정치권력과 군부를 함께 장악하면 미국이 상대하기 어렵다고 전망했다. "2012년 8월부터 4개월 동안 중국이 아시아에서 보여준 공격적이고 민족주의적인 태도가 시진핑의 집권 10년 동안 유지되고, 중국의 이런 외교 정책은 현재 영토 분쟁 중인 일본 등 미국 동맹국들을 위협할 수 있다." 이에 진찬룽은 〈뉴욕타임스〉와의 인터뷰에서

"시진핑이 세계 권력을 독점하는 미국에 대한 도전을 암시했다. 미
국 엘리트들은 좋아하지 않겠지만, 이제는 미국이 중국과 세계 권력
을 공유해야 한다"고 밝혔다.

2012년 11월 중국은 미군 1만 명을 포함한 47,000여 병력이 참가
하는 미일 합동군사훈련에 대항하기 위해 섬 점령훈련을 실시했다.
남해함대 소속의 쿤룬산昆侖山함과 구축함, 호위함 등으로 구성된 함
대가 최근 남중국해에서 가상의 적에게 점령당한 섬을 탈환하는 훈
련을 실시했다.

미중의 군사력에 대한 분석은 서로 엇갈리고 있다. 랄프 코사 퍼
시픽포럼 CSIS 소장은 "군사력 확장에 투자하지만 중국의 1인당
GDP는 여전히 개발도상국 수준이다. 20년 후에도 중국 군사력은
현재의 미국 군사력에도 미치지 못할 것"이라고 말한다. 반면 팀 헉
슬리 CSIS 싱가포르 소장은 "미국은 국제적으로 아태지역에서 상대
적으로 쇠퇴하고 있으나 중국 인민해방군의 군사력은 지난 10년간
상당히 강화됐다"고 평가했다.

한국에 '훈시' 하는 중국 군부

천안함 폭침 이후 한미가 서해에서 합동훈련을 실시하려 하자 중
국은 강력히 반발했다. 서해에 미국 항모를 들어놓지 않겠다는 뜻을
노골적으로 드러낸 것이다. 그런 중국이 서해와 바로 맞닿아 있는

다롄大連을 항공모함 기지로 선택했다. 작전 반경 800킬로미터에 이르는 중국의 항공모함이 한반도 주변을 헤집고 다닐 수도 있다는 의미이다. 이럴 경우 서해는 중국 해군의 앞바다가 될 것이다. 중국은 북한과 '유사시 자동 개입' 조항이 있는 '북중 우호조약'을 유지하며 천안함 사건 때도 끝까지 북한을 감쌌다. 중국의 제해권이 커질 경우 이어도를 비롯한 한중 대륙붕 경계 획정에서 중국에 밀릴 수 있다는 우려가 커지고 있다.

중국 군부가 한미동맹에 대한 목소리를 높이는 현상도 나타나고 있다. 천빙더陳炳德 중국 인민해방군 총참모장은 2011년 7월 베이징을 방문한 김관진 국방장관과 마주 앉았다. 천빙더는 중국군의 최고 위급 인사이고, 김관진은 천안함 사건 이후 처음으로 베이징을 찾은 한국 국방장관이었다. 그는 김 장관과의 면담에서 15분 동안 미국에 대한 비난을 쏟아냈다. 한중 국방장관 회담을 앞두고 미국의 '패권주의'에 대해 일장 훈시를 늘어놓은 것이다. 20년의 한중관계에서 중국 고위 인사가 이런 발언을 공식적으로 한 경우는 거의 없었다. 중국은 2000년대 초반까지만 해도 사석에서조차 좀처럼 속내를 드러내지 않았다.

그의 발언은 한미 동맹, 더 나아가 미국을 바라보는 중국 군부의 생각을 담고 있었다. 중국 군부는 최근 미국의 패권주의를 공개 비판하는가 하면, 남중국해를 비롯한 아시아 국가들과 영토 분쟁을 일으키고, 미국에 대한 불편한 심사를 그대로 드러내는 일이 잦아졌다.

중국 군부는 지도부 내에서 "북중 동맹을 계속 유지, 강화해야 한다"는 주장의 근원지이기도 하다. 중국 내에서 대북정책의 변화를 모색할 때마다 제동을 걸거나, 북한의 후견인 역할을 자처하고 나서는 집단이 중국 군부이다. 중국 인민해방군의 최고위 간부들은 여전히 6·25 전쟁 당시 북한군과 힘을 합쳐 미군과 싸웠던 전통을 강조한다. 1961년 군에 입대한 천 참모장은 이런 세력의 대표 인물이다.

성신여대 김흥규 교수는 "중국 군부는 현재 국력이 상승하고 있을 때 목소리를 강하게 냄으로써 군대의 존재를 부각하고 영향력을 확대해야 한다고 여긴다"고 했다. 이런 중국 군부의 강성 기조는 중화사상을 연상케 하는 '중국 우선주의'로 치닫는 여론의 반영이기도 하다.

미국과 중국의 핵 대화

오바마, 시진핑과도 핵 감축 논의 희망

향후 10년 동안 중국을 이끌 시진핑은 그동안 미중관계에서 이전 지도자들이 고민하지 않았던 문제에 신경을 써야 할 가능성이 크다. 중국은 핵 문제를 모른 척하거나 등한시해왔다. 의도적으로 자국의 핵무기와 핵 정책에 대해서는 구체적인 입장을 밝히지 않았다.

하지만 오바마는 이제 새로운 강대국으로 떠오른 중국에게 이 문제에 관한 적극적 협력을 강요할 것이다. 북한과 이란의 핵 문제뿐만 아니라 미국과 중국의 핵 문제도 논의하자고 할 가능성이 제기된다. 데이비드 샴보 조지워싱턴대 교수는 "오바마 대통령이 러시아와의 핵 문제에 대해서 진전을 이뤘다고 판단되면 중국과도 핵 문제에 대해서 대화하려고 할 것"이라고 전망했다.

2011년 1월 12일 로버트 게이츠 미 국방장관이 중국의 제2포병

사령부를 방문했다. 중국의 핵전략을 담당하는 이곳에서 게이츠는 중국과의 핵 대화를 적극 추진하고 있다고 밝혔다. 그의 방문은 이런 뜻을 중국 정부에 적극적으로 전달하기 위한 것이었다. 그는 냉전 시대 소련과의 핵무기 감축 협상을 통해서 서로를 이해하고 오판을 줄일 수 있었다며, 중국과도 이런 대화가 이뤄지기를 희망했다.

오바마가 핵 태세검토보고서NPR에서 초점을 맞춘 부문은 크게 5가지다. 1) 핵 확산과 핵 테러리즘 예방 2) 미국의 안보전략에서 핵무기의 역할 축소 3) 낮은 차원의 핵전력에서 전략적 억지력과 안전성 유지 4) 지역적 억지력 강화와 동맹국 및 파트너 국가에 대한 보장 5) 안전하고 위험성이 없으며 효율적인 핵 기지 유지가 그것이다.

오바마의 NPR은 2002년 부시의 NPR과는 달리 중국, 북한과 시리아 등이 유사시 핵 공격 대상이 될 것이라는 직접적인 언급은 하지 않았다. 그는 NPT를 준수하는 핵무기 비보유국이 미국에 생화학무기나 사이버 공격을 감행하더라도 핵무기를 사용하지 않겠다는 입장을 밝혔다. 이 같은 입장이 공식 문서에서 규정된 것은 미국 역사상 처음이다. 부시가 NPR에서 생화학무기와 대규모 재래식 공격을 포함한 폭넓은 위협을 억제하기 위해 핵무기들을 사용할 권리를 갖는다는 규정과 뚜렷한 대조를 이룬다.

오바마는 2009년 취임 직후, 드미트리 메드베데프 당시 러시아 대통령에게 축하 서한을 받자 답신을 통해 대담한 제안을 건넸다. 러시아가 이란 핵 문제 해결에 협력한다면 동유럽에 배치할 예정인 미사일방어MD 계획을 철회할 수 있다고 밝힌 것이다. 더 구체적인 내용을 담지는 않았지만, 이란 문제 해결을 매개로 양국관계의 새로운 진전을 모색했다는 점에서 의미가 있다.

1기 정부에서 이란의 핵 문제 해결에 대한 협력을 통해 '미러 관계 재설정Reset'을 추진한 오바마는 중국과도 유사한 정책을 추진할 가능성이 크다. 오바마는 이란, 북한의 핵 문제에 대한 중국과의 협력을 추진하면서 미중관계의 한 단계 비약을 추진하는 것이 바람직하다고 보고 있다.

신중한 입장 취하는 중국

중국은 미중간의 핵 대화에 대해서는 일단 부정적이다. 이 문제에 대해서 구체적으로 언급한 경우도 많지 않다. 텅젠췬騰建群 중국국제문제연구소 군비규제센터 소장이 국제문제연구國際問題研究에서 밝힌 입장은 사실상 중국 정부의 입장을 대변한다는 점에서 중요한 자료로 평가된다.[26]

텅 소장은 〈중미 핵대화 회고와 전망〉이라는 논문에서 중국의 입장을 구체적으로 밝혔다. "중미 핵대화는 정부간 대화와 비정부간 대화, 1.5 트랙 대화로 진행된다. 미국은 고위급에서부터 실무급까지 대화를 확대하자는 의견을 제시하고, 중국은 이에 대해 신중한 입장이다. 중미간의 핵 대화 의제는 핵위협, 핵투명도, 핵감축 이 세 가지로 요약할 수 있다. 전체적으로 미국은 중국과의 핵 대화에 조급한 태도를 보였고, 중국의 핵영역 전반에 대해 이해하고 싶어 했다. 특히 중미간에 실질적인 핵위협이 존재하는가 여부는 현재까지도 많은 논쟁이 진행되고 있다."

중국 정부는 자국 핵보유는 기타 국가의 핵위협, 핵 공격을 막기 위한 자위 수단이라고 선언했다. 또한 미국을 비롯한 핵 대국들이 핵확장 정책을 포기해야 한다고 주장한다. 이와 관련해 중국의 〈국방백서〉는 "중국은 여타 국가의 중국에 대한 핵 공격 가능성을 방지하기 위해 유효한 핵 반격 역량을 보유하고 있으며 핵탄두는 비교적 적은 수량을 유지하고, 규모와 구성은 방어적 군사전략과 일치할 수 있도록 유지한다"고 규정하고 있다.

텅 소장은 중미 핵대화에서 미국이 가장 중시하는 부분이 핵투명도核透明度라고 평가했다. 미국은 스스로 높은 투명도의 기준을 가지고 있다고 주장하며 중국에도 이를 요구한다는 것이다. 오바마 정부에서 발간한 NPR에도 '투명도'라는 단어가 17차례 나오는데 이는 중국을 염두에 뒀다는 것이 그의 분석이다. "미국은 강한 군사력을 가지고 있기 때문에 핵 역량을 투명하게 공개해도 위협 받지 않을 수 있으나, 군사력이 약한 중국은 전략적 모호성을 유지해야 할 필요성이 있다." 만약 중미가 비슷한 수량의 핵탄두를 보유하고 있다

---

26 예비역 대령 출신인 텅젠췬은 각종 국제회의에서 핵 문제에 대한 중국의 입장을 대변한다. 텅 소장은 2012년 12월 서울에서 아산정책연구원 주최로 열린 차이나 포럼에 참석, "시진핑을 비롯한 중국의 새로운 지도부는 미사일, 핵무기와 관련해 더욱 균형 잡힌 정책을 유지할 것"이라고 말했다.

면 중국 역시 투명하게 공개해도 상관없다는 뜻이다. 상대적으로 군사력이 약한 국가가 취하고 있는 전략적 모호성은 중국뿐 아니라 여타 중등 국가들도 유지하고 있다고 주장했다.

텅 소장은 중국이 가까운 시기에 '전면감축' 정책을 실시하기는 어렵다는 입장을 밝혔다. 하지만 중국은 점진적인 핵감축을 진행할 계획을 갖고 있다고 주장한다.

중국이 생각하는 중미 핵대화

텅 소장은 중미 핵대화가 다음과 같은 방향으로 전개되어야 한다고 제언한다.

첫째, 핵 대화의 전략 목표를 정립해야 한다. 지금까지 다양한 형식의 핵 대화가 진행되어 왔으나, 별 진전을 이루지 못한 것은 '핵'이라는 주제가 민감하고 복잡하다는 증거라며 핵 대화의 전략목표를 정립할 필요가 있다고 주장했다.

둘째, 상호신뢰를 구축해야 한다. 미국은 일관되게 중국의 핵 관련 투명도를 요구하며 불투명 그 자체가 위협이라고 주장한다. 상대적 약자인 중국 입장에서는 미국의 투명도 주장을 음모론으로 받아들이는 경향이 있다. 따라서 위협론, 음모론을 되풀이하지 않으려면 상호신뢰를 증진해야 한다.

셋째, 평등 원칙을 견지해야 한다. 핵 대화는 물리학자에서부터 시작해 최고위 정책결정자에 이르기까지 다차원적으로 진행되어야한다. 양국의 핵 능력은 큰 차이가 있기 때문에 미국이 먼저 앞장서서 기술, 정보, 실험실 등의 개방 및 교류에 앞장서는 성의를 보여야중국이 더 적극적으로 나설 수 있다고 주장했다.

넷째, 점진적인 원칙을 견지해야 한다. 핵영역은 한 국가의 가장민감한 영역이므로 교류와 대화도 복잡하고 곤란한 부분이 많다. 그래서 양국은 하루아침에 성과를 이루려 하기보다는 자주 소통하고이해를 높여가야 한다고 주장했다.

# 미중의 환율 전쟁 가능성

환율조작국 지정 연기한 오바마

환율 문제는 시진핑-오바마가 경제관계에서 가장 먼저 맞닥뜨릴 수 있는 의제가 될 수 있다. 만약 미트 롬니가 미국 대통령으로 당선됐다면 중국은 환율조작국으로 지정됐을 수도 있다.[27] 롬니는 취임 첫날 중국을 환율조작국으로 지정하겠다고 한 적이 있다. 미국이 각국의 환율정책을 분석, 발표하는 재무부의 환율정책 보고서에 이를 명시한다는 것이 공식 입장이었다. 미 정치권과 기업은 중국이 '메이드 인 차이나Made In China' 상품의 가격경쟁력을 위해 인위적으로 위

---

[27] 미국 측의 많은 외교안보 전문가들은 롬니가 대선용으로 중국의 환율 문제를 꺼냈다고 본다. 보수 유권자들의 표를 얻기 위해 강도 높은 주장을 했다는 것이다. 그러나 만약 롬니가 승리했다면 강경책을 펼쳤을 가능성이 크다.

안화 환율을 조정한다고 보고 있다.

오바마 정부는 중국의 위안화가 상당히 저평가되었다고 지적했지만 중국을 환율조작국으로 지정하지는 않았다. 미 재무부는 주요 교역국의 환율 정책 보고서에서 그 배경을 설명했다. "2012년 3분기 이후 중국 정부의 외환시장 개입이 크게 줄었으며 자유로운 자본 이동을 위한 다양한 조치도 취했다." 그러나 위안화는 여전히 상당히 저평가돼 있으며 추가적인 절상 노력이 필요하다고 밝혀 그 가능성을 열어 놓았다.

오바마 행정부는 2010년 G20회의를 앞두고서도 재무부 환율정책보고서 발표를 다시 연기했다. 그 당시에도 미국과 중국의 환율전쟁이 가열되는 가운데 미국이 이 보고서에서 중국을 환율조작국으로 지정해 공격할지가 초미의 관심사였다. 하지만 미국은 보고서 발표를 연기함으로써 일단 한발 물러섰다. 미국은 환율조작국으로 지정한 나라에게 징벌적 수입관세를 부과하는 등 불이익을 주고 있다.

국제 금융권에서는 2010년 11월 중간선거를 앞두고 오바마 정부가 16년 만에 처음으로 중국을 환율조작국으로 지정할 가능성이 크다고 관측했다. 그러나 오바마는 중국을 환율조작국으로 지정할 경우 실질적인 성과를 거두지 못하고 오히려 중국의 반발만 불러일으킬 수 있다는 점에서 신중하게 대응했다.

수출 위해 위안화 절상을 강조한 오바마

미국과 중국은 환율 문제로 여러 차례 부딪쳤다. 2010년엔 위안화 절상을 둘러싸고 티모시 가이트너 미국 재무장관과 셰쉬런謝旭人 중국 재정부장이 경주 G20 재무장관·중앙은행총재 회의에서 담판을 갖기도 했다. 당시 미 재무부 고위 관계자는 "일부 신흥시장 국가들이 시장의 힘에 저항하면서 자국 통화를 시장 가치보다 낮게 유지, 가격경쟁력을 유지하고 있다"는 말을 언론을 퍼뜨려, 위안화 절상에 미온적인 중국을 우회적이지만 강하게 비난했다. "그동안 과도한 경상수지 흑자를 기록한 국가들은 자국 통화의 가치를 끌어올려 글로벌 불균형을 시정하려는 노력을 해야 한다."

오바마 행정부가 위안화 절상에 주력하는 이유는 수출 때문이다. 2010년 원자바오 총리가 유엔 총회에 참석했을 때 오바마는 1시간 50분 동안 원 총리를 만나 회담하면서 이 문제를 1시간 30분 동안이나 거론하기도 했다.

미국은 갈수록 가열되는 세계의 환율 마찰에서 중국이 모범을 보이라고 주장한다. 중국이 버티고 있기 때문에 다른 나라들까지 통화 절상을 주저한다는 것이다. 가이트너 장관은 브루킹스연구소에서의 연설을 통해 저평가된 통화를 가진 나라들이 조치를 취하지 않으면 "신흥시장에 인플레이션과 자산의 버블 현상을 일으키거나 소비성장이 저하될 것"이라고 경고했다. 그러면서 자신이 언급하는 국가가 일본이 아니라고 말함으로써 중국을 겨냥했음을 시사했다. "현저하게 저평가된 통화를 가진 나라들의 조치가 특히 중요하다"는 말로 중국 당국이 즉각 위안화 절상에 나설 것을 촉구했다.

오바마 행정부는 위안화 문제가 미국은 물론 세계 경제가 직면한 심각한 문제라고 인식하고 있다. 중국이 이미 일본을 능가하는 세계 제2위의 경제대국이 됐는데도 환율을 인위적으로 제어함으로써 무역 수지 불균형이 심화되었다고 보는 것이다. 일각에서는 위안화가 최대 40% 평가절하되어 있다는 주장도 나온다.

점진적 절상을 강조하는 시진핑

중국은 이에 대해 초지일관 같은 태도를 견지한다. "위안화 환율이 불안정해져 중국 경제에 문제가 생긴다면 세계 경제에도 재난이 닥친다." 위안화가 대폭 절상되면 중국의 수출이 큰 타격을 받고, 이로 인해 중국 기업들이 파산하면 세계 경제에도 엄청난 위기가 온다는 논리이다. 원자바오는 EU에게도 "중국에 대한 미국의 위안화 절상 압박에 동참하지 말아 달라. 위안화의 급격한 절상은 전 세계에 재앙이 될 것"이라는 요청과 경고를 동시에 보냈다.

중국은 환율 문제를 미중관계의 문제가 아니라 내부문제를 악화시킬 수 있는 사안으로 본다. 미국의 주장대로 위안화를 단기간에 20% 이상 절상하면 중국 성장의 핵심추인 수출이 지장을 받는다고 판단하기 때문이다. 수출 관련 기업에서 일하는 수천만 명의 농민공

실업사태가 일어나 사회적 문제가 대두될 수 있다.

오바마 행정부는 환율 문제로 중국과 극단적인 대결로 갈 뜻은 없지만 중국이 자율적으로 조치를 취해야 한다는 입장이다. 국내 경기가 회복되지 않은 미국은 수출을 늘리고 무역수지 적자를 줄이려고 위안화의 대폭 절상을 요구하고 있다.

환율 정책에 대해서 시진핑 체제는 미국의 압박에 밀려 위안화를 절상하지는 않을 것이며, 스스로 필요성을 느끼면 위안화 가치를 올리겠다고 한다. 오바마 행정부에서 중국의 위안화 절상 폭이 미국의 기대에 크게 못 미칠 경우 환율조작국이라는 카드는 언제든지 대두될 수 있다.

해결책 없는 대만과 티베트 문제

대만에 대한 무기 판매 문제로 충돌

시진핑-오바마 체제에서 대만 문제는 빠지지 않을 전망이다. 최근 중국은 과거에는 문제 삼지 않았을 미국의 대만 무기 판매에도 문제를 제기한다. 그간 중국은 최고 국가에 등극할 때까지 힘을 축적하는 '도광양회韜光養晦' 정책을 추진했지만 이제는 '유소작위' 정책을 통해 적극적으로 할 말을 하겠다는 입장이다.

2010년 오바마 정부가 미 의회에 대만에 대한 64억 달러어치의 무기 판매 승인을 요청하자, 중국 외교부는 허야페이何亞非 부부장 명의의 성명서를 발표했다. 또한 존 헌츠먼 주중 미국 대사를 소환해 엄중하게 항의하고, 양국 군사 교류 중단과 관련 미국기업 제재 등으로 대응했다.

필립 크롤리 국무부 공보담당 차관보는 중국의 발표에 유감을 표했다. "미국의 대만에 대한 무기 판매는 대만해협에서의 안정성을 강화시켜 줄 것이다." 보잉사의 대니얼 백 대변인은 "미국의 대만 무기 판매는 정부 대 정부의 사이에서 이루어지는 일"이라며 중국의 제재가 부당하다는 입장을 밝혔다.

중국은 2008년에도 미국이 대만에 무기를 판매하기로 했을 때도 약 4개월 동안 대미 군사·외교 교류를 중단한 적이 있다. 당시에는 기업 제재를 언급하진 않았지만 이제는 기업 제재를 언급한다. 중국의 한 언론은 "미국 기업이 아파할 수 있도록 제재를 제대로 가해 중국의 권위를 보여줘야 한다. 국제적 또는 국지적 주요 현안에서 양국 협력도 영향을 받게 될 것"이라고 밝혔다.

중국은 패트리어트 미사일의 대만 판매에 항의하는 의미로 예고 없이 대륙간탄도탄CBM 요격 미사일 실험을 단행했다. 당시 미국의 무기 판매는 부시 전 대통령이 대만에 약속한 110억 달러어치 중 일부였다. 미국은 중국의 반발이 일회성으로 그치지 않을까 우려하고 있다.

오바마는 공화당으로부터 중국에 대해 '저자세 외교'를 펼친다는 비판을 받아왔다. 그렇기에 2기에도 대만에 대한 무기 수출 계획을 취소할 가능성은 크지 않다. 대만에 대한 미국의 무기 판매는 시진 핑-오바마 관계의 시금석이 될 수도 있다.

대만관계에 정통한 시진핑이 중국과 대만관계를 우호적으로 유지해서 미국이 행사해온 외교 카드를 무력화시킬 것이라는 전망도 있다. 이미 중국은 대만과 경제협력기본협정ECFA을 맺음으로써 차이나

China와 대만Taiwan을 합성한 '차이완CHIWAN 시대'를 열었다는 평가를 받았다.

삼성경제연구소는 '2010년 SERI 경제포커스'에서 "ECFA는 경기침체를 탈출하려는 대만의 실리적 목적과 중국의 정치적 고려가 결합되어 개시 5개월 만에 신속하게 타결된 FTA 협정"이라고 해석했다. 대만은 경기회복을 위해 중국과의 경제교류 확대를 추진했고, 중국은 대만의 중국에 대한 경제의존도를 높여 통합여건을 조성하는 차원에서 ECFA를 적극 추진했다는 설명이다. 시진핑이 중국과 대만 관계에 역대 어느 지도자보다 정통하다는 점은 미국에게 불리하게 작용할 수 있다.

끝나지 않는 티베트 문제

"우리는 미국과 중국이 이 지구상에서 일어나는 모든 일에 항상 합의할 수는 없다는 사실을 알고 있습니다. 우리는 그런 불일치dis-agreements도 수용할 것입니다."

오바마가 2010년 티베트의 정신적 지도자 달라이 라마를 만나기 전에 로버트 기브스 백악관 대변인이 발표한 성명이다. 기브스는 "달라이 라마는 국제적으로 존경받는 종교 지도자이며 티베트의 인권을 대변하는 인물"이라는 말로 정당성을 강조했다.

백악관의 발표는 달라이 라마로 인해 미중 갈등이 심화되더라도 개의치 않겠다는 의지의 표현이다. 2009년 중국 방문을 위해 미뤄온 달라이 라마의 면담 요청을 더는 미루지 않겠다는 의미였다. 기브스는 "미중 양국 관계는 충분히 성숙한 관계이다. 오바마 대통령은 달라이 라마와의 건설적인 대화를 기대하고 있다"라고도 했다.

오바마의 이 결정은 미국은 물론 세계 여론의 지지를 받았다. 〈워싱턴포스트〉는 "중국과 우호적으로 지내야 하지만 터무니없는 중국의 주장에 굴복해서는 안 된다"고 했다. 〈이코노미스트〉도 "새로운 슈퍼 파워(중국)를 위한 공간을 만들어주는 것을 양보와 혼동해서는 안 된다"고 주장했다. 중국이 강대국이 되려면 인권문제도 동시에 개선돼야 한다는 여론의 반영이다.

그러면서도 백악관은 오바마와 달라이 라마의 면담 장소는 백악관 1층의 맵 룸map room으로 정해졌다고 발표하면서 중국의 이해를 기대했다. 과거 상황실로 쓰였던 이 방은 미국 대통령이 소규모의 접견을 할 때 주로 이용하는 곳이다. 대통령 집무실oval office이 아닌 맵 룸에서 달라이 라마를 만난다고 발표한 것은 나름 중국을 배려한다는 의미를 담고 있다.

그러나 중국은 거세게 반발했다. 중국 외교부의 마자오쉬馬朝旭 대변인은 성명을 통해 오바마 대통령은 달라이 라마를 만나기로 한 잘못된 결정을 즉각 취소하라고 요구했다. "중국은 오바마 대통령이 달라이 라마를 만나는 데 대해 엄중한 항의의 뜻을 수차례 전달했다. 우리는 달라이 라마의 미국 방문 허용 및 미국 지도자들과의 어떠한 접촉도 반대한다."

미국은 티벳트 문제를 계속 제기하며 중국의 티베트 정책 변화를 촉구하고 있기에 이는 양국간 긴장요소가 될 수 있다. 2012년 11월 CNN 방송에 출연한 게리 로크 주중 미국 대사는 공식, 비공식적인 채널을 통해서 중국에 티베트 정책의 재고를 계속 촉구하고 있다고 밝혔다. 로크는 최근 티베트에서 분신焚身 기도가 급증하고 있다며 티베트인들의 언어, 문화, 종교를 인정하라고 중국에 촉구했다. 그는 티베트인들이 분신으로 강하게 저항하고 있는 중국 쓰촨성 지역을 방문하기도 했다.

그러나 중국 공산당의 총서기로 취임하면서 중화민족주의를 강조한 시진핑은 이에 관해 어떤 타협도 하지 않으리라 전망된다. 시진핑은 당분간 미국이나 서구 국가의 문제 제기가 있더라도 중화민족주의를 내세워 티베트에 완고한 입장을 고수하리라 예측되며, 이에 관한 충돌 또한 불가피할 것이다.

전 방위에서의 미중 마찰 가능성

〈뉴욕타임스〉의 원자바오 가족 재산 보도

시진핑-오바마 시대의 마찰은 가히 전 방위적이라고 할 수 있다. 2012년 〈뉴욕타임스〉가 18차 당 대회를 앞두고 터트린 원자바오 총리 일가의 거액 재산 축적 논란은 중국 내부에서 노선 투쟁을 격발시킬 정도로 커다란 영향력을 발휘했다. 대형 가계도까지 실은 〈뉴욕타임스〉는 2012년 10월 원 총리의 어머니가 평안平安보험회사 주식 1억 2000만 달러 상당을 보유하고 있으며 총리의 동생과 처남, 자녀 명의 등으로 27억 달러(약 3조 원)의 자산을 갖고 있다고 보도했다. 그러자 중국 정부는 본토에서 〈뉴욕타임스〉 사이트가 열리지 못하도록 차단했다.

홍콩 주간지 〈아주주간亞洲週刊〉에 따르면 〈뉴욕타임스〉의 보도 직후에 자오융시奚兆永 난징南京대 비즈니스 스쿨 교수 등 30여 명이 당

지도부에 서한을 보냈다. 원자바오 문제를 다루기 위한 간부 회의를 긴급 소집해달라는 요구였다. 이들은 원자바오에게 철저한 해명을 요구하면서 사실일 경우 그의 사퇴까지 요구했다.

원자바오는 성명을 통해 3조 원대의 재산을 가지고 있다는 보도는 사실이 아니라고 반박했다. 월급과 연금 외에는 다른 수입이 일절 없다고 강조했다. 그의 변호사들은 "원 총리는 가족들의 사업과 관련된 어떤 역할도 한 적이 없다. 그들의 사업이 원 총리가 정책을 결정하거나 집행하는 데 영향을 끼치게 한 적도 없다"고 했다. 중국 고위층이 외국의 언론 보도를 반박하며 성명까지 발표한 것은 전례가 없는 일이다.[28]

하지만 〈뉴욕타임스〉는 한 달 만에 원자바오 일가의 의혹을 다시 제기했다. 이번에도 대형 가계도를 넣어서 원자바오 가족이 핑안보험 주식을 소유하게 된 과정을 상세히 보도했다. 2007년 핑안보험은 상장 후 주가가 57배나 폭등했는데 그 과정에 원자바오 가족이 연루돼 있다는 새로운 폭로도 나왔다.

〈뉴욕타임스〉의 보도 배후에는 충칭시 당 서기였던 보시라이薄熙來 지지 세력의 음모일 가능성도 제기되었다. 앞서 〈블룸버그〉도 시진핑 일가의 재산을 보도했다. 당 대회를 앞두고 잇달아 원자바오 일

---

28 중국은 〈뉴욕타임스〉 보도를 막기 위해 공식 채널을 활용했다. 장예쑤이張業遂 주미 중국대사는 〈뉴욕타임스〉 본사를 찾아갔고, 본사 고위층에게 원자바오 총리와 관련한 취재 내용이 사실이 아니며 보도하지 말라고 요구하기도 했다.

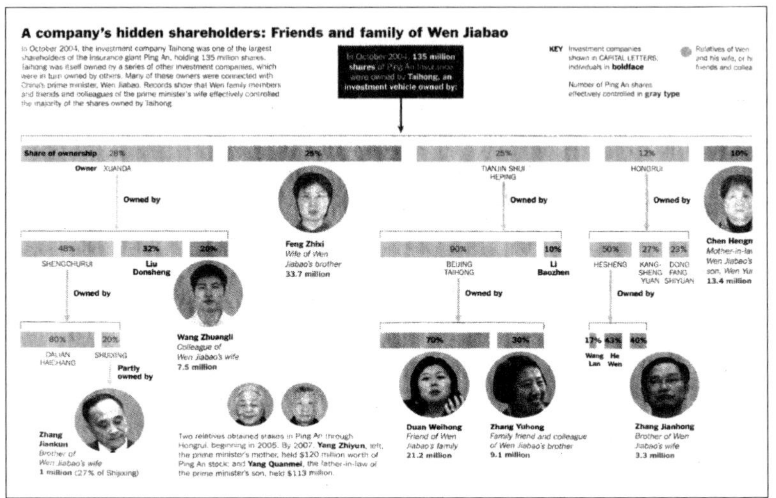

〈뉴욕타임스〉에 실린 원자바오 가족과 친구들의 부정 축재 의혹

가의 재산이 공개된 대해, 중국 일부에서는 미국 정부의 주도로 미 정보기관이 이를 제공했을 가능성을 의심하고 있다.

양국의 치열한 스파이 전쟁

2008년 미국의 군사 기밀을 빼내기 위해 20년 넘게 '착한 미국인'으로 살면서 스파이로 활동한 한 중국계 인사가 적발되어 세상을 놀라게 한 사건이 있었다.

미 연방법원은 미 해군의 군사기밀을 중국으로 유출한 중국계 미국인 치 막에게 24년 6개월의 실형을 선고했다. 엔지니어인 치 막은 미 해군의 전함·잠수함·무기 등에 대한 주요 군사기밀을 중국에 넘긴 혐의를 받고 있다.

치 막은 본격적인 스파이 활동을 위해 미국 시민권을 취득한 1985년 전후 20여 년을 완벽하게 '동면한 스파이sleeper spy'라는 혐의를 받았다. 홍콩에서 중국 정부로부터 스파이 훈련을 받은 치 막은, 미국 시민권자가 되자 해군 관련 업체에서 착실히 일하며 모범적인 '귀화 미국인'으로 살았다. 미 정부의 까다로운 신원조회도 통과한 그는 미 해군의 가장 민감한 기밀들에 접근할 수 있었다.

치 막은 이때부터 부인 레베카와 함께 미 해군의 각종 기밀들을 복사해 중국으로 유출했다. FBI는 중국계 스파이 조직을 추적하다가 2003년부터 그를 수사 대상에 올린 후 2005년 10월 로스앤젤레스 공항에서 출국하려는 그를 체포했다.

미국은 치 막처럼 장기간 동면하면서 미 학계와 핵미사일·잠수함 추진기술·야간투시기술·전투기 조종사 훈련 등과 같은 전문 분야로 침투하는 스파이들이 늘고 있다고 밝혔다. 미 의회는 중국이 군사 분야와 산업 분야에서 공격적인 첩보활동을 계속하여 미국에 중대한 위협이 되고 있다는 보고서를 제출했다.

미 공화당과 민주당 추천인사 6명으로 구성된 '미중 경제안보검토위원회'는 의회에 제출한 5차 보고서에서 중국의 첩보활동에 대한 미국의 경각심을 촉구했다. 석유, 정보통신, 조선 등 12개 핵심 산업을 국가가 관리하는 중국은 모든 수단을 동원해 미국의 첨단 정보를 입수, 이 산업의 발전을 돕고 있다는 내용의 보고서는 "중국의 산업

스파이 활동은 중국 기업들의 연구를 위한 시간과 자금을 투입할 필요 없이 새로운 기술을 확보하는 원천이 되고 있다"고 비판했다. 또한 미 국방부가 민감한 군수물자의 해외 생산을 제대로 감독하지 못하고 있다고도 지적했다. 중국과 아시아에 공장을 두고 있는 민간 계약자들로부터 군수물자를 구입하는 비율이 증가했는데도 아무런 견제장치를 두고 있지 않다는 것이다.

인터넷, 장난감 문제로도 충돌하는 두 나라

중국의 인터넷 사용자는 약 5억 명으로 세계에서 가장 많다. 미국은 중국 정부의 인터넷 규제를 우려하고 있다. 중국은 수많은 외국 웹 사이트를 통제하고 있으며 일부 언론 사이트도 검열하고 있다. 티베트 문제, 천안문 사태, 반체제 인사 등에 대한 인터넷 검색과 포스팅도 금지한다.

미국은 인터넷 검색엔진 때문에 중국과 대립하기도 했다. 힐러리 클린턴 국무장관은 세계 최대의 인터넷 검색엔진 '구글Google'이 중국에서 자유로운 활동을 보장받지 못한다고 정면으로 언급했다. 클린턴은 "미국과 중국은 이 문제에 서로 다른 견해를 갖고 있다. 우리는 중국 당국이 구글에 대한 사이버 침해사건을 철저히 조사하고 투명한 결과가 나오기를 기대한다"고 압박했다.

그러자 구글 사태에 대응 수위를 낮춰온 중국도 강력하게 반발했다. 마자오쉬 대변인은 "미국이 중국의 인터넷 관리 정책을 비난하며 우리가 인터넷 자유를 제한하고 있다고 주장한 것은 사실과 다를 뿐 아니라 중미관계를 손상시키는 언행이다. 우리는 이를 결연히 반대한다. 미국은 사실을 존중하고 인터넷 자유문제를 이용해 중국에 대한 근거 없는 비난행위를 중단하라"고 촉구했다.

중국 언론도 이에 동조했다. "미국의 정계 요인을 포함한 서방 쪽 인사들이 구글 사태를 계기로 정보 자유화와 시장 자유를 거론하며 중국의 행동방식을 서방식으로 바꿔 놓으려 한다. 이는 망상이자 역사에 대한 무지에서 비롯된 것으로, 중국은 결코 서방 사상의 식민지가 되지 않을 것"이라는 사설이 등장했다.

미 의회조사국이 2012년 발간한 보고서는 "많은 전문가들의 예상 및 희망과는 달리 인터넷은 중국내 민주주의로의 변화에 대한 촉매제로서는 역부족이다. 중국은 방대한 공안기구와 함께 공격적이며 다각적인 인터넷 검열 시스템을 운영하고 있다. 중국 정부가 인터넷상의 모든 내용을 통제할 수는 없지만, 정부 당국의 선택적인 표적 검열방식은 온라인 커뮤니티 내에서 두려움 및 자체 검열을 일으키기에 충분하다"고 지적했다.

이 보고서에 따르면 중국 인민들은 정부의 검열을 피하기 위해 새로운 우회수단을 만들었다. 중국에서 크게 호응을 받고 있는 웨이보 등이 이에 속한다. 중국 국무원 신문 판공실은 국가인터넷 판공실을 신설해서 관리를 더욱 강화하고 있다. 시진핑 시대에는 지난 지도부처럼 무조건 인터넷 검색을 막는 형태는 역효과를 가져올 수 있어

어떤 형태로든 변화된 정책이 나올 것이라는 전망이 우세하다.[29]

2007년 미중은 미국에 수입된 중국산 불량식품 문제에 이어 불량 장난감 문제로 큰 마찰을 빚었다. 당시 미국 완구업체 마텔Mattel 사가 납 페인트 성분이 든 중국산 완구 1820만 개를 리콜하자 중국은 강하게 반발했다. 중국 상무부의 왕신페이王新培 대변인은 "중국 완구업체들의 수출품은 대부분 안전하다. 일부에만 근거해 중국 제품 전체를 비판하는 것은 무책임하다"고 비판했다.

마텔 사는 미국뿐 아니라 한국, 브라질, 뉴질랜드 등 세계 각국에서도 중국산 완구류에 대한 리콜조치를 내려 중국을 자극했다. 〈뉴욕타임스〉는 사설을 통해 중국산 완구류 수입을 통제할 경우 상호 파멸적인 무역 전쟁이 일어날 것을 우려했다. 중국산 장난감에 대한 소비자들의 우려가 커지면서 미 국내 장난감 업체들이 반사이익을 얻는 현상도 나타났다. 목재 장난감 기차와 트럭을 만드는 한 미국 회사가 '어린이 100% 안전 문구'를 내건 후 3개월 만에 매출이 40% 오르기도 했다.

---

29 2012년 12월 미 중앙정보국CIA 등 17개 정보기관이 만든 국가정보평가NIE 보고서는 사이버상의 공격으로 미국의 안보에 가장 큰 위협이 되는 나라로 중국을 꼽았다. 이 보고서는 특히 중국 정부의 지원 하에 미 정부기관과 산업계, 민간기구의 컴퓨터 시스템에 대한 공격이 지속적으로 이뤄졌다고 분석했다.

일관성 없는 중국 정책

미국 내에서는 중국 정책에 일관성이 없다는 비판이 등장하고 있다. 경제안보검토위원회 위원인 다니엘 블루멘쌀 미 기업연구소AEI 연구원은 미국의 대중정책이 혼란스럽다고 비판했다. "국가 안보 문제와 관련된 관료는 중국의 국력을 견제하고, 경제 관료는 관여를 더욱 심화하기 위해 노력하는 등 서로 다른 목표를 위해 일하고 있으므로 이런 불협화음을 조정해야 한다. 현재 중국 사회는 더욱 다원화되고 있는데 미국의 대중對中 관여는 중국 고위 지도자뿐만 아니라 중국 사회의 다양한 계층까지 포함하도록 확대돼야 한다."

반면 중국에서는 강화된 경제력을 바탕으로 미국에 강력하게 대응해야 한다는 흐름이 일고 있다. 추쑤룽楚樹龍 칭화대 교수는 2012년 〈환구시보〉를 통해 이렇게 비판했다. "중국과 미국이 새로운 형태의 대국관계를 발전시키는 데 가장 큰 장애물은 미국의 사고방식이다. 미국의 사고방식 속에는 오로지 성공한 미국, 강력한 미국, 앞선 미국만 있을 뿐이다. 그것만이 합리적이기 때문에 다른 나라의 성공과 파워는 위협이고 도전이라서 받아들일 수도, 받아들여서도 안 된다는 인식이 존재한다. 미국이 이런 사고방식을 바꾸지 않으면 중미는 진정한 형태의 대국 협력관계를 형성할 수 없다."

Xi

Jinping

vs.

Obama

한미관계 vs. 미북관계

한미관계

오바마의 재선을 기대한 한국

2012년 미 대선은 한미관계에서 특이한 사례로 기록될 가능성이 크다. 다른 때와는 달리 한국에서 지지하는 후보가 갈리지 않았기 때문이다. 미 대선을 지켜보던 한국의 외교안보 전문가들은 대부분 오바마의 재당선을 기대했다. 보수는 물론 진보 진영의 대다수 전문가들은 오바마의 재선이 롬니의 당선보다 낫다고 평가했다.[30] 정부의 한 고위 관계자는 "한반도에 별 관심을 보이지 않은 미트 롬니보다는 한미관계를 매끄럽게 유지해온 오바마가 재선되기를 바란 것이 사실"이라고 말했다.

---

30 진보적 성향의 계간지 〈창작과 비평〉 2012년 겨울호의 시국 관련 좌담에도 오바마가 재선되기를 희망하는 발언이 실려 있다.

이명박 대통령과 오바마의 관계가 크게 작용했던 '오바마 1기'는 한미관계를 한 단계 도약시켰던 시기로 기억된다. 함재봉 아산정책연구원장은 "그간 한미관계는 매우 좋았는데 이게 시스템 덕인지, 양국 정상의 개인적 친분 때문인지는 불분명하다"고 말했다.

박근혜-오바마 관계가 이명박-오바마 관계처럼 작동되려면 적잖은 시간이 걸릴 수 있다. 그뿐 아니라 한미관계는 더 어려운 환경에 둘러싸일 가능성이 크다. 무엇보다 새롭게 출범한 중국의 시진핑 체제는 한미관계에 부담으로 작용할 것이다. 연간 한중 무역액이 2000억 달러 이상으로 한미 교역액의 두 배를 넘는 상황은 한미관계에 영향을 미칠 것이 분명하다. 2013년부터 한미 양국 간에는 중요한 협상들이 본격 진행될 것이다. 한국의 농축우라늄 생산, 재처리 허용 여부를 핵심으로 하는 원자력 협정 개정이 1순위이다. 세계 원자력 5위 강국인 한국은 농축·재처리 기술이 반드시 필요하지만 미국 입장은 다르다. 한국에서 40% 이상 부담하는 주한미군 주둔 비용 분담 협상도 시작된다. 재정적자로 위기 상황인 미국은 우리가 감당하기 어려운 주장을 들고 나올지 모른다. 게다가 한국이 조속한 시일 내에 미사일방어체제MD 공조체제를 만들기를 바라고 있어 논란은 계속될 것이다.

한국에 친근감 갖고 있는 오바마

오바마는 한미 동맹관계를 강화하고 참전용사를 예우함으로써 한국에 친근하게 다가왔다. 그는 2010년 8·15 특별성명에서 이렇게 말했다. "대한민국의 안보와 방위에 대한 미국의 서약은 절대 흔들리지 않을 것이다. 대한민국이 수립된 이후 지난 62년 동안 한미 양국은 강력하고 지속적인 동맹을 향유해왔다. 우리는 민주주의와 자유의 가치를 믿는 공동의 믿음으로 묶여 있다." 클린턴 국무장관도 별도의 광복절 축하성명을 통해 "한국이 민주주의 국가로서 위대한 성공을 거두고 세계 경제 선도국가로 부상한 것은 모든 나라에 지속적인 영감을 줄 것"이라고 말했다.

오바마는 한국을 동맹국이자 동반자 관계로 대우하는 동시에 경쟁국으로 인식하고 있음을 수차례 드러냈다. 2009년 '한미 동맹을 위한 공동비전' 선언을 발표해 양국이 테러·에너지·금융위기 등 국제문제를 공동으로 대응하는 동맹으로 격상시켰다. 같은 해 6·25 전쟁 휴전 기념일에 성조기의 조기 게양을 지시해, 미국 내에서 6·25 전쟁의 의미를 되새기도록 했다. 오바마는 한국의 아프가니스탄 추가 지원 발표를 환영하며, 한국과 미국은 긴밀한 동반자 관계를 지속해나갈 것이라고 강조했다.

특히 그는 교육과 산업 분야에서 미국인들의 분발을 촉구하기 위해 '경쟁국 한국'과 미국의 현실을 자주 비교했다. "한국 아이들이 교실에서 많은 시간을 보낸다면 우리도 그렇게 할 수 있다", "신형 하이브리드 자동차가 조립 라인을 돌고 있지만, 이 자동차들은 한국산 배터리로 구동된다." 2010년 중간선거 당시 민주당 지지 유세를 펼치면서 한국을 여러 차례 언급한 그는, 특히 메릴랜드에서 열린 마틴 오말리 주지사 지지집회에서 공화당의 교육정책을 비난할 때 한국을 거론했다. "한국 정부가 국민들이 대학교육 받는 것을 더 어렵게 하느냐?"고 반문하며 공화당을 비판했다. 유권자들이 "아니다"라고 대답하자 그는 이렇게 말했다. "한국은 2등을 목표로 하지 않는다. 미국도 2등을 목표로 하지 않는다. (공화당과는 달리) 우리는 여러분에게 투자할 것이다."

오바마는 미국 공립학교 여름방학이 3개월이나 되는 점을 지적하며 교육개혁을 강조했다. "우리 아이들이 한국이나 중국 또는 다른 나라 어린이들에게 뒤처지지 않도록 하는 방안을 찾는 게 중요하다." 위스콘신에서 열린 민주당 전국위원회에서는 수천 명의 대학생들 앞에서 한국의 대학교육을 바람직한 사례로 거론했다. "한국은 (바람직한) 미래의 창출을 위해 전력을 다하는 나라"라며 사흘 연속 한국을 칭찬한 적도 있다. 하와이에서 어린 시절을 보내고, 시카고에서 빈민들을 위해 활동한 오바마는 한국인들의 자녀 교육에 깊은 인상을 받은 것으로 알려져 있다. 오바마가 한국에 친근감을 표현하자 오바마 내각의 주요 고위관리들도 한국에 관심을 갖기 시작했다.[31]

탈북자 문제와 이란 문제 협력

2012년 한중관계에 큰 부담을 안겨준 탈북자 문제에서도 한미 양국은 긴밀하게 협력했다. 미국은 중국과의 협의를 통해서도 이를 해결하려는 모습을 보였다.

2012년 2월 미국은 한중 간 심각한 외교문제로 부상한 탈북자 북송문제 해결을 위해 중국과의 협의에 착수했다. 탈북자 북송문제로 발생할 한중 갈등을 우려, 사태 해결을 위해 미국이 중국과 이 문제를 논의하기 시작한 것이다. 오바마 행정부는 탈북자 문제로 한중관계에 적색 신호가 켜지면 북한의 김정은 체제에 공동 대응하기 어려워질 것을 우려했다.

또한 한국과 미국은 이명박-오바마 정부 하에서 이란 문제에 대해 비교적 만족할 만한 해법을 찾았다. 한국은 이란 멜라트은행 서울지점 영업정지 등을 포함해 5개 분야 16개 조치로 이뤄진 이란제재를 실시했다. 이란과의 사전 허가 없는 금융거래를 사실상 금지하고 우리나라 기업이 이란의 석유·가스 부문에 신규 투자하는 것을 금지했다.

미국이 폐쇄를 요구했던 멜라트은행 서울지점은 외환거래법 위반

---

31 안 덩컨 교육부 장관도 미국 교육계의 개선과 분발을 촉구하기 위해 한국을 본받아야 할 사례로 거론했다. 그는 2010년 미 외교협회 주최 행사에서 "한국은 한 세대가 약간 넘는 기간에 세계에서 가장 교육 수준이 높은 노동력을 배출하고 가장 빠른 경제 성장을 한 국가 중 하나가 되었다"고 말했다.

혐의를 적용해 영업정지 2개월의 중징계를 내리는 방향으로 정리됐다. 핵 개발 의혹을 받는 이란에 대한 유엔 안보리 결의 1929호에서도 멜라트은행은 금융제재 대상이었지만, 폐쇄 여부는 정부가 독자적으로 판단할 사안이었다.

정부는 안보리 결의로 제재 대상이 된 40개 단체와 개인 1명 외에도 미국의 포괄적 이란제재법과 EU, 일본의 이란 제재를 참고해 모두 102개 단체와 24명의 개인을 금융제재 대상으로 지정했다. 앞으로 이들과는 한국은행의 허가를 받지 않고서는 외국환 거래를 할 수 없게 만든 것이다.

유엔 결의에서 의무에 해당하는 '결정사항'뿐 아니라 개별 국가가 이행 여부를 결정할 수 있는 '권고사항'을 이번 제재에 적극 반영했다는 점에서 한미동맹을 의식한 조치라는 평가를 받는다. 16개 제재 중 금융거래 사전허가제 등 10개가 권고사항이었던 것이다. 이러한 한국의 대對이란 문제 협력에 대해 오바마뿐 아니라 미국 정치인들도 환영을 표했다.

'한미 가치동맹'에 관한 논란

한미관계가 안정될수록 이제는 한중관계에 더 신경을 써야 한다는 견해도 늘고 있다. 2012년 서울에서는 미국 전문가들과 중국 전문가들의 관심을 끈 흥미로운 논쟁이 있었다. 과거 노무현 정부와 이명박 정부 간에 '한미 가치동맹'을 둘러싼 논쟁이었다. 외교부의 현직 장·차관과 노무현 정부의 장관급 인사들이 참여하고 있다는 점에서 더욱 주목을 받았다.

김성환 외교부 장관은 2012년 6월 미국국제문제협의회WAC에서 이렇게 연설했다. "한미동맹은 안보동맹과 경제동맹을 넘어 이제는 가치동맹의 시대를 맞았다. 냉철한 국익 계산에 입각한 동맹보다는 공유하는 가치에 기반을 둔 동맹이 더 호혜적이고 영속적이다." 그러자 노무현 정부의 외교안보 분야 실세였던 이종석 전 통일부 장관이 이를 비판하고 나섰다. 그는 한중관계의 중요성을 거론하며 "(한미) 가치동맹은 번지수를 잘못 짚어도 한참 잘못 짚은 발상이다. 세상의 변화를 읽지 못하는 철부지 주장이다."

얼마 후 노무현 정부에서 동북아시대위원장(장관급)을 역임한 문정인 연세대 교수와 김성한 외교부 2차관이 다시 논쟁을 벌였다. 문교수가 언론 기고문에서 "중세 십자군을 연상케 하는 그러한 (가치동맹) 외교가 과연 한국의 국익에 부합하는가?"라고 비판하자 김 차관은 다른 기고문을 통해 "가치동맹은 다른 나라로 가치를 적극 확대한다는 '정책'을 의미하는 것이 아니다"라고 반론했다.[32]

정부 고위 관계자들만 '한미 가치동맹' 논란을 벌인 것은 아니다.

---

32 이명박 정부의 외교부 장·차관이 한미 가치동맹을 옹호한 것과는 달리 일부 외교관은 가치동맹에 부정적인 입장을 숨기지 않았다. 한미동맹을 발전시키고, 중국과의 관계를 확대하려면 어떤 형태로든 이에 대한 정리가 필요하다는 주장이 많다.

2012년 한중 전문가 공동연구위원회가 개최한 세미나에서도 이 논쟁이 벌어졌다. 한 참석자가 "중국이 불편해하니 한미동맹을 그만둘 것인지 아니면 한미동맹을 계속해서 중국을 희생할 것인지 결정해야 한다"고 하자 다른 참석자가 "헌법에 명시된 자유민주주의와 인권을 공유하는 미국과의 가치동맹을 왜 폐기해야 하느냐?"며 반박하기도 했다.

가치동맹은 노무현 정부에서 손상된 한미동맹을 복원하는 과정에서 나왔다. 2008년 워싱턴을 방문한 이명박이 부시와의 정상회담에서 "가치동맹을 추구하겠다"고 말한 것이 시발점이다. 그러나 옳든 그르든 간에 이미 한국 사회에는 '한미동맹이 한중관계에 부담이 되어서는 안 된다'는 관념이 자리 잡고 있어 이에 대한 토론은 불가피하게 되었다.

오바마-박근혜 시대의 과제

새로운 방위 개념이 필요하다

"미국의 역대 민주당 정부는 카터 정권 때부터 아시아의 동맹을 중시하지 않는다는 인식을 갖고 있었다. 오바마 대통령이 역대 최고의 한미동맹 관계를 가짐으로써 그런 인식을 바꾼 것이 자랑스럽다. 오바마는 한국보다 밀접한 우방국은 없다는 것을 보여줬다."

오바마 1기에서 미국의 동북아시아 정책을 총괄했던 제프 베이더 전 미 국가안전보장회의NSC 동아시아 담당 선임보좌관의 이 발언은 오바마-이명박 시대 한미관계의 견고함을 보여준다.[33]

---

33 제프 베이더는 2011년 10월 한미관계 발전에 기여한 공로로 수교훈장 광화장을 받기 위해 방한했다. 그는 김성환 외교부장관에게서 훈장을 받은 후 이명박 대통령을 예방했다. 베이더는 청와대에 다녀온 후, 45분으로 예정된 인터뷰 시간을 넘겨 1시간 30분간 자신의 견해를 밝혔다. 그는 "북한은 한국과 사이가 좋지 않

그만큼 양국 관계는 많은 진전이 있었으며 2009년 한미동맹 미래 비전으로 한미관계를 한 단계 격상시켰다. 그러나 오바마 2기에서는 기존의 대對한반도 방위전략 대신 새로운 개념의 전략이 나올 가능성이 크다.

임기 2년차인 2015년부터 전시작전통제권이 한국으로 전환된다. 만성적인 경제난에 시달리는 미국은 한국에 대한 방위 부담감을 덜어내는 방향으로 진전될 것이다. 오바마 2기 관리들은 1기에 이어서 "한반도 유사시 해·공군을 집중 지원하나 지상전은 이제 한국이 책임지라"는 메시지를 전할 가능성이 크다. 2012년 전작권 전환 후엔 해·공군 지원체제로 굳어진다는 것이다.

한미 연합작전계획인 '작전계획OPLAN 5027'에 따르면 한반도에 전면전이 발발할 경우 발발 90일 이내에 병력 69만여 명, 5개 항공모함 전단을 포함한 함정 160여 척, 항공기 2500여 대 등 대규모 미 증원전력을 투입토록 하고 있다.

미국은 2000년대 초반까지 중동과 한반도 지역에서 동시에 대규모 전쟁이 발발하더라도 모두 억제하고 승리한다는 '2개 전쟁 동시 수행Win-Win' 전략을 갖고 있었다. 그러나 2001년 9·11 테러 이후 대규모 전면전보다는 불특정 다수위협에 대처하는 형태로 무게 중심이 이동했다. 이런 변화를 적극적으로 반영한 것이 〈2010 QDR(4개

으면 미국과 절대로 잘 지낼 수 없다. 이것이 바로 오바마 정부의 핵심적 대북정책이며 차후 다른 정부도 그럴 것"이라고 말했다.

년 국방검토) 보고서〉이다. 또 전작권이 한국군에 전환되면 유사시 미군 지원 형태는 지금보다 해·공군 위주로 바뀐다.

과거 북한의 전면 도발이 일어나면 한강 이북 의정부나 동두천에 배치돼 있던 미 2사단이 미군을 자동적으로 끌어들이는 '인계철선 trip-wire' 역할을 했지만 주한 미2사단이 한강 이남의 평택기지로 이동하면 더 이상 그런 역할을 하지 않는다. 북한 김정은 체제가 더 호전적으로 변하는 상황에서 한미 양국이 더 세심하게 전환 작업을 해야 한다는 지적이 크다.

한미 원자력 협정 신속 해결 필요

오바마 행정부는 한국의 '평화적 핵 이용 권리' 주장을 반대한다. 2009년 7월 미 의회에 제출한 보고서에 이 같은 입장을 명확히 밝혔다. 당시 비확산 업무를 관장하는 국무부의 엘렌 타우셔 군축 및 국제안보 담당 차관은 같은 해 6월, 상원 인준 당시 공화당 간사인 리처드 루가 의원에게 제출한 85쪽 분량의 서면 답변서에 이를 명시했다.

루가와 타우셔의 답변서에서 드러난 오바마 행정부의 입장은 크게 두 가지이다. 루가는 "오바마 행정부는 특히 대만·한국과 관련한 원자력 협정에서 두 나라가 미국산 핵물질을 재처리할 수 있도록 현재 핵 협정의 어떠한 변화라도 고려하는가?"라 물었다.

이에 대해 타우셔는 "미국은 1954년 제정된 원자력 에너지법에 따라 유럽연합·인도·일본에 승인한 미국산 핵연료의 재처리를 한국과 대만에는 승인할 수 없다. (핵연료) 재처리를 이 국가들에 승인한 사례를 대만과 한국을 포함한 다른 나라들에 적용하는 것이 반드시 적절하다고는 보지 않는다"고 밝혔다. 한국이 핵연료를 재처리할 수 있도록 한미 원자력 협정을 개정할 필요가 없다는 입장을 밝힌 것이다.

또한 타우셔는 "한국에 어떤 형태라도 핵연료 재처리가 허용되면 이는 '남북한은 핵 재처리 및 우라늄 농축 시설을 갖지 않는다'고 한 1992년 한반도 비핵화 선언 위반이 아닌가?"라는 질문에도 동의한다고 답변했다. "한국에 핵연료 재처리 시설이 존재한다면 이는 1992년의 한반도 비핵화 선언과는 일치하지 않는 것이라고 믿는다."

타우셔 차관의 답변은 북한이 2차 핵실험을 비롯해 계속 핵무기를 개발하는 상황에서 나온 것이다. 그렇다 해도 한국과 대만의 재처리를 허용할 수 없다는 분명한 메시지를 전달하고 있다. 특히 한국의 핵연료 재처리는 그것이 평화적으로 이용된다 해도 1992년 발효된 남북 비핵화 공동선언에 위배된다고 밝히는 '이중 제어 논리'를 제시했다.

오바마 행정부는 북한의 핵 도발 이후 한국에서 새누리당과 보수층을 중심으로 재처리 능력을 갖춰야 한다는 '평화적 핵 이용 권리' 주장이 제기되는 데 민감하게 반응한다. 미국은 북핵의 완전한 폐기를 통해 '한반도 비핵화'를 추진하고 있다. 따라서 평화적이라 해도 한국의 핵 능력을 현 수준 이상으로 허용할 수는 없다는 입장이다. 전 세계적으로 '핵무기 없는 세상'을 추구하는 상황에서 한국 보수층의 주장을 일부라도 수용하면 자칫 다른 국가도 동요시킬 수 있다고 우려한다. 이런 인식은 오바마 행정부뿐 아니라 미 의회 모두가 공유하고 있어, 앞으로 미국의 입장이 바뀔 가능성은 크지 않을 것으로 예상된다.

원자력 협정에 발이 묶인 한국

한국과 미국은 원자력 협정 문제를 해결하기 위해 다양한 분야에서 노력하고 있다. 우라늄 농축 전문 업체인 유렌코URENCO가 미국 뉴멕시코에 공장을 증설하면서 한국에 지분 매입을 요청하자 한국전력이 타당성 조사에 착수한 것도 원자력 협정과 관련이 있다. 한국수력원자력(한수원)이 프랑스의 원자력업체 아레바AREVA의 지분을 2.5% 매입한 적은 있지만, 미국에 있는 우라늄 농축 시설의 지분을 확보하는 논의가 제기된 것은 처음이었다.

한국 정부는 유렌코 지분 매입 조치가 현재 진행 중인 한미 원자력협정 개정 협상의 '우회로'를 만들 수 있다는 측면에서 긍정적으로 평가한다. 미국의 일부 전문가들도 한국이 유렌코 미국 농축 시설의 지분을 매입할 경우, 한미 원자력협정에서 우라늄 농축과 관련한 요구가 줄어들 수 있다고 보고 긍정적인 평가를 내린다. 미국 전략국제문제연구소와 한국 동아시아연구원이 주최한 콘퍼런스에서 미국 측 참석자가 미국의 우라늄농축공사USEC나 유렌코의 뉴멕시코 공장 지분 매입 등을 현행 한미 원자력협정의 대안으로 제시했다. 한국은 1974년 체결된 협정에 의해 자체 농축을 할 수 없기 때문에 외국 농축 시설의 지분을 매입하는 것이 우라늄 공급의 안정성을 높일 수 있다고 보고 있다.

한국은 1978년 고리 1호기 가동 이후 23기의 원자력 발전소를 가동하는 세계 제5위의 원자력 강국이다. 그러나 한미 원자력 협정으로 인해 우라늄 농축 권리가 없으며 사용 후 핵 연료의 재처리도 불가능한 것이 현실이다.

독자적 농축 권리가 없기 때문에, 한국은 우라늄 정광精鑛을 호주 캐나다 등 7개국으로부터 매년 4000여톤 수입한 후 이를 외국의 4개 업체에 보내 농축하고 있다. 우라늄 정광 수입과 농축 비용으로만 매년 9000억 원을 지출한다. 한국 정부가 2008년 수립한 '국가에너지 기본계획'에 따라 해외 농축시설에 대한 지분 매입을 추진한 것도 이런 배경에서다. 경영 상태가 좋지 않은 USEC도 우리와의 계약 체결을 희망했다.

우리 정부는 한미 원자력협정 개정 협상이 진전되지 않는 상황에서 유렌코의 지분을 매입하는 방식이 일종의 우회로가 될 수 있다고 여기며, 미국도 이를 반대하지 않는다. 표면적으로 보면, 전체 우라늄 수입의 30%를 차지하는 유렌코 지분 매입 검토는 한미 원자력협정과는 직접적인 관련이 없다. 하지만 결국 우라늄 농축 권한을 갖지 못한다면 이런 방안이 대안으로 떠오른다. 우라늄 농축을 비롯한 중요한 과정이 모두 외국에서 이뤄지는 현실을 개선할 필요가 있다는 것이다.

그러나 유렌코 지분 매입이 한국의 우라늄 농축 권한 보유를 대체하는 근본적인 대안이 될 수 없다는 지적이 많다. 설령 지분을 매입한다고 해도 우라늄 농축 운영에 관여하거나 농축 기술을 확보하기란 불가능하다. 한미 원자력협정에 위배되기 때문이다.

미국은 자국 내의 우라늄 농축 시설 지분 매입은 찬성하지만, 유렌코를 비롯한 다른 우라늄 농축업체가 한국에 농축 공장을 세우고, 한국이 지분 투자를 하는 방식은 반대한다. 원자력 발전에 필요한 농축우라늄 확보와 재처리 문제가 시급한 현안이라는 점에서 정부와 정치권이 더 적극적으로 나서야 한다는 지적도 나오고 있다.

여전히 불편한 SOFA

2000년 '한미 주둔군 지위협정SOFA' 개정 협상 당시 외교부 북미국장으로 우리 측 SOFA 협상 대표를 맡은 외교관은 송민순 전 외교부 장관이다. 당시 그가 밝힌 소감은 한동안 외교가에서 화제였다. "SOFA가 그동안 불편한 소파여서 앉아 있기 어렵다고 했는데, 이번 개정을 통해 큰 불편 없이 오랫동안 앉아 있을 수 있는 소파가 될 것으로 확신한다."

그가 '편안한 소파'를 만들었다고 확신한 이유 중 하나는 환경권 조항 신설이었다. SOFA 합의 의사록에 "미국은 한국의 환경법령을 존중respect한다"는 문구가 포함되었는데, 이는 1966년 SOFA 체결 이후 최초의 사례였다. 특별 양해각서도 만들었다. 양국의 환경법령 중 엄격한 기준을 따라 주한미군의 환경관리 지침을 2년마다 보완토록 했다. "환경 문제에 대해서 일본은 법적 구속력이 없는 양국 외교부 장관의 성명에 그쳤지만, 우리는 법적 조항을 만들었다"고 강조했다.

하지만 SOFA 개정 후에도 시민단체를 중심으로 "환경에 대한 선언적 문장만 들어가 있을 뿐, 구체적인 내용이 결여되어 있다"는 비판이 끊이지 않는다. 정작 미군기지의 환경오염 문제가 발생했을 때 법적인 대응을 하기가 쉽지 않다는 것이다. 미국의 선의善意에만 의존할 뿐, 배상 관련 규정을 명문화하지 못했다는 지적이 많다. 이런 상황에서 미군기지 캠프 캐럴에 1978년 고엽제가 매립됐던 사실이 알려진 후 SOFA 개정 문제가 제기된 것은 자연스러운 일이다.

전체 면적이 미국 버지니아 주밖에 되지 않는 한국에서는 환경 문제의 파급력이 크다. 2000년대 들어 주한미군 기지 이전이 본격적으로 추진되면서 여러 미군기지에서 환경문제가 제기됐다. 캠프 캐럴에 이어 경기도 부천의 캠프 머서에도 화학물질이 매립됐다는 주장이 나왔다. 용산 미군기지에서 시작된 한강의 환경오염 문제를 다룬 영화 〈괴물〉이 나와 주목을 받기도 했다.

최근 환경문제에 대한 한국 국민의 눈높이는 빠르게 진화하고 있다. 이를 고려할 때 한국도 최소한 미국과 독일 간의 SOFA처럼 "상대국의 환경법규를 준수observe한다"는 규정을 가지는 것이 바람직하다. 미·독 SOFA는 환경오염 제거 비용의 부담 및 배상 규정을 명확히 하고 있어 상대적으로 미군들은 이 문제에 더욱 주의를 기울였다. 한미 SOFA는 명문화된 지 40년이 넘었지만 고작 두 차례 개정된 데 불과했다. 더 안심하고 기댈 수 있는 '소파'를 만들어야 양국관계가 한 단계 승격한다고 생각하는 국민들이 늘고 있다. SOFA 개정과 함께 한국이 40%이상 부담하는 주한미군 방위비 분담금 협정도 합리적인 방향으로 논의해야 한다.

미 해병대의 한국 순환배치 가능성

박근혜-오바마 시대에는 미 해병대의 한국 순환배치가 본격적으로 논의될 가능성이 있다. 미국은 오키나와 주둔 해병대 18,000명 중 8000명을 괌으로 옮기기로 했던 계획을 변경해, 이 중 4700명만 괌으로 가고 3300명은 다른 해외 기지에 순환 근무 형태로 파견키로 합의했다. 이 중 일부가 한국에 배치될 가능성이 거론된다.

미국은 부시 시절부터 미일 합의에 따라 오키나와 주둔 해병대를 괌으로 이전키로 하면서 한국에도 이를 일부 옮기기를 지속적으로 희망했다. 이명박 정부는 미 해병대가 서해안 등에 배치될 경우 유사시 긍정적인 역할을 할 수 있을 것으로 보면서도 중국·북한과 국내 일부의 반발을 우려해 고심해왔다.

오바마 정부는 2011년 11월 호주 북부의 다윈에 해병대 2500명을 순환배치키로 한 방법을 한국에도 적용하고 싶어 한다. 미 해병대의 상주가 아닌 현지 국가의 기지를 함께 쓰는 순환배치를 통해 국방비를 줄이고, 주둔 지역에 반미 여론이 일지 않도록 하는 효과를 노린다. 전투 장비는 그대로 파견 국가에 두고 부대만 6개월 단위로 교체하는 형태의 '다윈 모델'을 한국에서도 추진할 가능성이 지속적으로 제기될 전망이다.

호주를 방문한 오바마는 다윈 지역에 2500명의 미국 해병대 병력을 순환배치하겠다고 밝혔다. 한 지역에 붙박이로 주둔하면서 많은 국방 예산을 필요로 하고, 반미 감정 증대의 원인이었던 형식을 탈피하겠다는 것이다. 다윈 모델의 핵심은 6개월 순환배치와 호주 기지를 미군이 함께 이용하는 것이다. 이 전략으로 효율 극대화는 물론 국방비 감축도 기대하고 있다. 미국의 이 같은 전략은 아시아를 중시하는 '서진 정책'과 미군을 '신속 기동군'화하는 새로운 국방정책에 따른 것이다.

이러한 순환배치는 처음이 아니다. 미 공군은 알래스카나 본토의 F-15, F-16 전투기를 수개월 동안 한국 기지에 머물면서 전투기 조종사들이 한반도 적응 훈련을 하고 돌아가도록 하고 있다. 한반도에도 이 모델이 적용될 경우 북한에 상당한 압박이 될 것이다. 백악관 NSC의 동아태 담당 선임 보좌관을 지낸 마이클 그린 전략국제문제연구소 일본실장은 "미 국방부의 전략 수립과정에서 해병대의 비중은 오히려 커지고 있다. 해병대의 상륙작전 능력은 원천적으로 공격 능력이며 이는 북한에 충분한 경고가 될 것"이라고 말했다.[34]

중국의 반발 우려

한미 양국은 북한 급변 사태 등의 긴급 상황에 대비하기 위해 미 해병대가 서해에 배치되는 것이 좋다는 공감대를 갖고 있다. 오키나와에 주둔 중인 미 해병대 중 일부가 한국에 순환 근무하는 것은 그동안 한미 양국의 외교안보 수뇌부가 구상한 것과 일치한다. 한국 정부의 최고위 관계자는 여러 차례 미 해병대 일부가 한국에 배치되면, 여러 가지 대북 전략을 구사할 수 있다는 입장을 밝혔다.

정부 내에는 미 해병대의 한국 배치가 갖는 정치적 파장이 생각보다 큰 만큼 신중해야 한다는 의견도 많다. 무엇보다 중국이 반발할 가능성이 거론된다. 한미동맹을 '구시대의 유물'이라고 했던 중국은 미군의 추가 배치에 극력 반대하고 있다. 특히 한국에 배치될 미 해병대가 유사시 산둥반도에 투입될 것을 우려하기 때문에 미중 갈등은 물론 한중관계에도 긴장을 불러올 수 있다.

---

[34] 공직에서 물러난 후에도 여전히 미국의 동아태 전략을 조언하는 그는 "미 해병과 한국 해병은 한미 동맹을 더 전면적이고 민감하게 작동할 수 있도록 도울 것이며 이는 오늘날 불안정한 동아시아 지역 정세에 꼭 필요한 일"이라고 했다.

　북한 또한 한미 양국이 김정일 사후의 급변 사태를 상정하고 해병대를 순환배치한다며 현재보다 더 공격적인 자세로 나올 수 있다. 한미 양국은 이런 우려를 의식해 한미 합동훈련 시 미 해병대의 훈련 참여 기간을 단계적으로 확대하는 방법으로 순환배치하는 방안을 검토 중이다

한미 양국은 이런 우려를 의식해 한미 합동훈련 시 미 해병대의 훈련 참여 기간을 단계적으로 확대하는 방법으로 순환배치하는 방안

오바마의 대북정책

북한의 장거리 로켓 발사 성공

북한은 2012년 12월 12일 평안북도 철산군 동창리의 미사일 시험장에서 발사한 은하 3호 장거리 로켓을 통해 '광명성 3호(인공위성)'을 궤도에 진입시키는 데 성공했다. 1·2·3단 로켓 분리도 북한이 미리 발표한 대로 이뤄졌다.

북한이 미국의 서부지역은 물론 대부분을 사정권射程圈에 넣을 수 있는 1만 킬로미터 이상의 대륙간탄도미사일ICBM 사거리를 사실상 확보한 것이다. 이로써 북한은 1998년 대포동 1호를 발사한 지 14년 만에 ICBM급 사거리 확보에 성공했다. 앞으로 남은 과제인 핵탄두 소형화, 탄두의 대기권 재진입 기술 확보에 성공하면 북한은 가공할 위력을 갖게 된다.

미국이 적성국으로 분류한 나라 중 핵무기로 전용 가능한 핵물질

북한의 ICBM 발사 및 미사일 현황

과 ICBM급 기술을 가진 나라는 북한이 유일하다. 북한이 '은하 3호' 발사 성공으로 ICBM 기술을 확보함에 따라 한미 양국의 대북 전략이 바뀌어야 한다는 지적이 나오고 있다. 북한이 핵과 ICBM을 동시에 갖춘 이상, 대북정책의 패러다임을 신속하게 전환해야 한다는 것이다.

제이 카니 백악관 대변인은 북한의 은하 3호 발사 직후 "오바마 대통령은 북한을 압박하고, 북한을 고립시키고, 북한이 저지른 행동에 대가를 치르도록 동맹국들과 협력할 것"이라고 경고했다. 일단은 이전의 로켓 발사 때와 마찬가지로 유엔 안보리 결의 등을 통한 강력한 대북 제재를 통해 북한을 압박할 거라는 뜻이다. 그러나 이제는 이 같은 압박정책을 추진할 때 북한이 핵무기와 ICBM을 포기할 가능성은 0%라는 전제하에 전략을 만들어야 한다는 분석이 설득력을 얻고 있다.

이명박 정부는 북한이 핵을 포기하면 경제적 지원을 하는 '비핵개방 3000' 정책을 추진했다. 김대중·노무현 정부는 대화와 협력을 늘리는 햇볕정책을 통해 대량살상무기에 대한 야망을 포기시키려고 했다. 모두 북한이 핵, 장거리 미사일을 포기할 수도 있다는 전제하에 추진한 전략이었지만 결과적으로 괄목할 성과를 내지 못한 채 북한에 시간을 벌어주는 결과만 낳았다.

패러다임의 전환이 절실한 대북정책

국립외교원의 윤덕민 교수는 인터뷰에서 이렇게 말했다. "북한이 ICBM 시험발사를 한 것은 6·25 전쟁 당시 미국에 당한 경험 때문으로 김일성과 김정일의 유훈이었다. 북한은 결코 이를 포기하지 않을 것이다. 김정은 노동당 제1비서가 정권의 안전판으로 핵물질과 ICBM 기술을 확보한 이상, 기존의 협상을 유지하는 것은 의미가 없다." 부시 행정부 시절 백악관에 근무한 빅터 차 미 CSIS 한국 실장도 "러시아와 중국을 제외하면 북한은 미국의 비우방국 중 핵무기와 미 본토를 타격할 수 있는 미사일을 모두 가진 유일한 사례가 됐다. 북한을 이전과 같은 방식으로 다룰 수는 없을 것"이라고 했다.

미국은 북한에 대해 유엔을 적극 활용하고 독자적인 경제 제재를 취한다는 계획이다. 하지만 과거만 살펴보더라도 이런 제재만으로

북한의 장거리 미사일 시험 발사 연혁

1998년 8월	대포동1호 발사	1단 로켓 253킬로미터, 2단 로켓 1646킬로미터 비행
2006년 7월	대포동2호 1차 발사	발사 40초 만에 공중 폭발
2009년 4월	대포동2호 2차 발사	1단 로켓 650킬로미터, 2단 로켓 3846킬로미터 비행
2012년 4월	은하3호 1차 발사	발사 2분 만에 공중 폭발
2012년 12월	은하3호 2차 발사	1단 로켓 429킬로미터, 2단 로켓 2600여 킬로미터 비행. 광명성 3호는 위성궤도에 진입했으나 타원형으로 회전

는 북한을 변화시키기 어렵다. 북한에 '군사공격'이라는 카드를 쓰기란 더더욱 어렵다.

북한은 앞으로 핵탄두 소형화와 완벽한 ICBM 기술 확보에 더욱 주력할 것이다. 북한이 핵과 미사일을 포기하려는 의사가 없다는 것이 명백해진 이상 이제는 6자회담을 재개하는 형태의 낡은 패러다임에서 벗어나야 한다.

미국과 북한의 비핵화 협상은 2008년 중단된 채 더 이상 진전되지 않았다. 오히려 북한은 우라늄 농축 시설을 공개하며 미국을 압박했고, '비핵화 3단계' 논의에 핵물질과 핵무기가 포함돼야 한다는 미국의 입장을 반박했다. 3단계 논의 대상은 현재 불능화가 진행 중인 영변 핵 시설만이라고 주장한다. 북한은 잭 프리처드 전 미국 대북특사 등을 통해 "북한의 입장은 3단계에서 경수로를 제공받는 조건으로 불능화가 진행 중인 영변 핵 시설만 해체하겠다는 것"이라고 밝혔다. 더 나아가 미국이 핵무기 보유국인 이스라엘과 우호적 관계인 것을 지적하며, 미국은 앞으로 핵무장한 북한에도 익숙해져야 한다는 입장도 밝혔다. 북한은 결국 미국과 관계 정상화가 된 뒤 '동등한 핵보유국' 입장에서 핵군축 협상을 하자는 것으로 전망된다.

북한을 불신하는 오바마

오바마는 2009년 취임 후부터 북한에 대해 더욱 좋지 않은 인식을 갖게 되었다. 2008년 유세 때에는 "북한, 쿠바 같은 적대국의 지도자와도 만날 수 있다"고 말해 주목받았던 그였다. 취임 초기에는 오바마의 방북설이 나오기도 했다.

당시 오바마에게 주로 조언하는 미국진보센터CAP는 취임 100일 내에 대북 특사를 보내자고 제안했다. 하지만 이 제안은 김정일 북한 국방위원장이 도발적인 행위를 계속하면서 사라졌다. 2009년 3월 미국 기자 2명 억류, 4월 장거리 미사일 시험 발사, 5월 2차 핵실험을 거치면서 양국 관계는 더욱 악화됐다.

체코의 프라하를 방문한 2009년 4월, 오바마는 북한이 장거리 미사일을 시험 발사했다는 소식 때문에 새벽 4시에 일어나야 했다. 그는 프라하에서 "북한의 장거리 로켓 발사는 규제 위반이며, 규제 위반에는 반드시 제재가 뒤따라야 한다"고 강하게 비판했다. 이후 유엔 안보리의 대북 제재 결의 1874호 이외에도 독자적인 대북제재 조처를 하며 북한을 압박했다.

2009년 5월 북한의 2차 핵실험을 바라보는 오바마 행정부 관계자들에게는 당혹감과 분노가 교차했다. 오바마 행정부는 북한이 미사일 발사 이후 '위협지수'를 계속 상승시키자, 북한의 2차 핵실험 가능성을 염두에 두고 있었다. 하지만 장거리 미사일을 발사한 지 두 달도 채 안 돼, 미국의 현충일(25일) 연휴에 핵실험을 할 줄은 미처 예상하지 못했다.

오바마는 북한의 핵실험 직후 발표한 성명에서 북한을 강한 어조로 비판하며 불쾌감을 드러냈다. "유엔 안전보장이사회에 노골적으로 반항하는 행동으로, 직접적이고도 무모하게 국제 사회에 도전하고 있다."

하지만 오바마 행정부는 북한의 2차 핵실험을 심각하게 여기면서도 그로 인해 외교안보의 우선순위를 급히 바꾸지는 않았다. 북한을 모른 척하며 무시하는Benign Neglect" 정책을 계속했다. 데이비드 스트라우브 전 국무부 한국과장은 당시 "북한은 매우 잘못된 판단을 하고 있다. 북한은 여전히 미국에게 심각한 위협이 아니다. 오바마 행정부는 북한 문제에 큰 관심이 없어 북한은 당분간 소외될 것"이라고 예측했다.

일각에선 오바마가 부시처럼 유엔을 통한 제재에 나서다가, 결국 원칙을 양보하며 북한과의 양자회담에 나설 것으로 예상했지만 이는 빗나갔다. 오바마 행정부 관계자들은 "북한과 대화의 문호는 열려 있지만 부시 행정부처럼 문제가 많은 합의를 하거나 원칙을 양보할 가능성은 없다"고 일축했는데 이는 사실이었다. 오바마 행정부는 유독 북한만이 화해를 거부하고 있다며 국제사회를 동원해 압박하고 있다.

오바마는 2010년 서울에서 개최되는 G20 정상회의에 참석차 방한하면서 북한에 대한 메시지를 보냈다. 오바마는 당시 〈조선일보〉와의 인터뷰에서 "대한민국이 한국전쟁의 폐허로부터 지역 및 글로벌 플레이어로 부상한 반면, 북한은 대립과 도발의 길을 선택한 후 핵무기와 탄도미사일 프로그램만 추구하고 있다. 그러나 나는 대통령 취임 직후부터 계속 북한에 도움의 손길을 내밀고 있다. 북한은 국민을 도탄으로 몰아넣은 고립정책을 고집하기보다 국제사회와 손을 잡아야 한다"고 촉구했다.[35]

북한의 행태를 근본적으로 바꾸는 조치를 취할 가능성도 거론된다. 〈월스트리트저널〉은 김정일이 대화를 위한 협상에 복귀하지 않을 경우 미국은 북한의 경제, 특히 무기 거래를 '도려내는undercut' 구조를 개발할 것이라고 분석하기도 했다.

오바마는 특히 북한의 인권 상황에 매우 비판적이다. 그는 유엔총회에서 북한의 참혹한 인권 상황을 거론하며 북한 정권을 비판했다. "인권을 억압하는 전제주의 국가들이 아직도 우리 주변에 존재하고 있다. 학교에 가고 싶어 하는 어린 소녀들을 죽이는 탈레반, 국민들을 노예화하는 북한 정권, 성폭행을 전쟁 무기로 사용하는 콩고 킨샤사의 무장그룹 등이 참혹한 인권유린의 대표적 사례"라며 북한을 지목했다. 뒤이어 "한반도는 역동적이고 개방되고 자유로운 사회와

---

35 오바마는 취임 후 한국 신문과의 첫 인터뷰에서 "북한은 한미의 오랜 친구 사이를 악화시킬 능력이 없으며 그렇게 하지도 못할 것이다. 천안함 사건은 우리의 동맹과 단합을 더 굳건하게 했다"고 말했다.

감옥같이 폐쇄된 사회가 가장 극단적으로 대비되는 지역"이라는 말로 남북한의 대조적인 현실을 언급했다.

오바마의 엄격한 대북 제재 사례

오바마는 북한의 잘못된 행동에 예외를 두지 않았다. 오히려 부시보다 더 엄격히 원칙을 지킨다는 평가를 받았다.

특히 한미동맹 유지를 위해 천안함 사건을 주도한 것으로 알려진 북한 인민무력부 산하 정찰총국과 김영철 정찰총국장, 천안함 공격 어뢰인 CHT-02D를 수출한 북한 무기수출업체 청송연합을 미국의 새로운 대북 제재 대상에 지정했다. 김정일 북한 국방위원장의 비자금을 관리하는 북한 노동당 39호실도 제재 대상에 포함시켰다.

"46명의 사망자를 낸 천안함 기습공격, 2009년 핵실험과 장거리 미사일 발사, 유엔 대북제재 1718호와 1874호에 대한 위반행위 등 북한이 미국에 주고 있는 안보위협을 고려한 조치이다. 무기거래 및 돈세탁, 화폐 위조 및 밀수, 마약 거래 등의 불법 경제활동을 통해 북한 정부를 지원하는 국제적인 네트워크를 조준하고 있다."

북한만을 대상으로 작성된 A4 6장 분량의 행정명령은 총 9개항에 걸쳐 김정일 정권의 사치품 거래 및 위조, 밀수 등 불법 행위에 대한 제재 기준과 이유를 망라했다. 기존의 제재와는 달리 김정일의 대내외 통치수단인 정찰총국과 노동당 39호실을 직접 겨냥했다는 점에서 의미가 있다.

미 재무부는 이와는 별도로 2005년에 발표된 WMD 확산과 관련된 행정명령 13382호에 의거, 북한의 제2경제위원회와 흥진무역, 윤호진 남천강 무역회사 대표 등 총 8개의 기관 및 개인을 추가 제재 대상으로 지정했다.

미 재무부의 스튜어트 레비 테러·금융정보 담당 차관은 기자회견에서 "이번 조치와 향후 취해질 조치는 북한의 불법적인 활동은 물론 은행들을 속여 자금을 몰래 움직이고, 전 세계적으로 위조지폐 등을 밀수하는 활동을 저지하기 위한 것"이라고 말해 북한의 대외거래에 초점을 맞출 것을 명시했다.

오바마 행정부가 이날 발표한 대북 제재 행정명령은 북한만을 대상으로 한 것으로 여러 가지 법과 시행령으로 흩어져 있던 대북 제재 규정을 하나로 모은 것이 특징이다. 워싱턴의 핵심 외교 소식통은 "북한에 대한 제재를 목적으로 단일 행정명령이 발동된 것은 사실상 처음"이라고 했다. 특히 행정명령 시행과정에서 재무부를 통해 세계 주요 국가와 금융기관에 북한과 관련된 거래에 신중을 기할 것을 촉구함으로써 사실상 북한의 해외 거래에 제동을 걸었다.

오바마 행정부의 대북 4원칙

오바마 1기에서 백악관 국가안보회의NSC의 아시아 담당 선임 보좌관으로 일한 제프 베이더는 오바마의 '아시아 정책 브레인'으로 불린다. 차기 주중 미국대사로도 거론되는 그는 퇴임 후에도 여전히 아시아 정책에 대해 영향력을 갖고 있다. 그는 오바마 재선 직후 워싱턴 브루킹스연구소에서 열린 미중관계 관련 토론회에 참석했다.

"한국의 차기 정부는 이명박 정부보다 대북대화에 더 적극적일 수 있다고 예상되지만, 미국의 대북협상과 관련한 기본 입장에는 변화가 없을 것이다. 북한이 핵실험과 미사일 발사 시험을 삼갈 뿐 아니라 우라늄 농축 프로그램을 중단하고 이에 대한 사찰을 수용해야 한다는 미국의 입장은 변하지 않는다. 북한과의 협상은 북한의 핵과 미사일 프로그램이 중단된 상태에서만 가능하다. 핵과 미사일 개발을 지속하는 북한을 협상장으로 끌어들이기 위한 대북 유인책은 있을 수 없다."

베이더의 이러한 언급은 오바마 정부가 2009년 미국 전략국제문제연구소CSIS와 〈조선일보〉가 워싱턴에서 공동주최한 컨퍼런스에서 북한에 대해 밝힌 '대북정책 4원칙'과 일치한다. 당시는 북한이 미사일·핵 실험으로 북한에 대한 도발을 자행한 직후였다.

이 회의에 참석한 미 정부 고위 관계자는 이 원칙을 발표하면서 "이 문장은 매우 신중하게 작성됐으며 미 행정부 최고위층the highest level의 승인을 받은 것이다. 이것을 낭독하겠다"라고 했다. 오바마의 재가가 있었음을 분명히 한 것이다.[36]

오바마 정부의 고위 관계자가 밝힌 오바마 정부의 한반도 관련 4대 원칙은 첫째, 한반도의 완전하고 검증 가능한 비핵화라는 미국의

미국이 발표한 대북정책 4원칙

❶ 한반도의 완전한 비핵화는 미국의 불변의 목표다.
❷ 북한을 핵무기 보유국가로 절대 인정하지 않는다.
❸ 북한의 핵무기·물질 이전을 용납하지 않는다.
❹ 미국은 동아시아의 동맹국 방어에 최선을 다한다.

목표는 변하지 않는다. 둘째, 북한을 절대 핵무기 (보유) 국가로 인정하지 않는다. 셋째, 핵무기나 핵물질이 국가나 비국가 단체에 넘겨질 때는 미국과 동맹국에 심대한 위협이 될 것이므로 이런 행동에는 상응하는 결과가 뒤따를 것이다. 넷째, 미국은 동맹국을 방어하기 위해 헌신하겠다는 내용이다.

오바마가 이런 원칙을 조선일보·CSIS 포럼에서 밝힌 것은 자신이 손을 내밀었는데도 계속 도발을 자행하는 북한에게 분명한 메시지를 보내기 위해서였다. 당시 미 정부 고위 관계자는 "오늘의 대북정책은 오바마 대통령의 뜻이 반영된 것이다. 앞으로 미국의 대북 대응은 이 기조에서 벗어나지 않을 것"이라고 언급했다.

---

36 당시 오바마 정부 대북정책 4원칙을 발표한 관계자는 남북한 문제에 오랫동안 관여하며 한국 정부 관계자들과도 긴밀히 협력했다. 그는 북한이 도발을 계속하자 "반드시 보복하겠다retaliate"고 말하기도 했다.

적대국 끌어안는 미국 vs. 고립 자초하는 북한

오바마는 적대관계를 유지해온 국가들과 빠르게 관계를 개선했지만 북한은 예외였다. 오바마 행정부는 우고 차베스 대통령이 앞장서서 중남미의 반미주의를 이끌었던 베네수엘라와의 외교관계를 완전히 복원키로 합의했다. 2005년 레바논 전 총리 암살 사건의 배후 책임을 물어 자국 대사를 철수시켰던 시리아와도 관계 개선을 논의했다. 미국에 거주하는 쿠바계 미국인의 송금 및 방문 제한 조치를 완화하면서 쿠바와의 관계를 대폭 개선해 나가겠다는 입장을 분명히 하고 있다.

이런 결정은 미국이 내민 화해의 손을 내치지 않고 마주잡는 국가에게는 우호적인 정책을 구사한다는 '신개념 외교'를 상징한다. 베네수엘라와 시리아는 북한과 비교적 돈독한 관계를 유지하고 있다. 따라서 미국이 이 나라들과 관계를 개선하는 것은 북한을 향해 대화에 나서라고 압박하는 의미도 있다.

오바마는 부시 전 대통령의 일방주의 외교정책이 전 세계적으로 반미감정을 고조시켰다며 화해정책을 구사하겠다는 입장을 밝혀왔다. 하지만 미국과의 화해를 거부하고 도발적 행위를 계속하는 국가에 대해서는 응분의 대가를 치르게 하겠다는 입장을 분명히 하고 있다.

오바마는 2012년 미국의 현직 대통령으로는 처음으로 미얀마를 방문했다. 불과 몇 년 전만 해도 미국 대통령이 미얀마를 방문할 것이라고 생각한 사람은 아무도 없었다. 오바마는 미얀마에서도 북한의 김정은을 향해 의미심장한 메시지를 발표했다. 핵과 미사일을 버리고 미얀마의 뒤를 따른다면 자신이 2기 임기 내에 평양에도 갈 수 있다는 내용이었다. 오바마는 클린턴 국무장관과 함께 양곤의 명물인 쉐다곤 파고다를 맨발로 걸으면서 바로 이런 상황이 북한에도 적용될 수 있다는 메시지를 보냈다.

오바마는 양곤대학에서 행한 특별 연설에서 이렇게 말했다. "이곳에서 아시아의 나라들에게 이런 메시지를 전달하고 싶다. 과거에 얽매일 필요가 없으며 우리는 미래를 봐야 한다." 특히 그는 북한을 지목하며 "북한 지도부에게 둘 중 하나를 선택하라고 말해왔다. 핵무기를 이젠 버리고 평화와 진전의 길을 가라는 것이다. 만약 그렇게 하면 미국으로부터 원조의 손길을 받을 수 있을 것이다." 오바마는 미얀마의 테인 세인 정부로부터 미얀마 정부가 국제원자력기구의 사찰을 받고, 유엔 안보리의 대북제제 결의 1874호를 준수하겠다는 약속을 받아냈다. 미얀마가 북한과의 무기 거래를 포함한 관계를 사실상 끊겠다는 입장을 밝힌 것이다.

부시보다 집요한 오바마

미국 언론과 씽크탱크는 오바마를 평가할 때 '집요하다', '강인하다'라는 뜻을 가진 'tenacious'라는 단어를 자주 사용한다. 그를 싫

어하는 공화당 측 인사들도 그가 '끈질기고 집요하다'는 점은 인정하
는 편이다.

오바마가 임기 1기에 집요하게 추진한 것으로는 두 가지를 꼽을
수 있다. 국내적으로는 건강보험 개혁안의 법제화, 국제적으로는 핵
무기 없는 세상이다. 오바마는 100년 동안 역대 대통령이 모두 실패
한 건강보험 개혁법 제정에 성공했다. 미국 전역을 다니며 시민들을
만나고 100여 차례 의원들을 만나 설득한 결과이다. 이 과정에서 '사
회주의자'라는 비판도 받았지만 그는 아랑곳하지 않았다.

오바마는 핵 문제에서도 그의 뚝심을 발휘하고 있다. 2009년 '핵
없는 세상'을 주창한 후, 일 년 만에 세계의 이목을 집중시킨 '3종 핵
세트'를 잇달아 내놓았다. 혁신적 내용이 담긴 핵 태세검토보고서 발
표, 러시아와의 핵무기 감축협정 갱신, 1차 핵 안보정상회의 개최.

오바마 스타일은 처음에는 요란하지만 큰 업적을 남기지 못한 부
시의 용두사미 형과 비교된다. 특히 북한을 다루는 방법에서 차이를
보였다. 부시는 재임 중에 기회가 있을 때마다 북한을 비판하는 발
언을 자주 했다. 잘 알려진 '악의 축Axis of Evil' 발언 외에도 김 위원장
을 '피그미'로 부른 기록도 있다. 북한의 1차 핵실험 직후, 유엔 안보
리의 대북 결의 1718호를 이끌어냈지만 그뿐이었다. 보름 만에 북한
과 양자 대화를 가진 후 '면죄부'를 줌으로써 이 결의를 사실상 무효
화시켰다.

오바마는 북한 문제에 대해 크게 목소리를 높이지도, 자주 언급하
지도 않는다. 그 대신 단계별로 단호한 조치로 북한을 옥죄는 집요

함을 보인다. 2009년 북한의 2차 핵실험 후에는 '대북제재 조정관'직을 신설했다. 핵 태세검토보고서에서는 북한을 핵 공격배제 대상에서 제외하는 것은 물론, 핵 확산국으로 규정했다.

2010년 우리 정부의 천안함 피격 조사 발표와 이명박 대통령의 대국민담화 직후 백악관 성명이 발표된 것은 워싱턴 시각으로 각각 저녁 10시와 새벽 1시였다. 한밤중에 북한의 '침략 행위'를 강하게 규탄함으로써 국제사회의 '릴레이 성명'을 주도했다.

오바마는 북한을 지렛대 삼아 목소리만 컸던 '카우보이Cowboy 외교'가 아닌 '영리한Smart 외교'를 해왔다. 천안함 사건을 계기로 일 년 가까이 끌어온 오키나와의 후텐마 미군기지 이전 문제를 단번에 해결했다. 경제위기 이후 수세에 몰려 있던 미중관계의 주도권도 다시 회복하는 기회로 삼았다.

오바마 행정부에서의 북한 문제는 전 행정부에 비해 우선순위가 높지 않다. 스티븐 보즈워스는 다른 특사들과는 달리 터프츠대 플레처 스쿨 학장직을 유지한 채, 부업으로 대부정책 특별 대표를 맡았다.

오바마는 북한 문제를 바라보는 관점도 다르다. 부시를 포함한 전임자들은 북한 문제를 주로 동북아시아의 평화와 안정이라는 면에서 응대했다. 클린턴과 부시 행정부에서 북한 문제는 동북아 상황과 관련된 단골 메뉴였고 국무부 동아태 차관보의 역할도 컸다. 이에 비해 오바마 행정부는 북한 문제를 대량살상무기 비확산의 하부 사안으로 보는 측면이 강하다.

인도처럼 대우 받기를 바라는 북한

2006년 한국 외교부의 대미·대북 담당자들에게 큰 비상이 떨어졌다. 12월 18일 부시 대통령은 인도에 핵연료 판매와 핵기술 이전을 허용하는 핵협력 협정에 서명했다. 핵 확산금지조약NPT에 가입하지 않고 핵무기를 개발한 인도에게 명백한 예외를 인정하고 특혜를 준 것이다. 중국을 견제할 목적으로 이뤄진 이 협정에 따라 인도는 평화적인 목적의 핵 기술 사용은 물론 사실상 핵 국가로의 지위를 인정받게 되었다.

일부 핵 과학자들이 'NPT의 종말'이라고 부르는 이 협정의 윤관이 드러날 때, 베이징에서는 일 년 넘게 중단됐던 북핵 6자회담이 막 재개됐다. 북한과의 협상을 다시 시작한 외교부 당국자들은 이 협정이 북한에 미칠 영향을 크게 우려했다. "도대체 북한의 핵 개발을 어떻게 막으려고 인도에 이런 예외를 인정했는지 모르겠다. 미국이 정말 북한의 핵 개발을 막으려는 의지가 있는지 의심스럽다"는 불만도 터져 나왔다. 한국 외교부의 이런 불만은 밖으로 알려지지 않는 선에서 '외교적으로' 조용히 처리됐다.

그러나 핵 개발에 대한 미국의 이중 잣대를 그냥 넘길 북한이 아니었다. 북한은 곧 크리스토퍼 힐 당시 미 국무부 차관보에게 "우리(북한)를 인도처럼 대우해 달라"고 요구했다. 북한이 '모든 핵 폐기'를 명시한 2·13 합의에 서명한 지 불과 한 달도 되지 않은 시점이었다. 미국이 미·인도 핵 협력 협정에 서명한 것을 상기시키는 발언이었다.

개리 새모어 백악관 NSC 조정관은 "북한은 NPT 비회원국 지위를 만끽하면서 미국으로부터 '핵 협력'을 받고 정치적으로도 관계가 좋은 인도가 되고 싶어 한다"고 분석했다. 미 행정부는 "북한은 절대로 인도처럼 될 수 없다"고 잘라 말하지만 인도처럼 되고 싶다는 북한의 욕망은 쉽게 사라질 것 같지 않다. 북한은 핵 문제에 대한 미국의 이중성을 문제 삼아 끊임없이 핵 보유국 지위를 인정받으면서 미국과의 관계 정상화를 타진할 가능성이 크다.

Xi

Jinping

vs.

Obama

한중관계
vs.
중북관계

새로운 도전을 맞은 한중관계

건국 후 처음 있는 중국의 해양 위협

1992년 한중 수교 이후의 양국 관계는 수치상으로는 '비약적 발전' 그 자체이다. 수교 당시 연간 13만 명이던 양국 방문자 수는 2011년 600만 명을 넘어섰고, 교역액도 64억 달러에서 2206억 달러로 30배 넘게 증가했다.

그러나 정치외교 분야의 상황은 다르다. 북한 문제를 둘러싼 입장 차가 좁혀지지 않는 가운데 탈북자 강제 북송, 중국 어선의 서해 불법조업, 동북공정으로 대표되는 역사 왜곡 등 갈등 요인이 산적해 있다. 시진핑과 박근혜는 이런 문제를 해소하면서 양국관계를 긴밀히 해야 한다는 과제를 안고 있다.

시진핑 체제의 중국은 본격적으로 '해양 대국'을 내세우면서 한국과 적지 않은 긴장을 일으킬 것으로 예상된다. 중국은 자국의 첫 항공모함인 랴오닝함을 본격적으로 활용하겠다는 입장을 숨기지 않고 있다. 서해와 맞닿은 다롄항을 군사기지화하면서 중국발 해양 위협이 가시화되고 있다는 분석도 있다.

특히 중국이 이어도를 해양 감시선과 항공기를 동원한 정기 순찰 대상에 포함한 것은 10~20년을 내다본 포석이다. 미국이 아시아 중시 정책을 편다고 하지만 국방력을 대규모로 감축하면서 동아시아·태평양 지역에서 힘의 공백이 불가피해진다. 이 틈을 중국이 적극적으로 파고들어 아시아의 대양을 장악하는 해양 대국으로 나서려는 것이다.

중국은 이미 1980년대부터 해양 세력화를 위한 해군의 3단계 목표를 추진해왔다. 원정 작전을 수행하기 위한 기동 함대도 구축하고 있다. 이런 계획에 따라 중국은 이어도를 단순한 어업 문제 차원에서 접근하는 게 아니라, 이 해역을 아예 자기들의 관할권으로 삼으려는 계획을 갖고 움직인다는 분석도 나온다.

제주도 남단 마라도로부터 149킬로미터 떨어진 곳에 있는 수중 암초 이어도는 국제법의 어떤 규정을 적용해도 우리나라의 관할 수역 안에 속한다. 우리나라의 주권 범위 내에 있는 이어도를 활용해서 우리가 종합 해양과학기지를 설치, 운영하는 것은 정당한 주권 행사이다. 하지만 중국은 이에 항의하는 차원을 넘어서 정기적인 순찰 대상에 포함시키는 등 충돌도 불사하려는 모습이다. 중국은 이어도를 쑤옌자오蘇巖礁로 부르며 중국의 해역에 속한다고 주장해왔다.

이어도 외에도 일본과 영유권 분쟁이 있는 댜오위댜오(센카쿠 열도) 문제에 대해 강경한 목소리를 내는 등 중국은 '해양 권익'을 적극 주장하고 있다. 중국식의 해양 경비대를 창설한다는 관측도 나온다.

세종연구소 이대우 수석연구위원은 보고서를 통해 "중국의 해군력 증강은 목표 연도보다 빨리 진행되고 있다. 강력한 경제력을 바탕으로 2020년경에 중국 해군이 대양 해군 면모를 갖출 가능성을 보여준다"고 분석했다.

바로 이런 이유 때문에 노무현 정부에서는 중국의 해군력 팽창을 막기 위해 제주도 해군기지 건설을 시작했다. 하지만 이명박 정부 들어 일부 좌파단체들의 반발로 공사는 13개월 동안 지연되었다. 해군은 2015년 12월까지 공사를 마무리하고 진해와 부산에 나뉘어 있는 기동전단을 이곳에 배치해 중국과 일본의 해양 분쟁에 대비하겠다는 계획이다. 이 기지에는 약 20척의 크고 작은 함정과 잠수함이 배치될 예정이지만, 공사가 완결되기까지는 여전히 험난한 과정을 거쳐야 한다.

간도협약의 '외교 카드'화

2004년 10월 중국과 일본 간에 1909년 체결된 간도間島협약으로 외교부에 회오리가 몰아쳤다. 외교부는 간도협약이 무효라는 입장을 밝힌 '국정감사자료집'을 국회의원들에게 배포했다. 국정감사자료 7권 186쪽 '1909년 청나라와 일본의 간도협약내용' 마지막 부분은 간도협약이 무효임을 밝히고 있다. "우리 정부는 1905년 우리의 외교권을 박탈한 을사조약이 강박에 의해 체결된 무효조약인 만큼, 이의 연장선상에서 일본이 우리의 의사와 무관하게 체결한 1909년 간도협약은 무효라는 입장을 견지함."

그러나 이러한 표현이 중국과의 외교마찰을 불러일으킬 수 있다는 우려가 제기되자 긴급히 이를 수거했다. 당시 외교부에서는 조약국(현 국제법률국)이 중심이 돼 '간도협약' 무효 입장을 밝혔다가 중국을 관할하는 아시아태평국(현 동북아시아국)의 주장으로 회수했다.

새로 배포된 국감자료집에는 "간도문제는 북한을 포함한 여러 나라가 관련된 매우 복잡하고 민감한 문제로, (중략) 신중히 다뤄나가야 할 문제"라는 입장만 남겨뒀다. 당시 정부 관계자는 "간도협약이 무효라는 것이 우리의 확고한 입장이지만, 최근 중국이 고구려사 문제와 관련해 이 부분에 민감하게 반응하는 점을 고려해 대외에 밝히지 않기로 했다"고 말했다.

이 문제에 관한 정부의 입장이 드러난 것은 처음이었다. 간도협약은 사실상 조선의 영토였던 간도를 일본이 중국에 넘겨준 대가로 만주 철도 설치권 등 특권을 얻은 조약이다. 간도협약이 무효라면 백두산과 두만강 북쪽 지역이 우리나라 영토라는 것이 우리 정부의 입장이 된다.

북한은 사실상 간도문제를 포기한 것으로 분석된다. 1962년 평양에서 김일성과 저우언라이周恩來가 서명한 북한과 중국 사이의 '조·중변계조약'은 압록강과 두만강을 국경으로 정해 1909년의 간도협약을 사실상 추인하는 내용이었다.

중국은 한국이 간도협약을 제기할 가능성을 예의 주시하고 있다. 2004년 주한 중국대사를 지낸 우다웨이 외교부 부부장은 방한 당시 우리 정부에게 간도 영유권 문제를 거론하지 않을 것을 약속해달라고 요구했다.

당시 우다웨이는 최영진 외교부차관에게 "한국이 동북지방 영토 국경 문제에서 중국 정부와 국민을 우려시키는 시도가 있다"며 간도 문제를 언급했다. 당시 59명의 한국 국회의원이 간도를 중국에 넘겨준 간도협약 무효결의안을 국회에 제출해 이에 대한 관심이 고조되고 있었기 때문이다. 우다웨이는 "간도 영유권은 중국의 중요한 관심사이다. 한국이 이 문제를 절대 거론하지 않겠다고 합의해달라"는 뜻을 전해왔다.

반기문潘基文 당시 외교통상부 장관은 내외신 브리핑에서 "한중관계의 중요성을 발전시켜 나가는 것이 전체적인 국익 틀에서 중요하다. 간도협약은 북한을 포함한 여러 나라가 관련된 복잡하고 민감한 문제이다. 더 정확한 역사적 자료를 수집하고 고증을 거친 후 전문가들의 연구결과를 바탕으로 신중히 다뤄야 한다. 간도협약은 법리적으로, 또 국제정치적으로 보는 것이 있고, 복잡한 고려 요소가 있다. 간도협약은 복잡하고 민감한 문제로 더 정확한 역사적 고

증과 신중한 입장이 필요하다고 (이전에) 발표했다"고 했다.[37]

외교부의 이런 입장은 지금 이 문제로 중국을 자극하는 것은 실익이 없다는 판단에서 나왔다. 이 문제가 중국을 자극해 향후 한중 외교관계에서 불이익을 받을까 우려하기 때문이다.

하지만 전문가들은 지금 이 문제를 확실히 제기하지 못하면 간도는 영영 중국 영토로 굳어질 수 있고, 우리가 중국에 쓸 수 있는 외교적 카드도 그만큼 줄어든다고 입을 모은다. 간도협약은 2차대전 후 제국주의가 청산된 뒤에도 원래대로 환원되지 않은 거의 유일한 조약이다. 신형식 백산학회 회장은 "언제 어떤 방식으로 통일이 될지 아무도 모르는 일이다. 간도문제를 공식적으로 논의조차 못하게 하는 것은 말이 되지 않는다. 일제가 제작한 지도에도 드러나듯 간도는 명백한 우리 영토였고, 1909년의 청일 간도협약은 국제법상으로도 무효이다. 만일 정부가 제기하지 못한다면 국회와 학계에서라도 이 문제를 이슈화해야 할 것"이라고 말했다.

중국 어선 1만 척이 불법조업 중

2011년 우리나라 해경이 불법조업 중이던 중국인 선장에게 살해

---

[37] 당시 노무현 정부에서 자주외교를 강조한 친노親盧 측 인사들은 '간도협약은 무효'라는 것이 우리 정부의 당연한 입장이어야 한다고 주장했다.

되는 비극적인 사건이 발생했다. 중국 정부는 공식적으로 유감의 뜻
을 밝혔다. 잠시 서해상에서의 중국인 불법조업이 줄어드는 듯했지
만 지금까지도 이들의 불법조업은 여전하다. 2012년에는 불법조업
중이던 중국 어부가 우리 해경이 쏜 고무총탄에 맞아 사망하는 사태
도 발생했다. 이보다 더 심각한 사태를 막으려면 양국의 근본적인
대책이 필요하다.

중국 국적으로 활동하는 어선은 우리의 10배가 넘는 45만 척이다.
이중 1만 척이 서해에서의 불법어로 행위에 가담하고 있는 것으로
파악된다.

무엇보다 불법조업을 원천적으로 막기 위해 중국 정부의 협력을
이끌어내야 한다. 서해상의 경찰 병력을 아무리 강화해도 중국 정부
가 서해 불법 조업에 나서는 중국 어선 1만 척을 단속하지 않는 한
역부족이다. 중국 정부 스스로 불법어로에 나서는 배를 단속하지 않
으면 실효성이 없다.

우리 해경이 살해된 후, 두 나라의 고위급 외교관이 대표를 맡아
문제를 해결하는 협의체를 설치했다. 어업·법무·경찰·영사 분야의
관리들이 참여해 서해상에서 빈발하는 중국 어선들의 불법조업 문
제를 다루자는 것으로 양국간의 '핫 라인' 역할을 하고 있다.

우리 정부는 불법조업으로 체포된 중국 선원에 대해 일절 관용을
베풀지 말고 엄정한 조치를 취해야 한다. 불법조업으로 나포된 중국
어선의 담보금을 대폭 인상하고 나포된 중국 어선에 실려 있는 생선
도 무조건 압수해서 처분해야 한다. 또한 우리 해경에게 물리적 폭

력을 가한 선원에 대해서는 한국뿐 아니라 중국 내에서도 처벌 수위를 높여야만 한다

더욱 더 근본적인 해법으로 우리 영해로 들어오는 중국 어선의 수를 줄이는 방안을 찾아야 한다. 거대한 그물로 해저 밑바닥까지 훑는 저인망식 조업에 대한 규제가 필요하다.

김영환 전기고문 사건

중국은 수교한 지 20년이 됐지만 탈북자들은 물론 한국 국민들의 인권 문제에도 무관심하다는 비판을 받고 있다. 2012년에는 북한 인권운동가 김영환씨가 중국 공안에 전기고문을 당한 사건이 알려지면서 한중간에 긴장이 고조됐다. 중국 공안에 붙잡혀 114일 동안 억류됐던 김영환은 '살이 타는 냄새'를 맡을 정도의 전기고문을 당한 것으로 파악됐다.

이번 사건이 한중 갈등으로 확대된 주요 이유 중 하나는 김씨가 구금된 지 29일 만에야 영사 접견이 이뤄졌다는 것이다. 중국 공안은 김씨를 3월 29일 체포한 후, 4월 26일에야 우리 측 영사의 1차 접견을 허용했다.

본인 증언에 따르면 중국 공안은 4월 10일부터 약 1주일간 김씨를 혹독하게 고문했다. 김씨 가족 등은 체포된 직후부터 우리 정부에 김씨가 고문을 당할 우려가 있다는 사실을 전달했다고 한다. 그런데

도 영사 접견이 한 달 가까이 이뤄지지 않은 것에 의문을 제기했다. 김씨 체포 직후 우리 영사가 그를 만났다면 고문을 막을 수 있었고, 이 사건이 한중 갈등으로 번지지 않을 수 있었다. 외교부 조태영 대변인은 브리핑에서 "영사 면담이 얼마나 신속하게 이뤄져야 하느냐는 부분이 분명치는 않지만, 29일이라는 시간이 흐른 것에 대해서는 상당히 유감스럽게 생각한다"고 말했다. 우리 영사가 김씨에 대한 전기고문을 확인한 것은 2012년 6월 11일 2차 접견에서였다.

김씨가 고문당한 것을 파악한 직후 이 문제에 대한 다른 '헤법'을 찾아야 했다는 지적이 나왔다. 중국이 우리 국민을 무단 감금 후 고문했다는 진술이 나온 이상 중국 측에 정식으로 이를 문제 삼았어야 했다는 것이다. 새누리당 조명철 의원은 국회 외통위에서 "최근 중국이 과거에 비해 대한민국과 대한민국 국민을 가볍게 생각하고 함부로 대하는 느낌이 든다"고 했다. 김씨는 이례적인 경우이지만 그동안 중국 공안이 한국인들의 인권을 유린하는 사건이 종종 일어나고는 했다. 시진핑 시대에는 우호적인 한중관계를 위해 인권 문제에 더욱 신경을 쓰도록 해야 한다는 제언들이 많이 나오고 있다.

'중국 예외주의'에 빠진 한국

김영환이 구금 중일 때 중국의 멍젠주孟建柱 공안부장이 방한했다. 우리 국민이 중국에서 50센티미터의 전기봉으로 '살이 타는 냄새'를 맡을 정도의 고문을 받았지만, 멍 부장에게 김영환 문제를 제기하지 않은 사실이 뒤늦게 알려져 논란이 일었다.

김성환 외교부 장관은 "당시는 김씨 석방이 급했기 때문에 석방 문제를 제기했고, 가혹행위는 중국 외교부에 쭉 제기하고 있었기 때문에 멍 부장에게 따로 제기하지 않았다"고 했다. 외교부는 하금열 대통령실장이 국회에서 "정부가 할 수 있는 모든 일을 하겠다"고 한 후에야 이 문제에 대한 소극적인 입장을 바꿨다. 뒤늦게 "중국에 수감 중인 우리 국민 625명에 대한 가혹행위가 있었는지 전수조사를 하겠다"고도 발표했다.

외교관들의 말대로 중국 문제에서 한국 정부가 사용할 수 있는 외교적인 수단이 제한된 것은 사실이다. "중국 측엔 테이블에 놓아두고 쓰는 카드가 10개라면 우리는 2~3개에 불과하다"는 말을 자주 한다. 그렇다면 한국 정부는 최적의 순간에 상대방을 압도할 수 있는 최선의 카드를 내놓는 전략으로 맞서야만 한다.

김씨가 받은 전기고문은 그 자체만으로도 '상황 역전Game Change'을 가져올 수 있는 사안이었다. 전 세계가 중국의 인권 탄압 문제를 주시한다는 사실에 착안했다면 중국에 읍소泣訴하는 식의 접근법은 달라질 수 있었다. 그런데도 외교부는 중국 공안이 우리 국민을 고문했다는 사실을 파악한 후에도 이를 외교수단으로 활용할 생각을 하지 못했다.

2012년 초에 중국의 비협조 때문에 주중駐中 한국 공관에 3년 가까이 억류되어 있었던 탈북자들을 한국으로 무사히 데려왔던 사례를 참고할 수도 있었다. 당시 국제 여론은 물론 중국 내 여론까지 악화되자 중국 정부가 신속하게 처리한 사례를 응용했다면 이렇게 심각한 한중 갈등으로 번지지 않았을 것이다. 2000년대 초까지만 해도 우리 외교부에는 "미국이니까 어쩔 수 없다"는 '미국 예외주의'가 만연했다. 그런데 최근에는 "중국인데 어떻게 하느냐"는 '중국 예외주의'가 퍼져가고 있다.

한국이 동아시아에서 펼쳐지는 미중간의 경쟁과 협력을 적절하게 활용해야 한다는 주장들도 나오고 있다. 미국의 대표적인 중국 전문가 해리 하딩 버지니아대 교수는 〈조선일보〉와의 인터뷰에서 "무역에서는 한중관계가 앞서고, 안보에서는 한미관계가 더 튼튼한 것이 어떤 면에서는 모순이다. 하지만 그런 복합적인 현실이 오히려 동북아 지역의 안정성을 강화시킬 수 있다고 본다.[38] 한국은 중국의 미래가 불확실하기 때문에 미국과 긴밀한 관계를 갖는 '헤징' 외교정책을 펼칠 필요가 있다"고 말했다.

하딩 교수는 한국의 적극적인 역할을 주문한다. "한국은 미중관계가 좋지 않은 방향으로 갈 때 두 나라 사이가 개선되도록 중재하는 역할을 할 수 있다. 1989년 천안문 사태가 발생했을 때 일본은 나름 미중의 대립을 막으려 노력했다. 한국도 그런 역할을 할 수 있다고

---

[38] 해리 하딩은 데이비드 샴보와 함께 미국의 대표적인 중국통 학자로 꼽힌다. 하딩은 '깨지기 쉬운 관계, 1972년 이후의 미국과 중국'을 비롯한 다수의 중국 관련 저술을 발표해 주목을 받았다.

본다." 미국과 중국은 북한 정권의 붕괴, 북한 정권 멸망 후 영토 문제를 놓고 서로 대립하는 입장이 될 수 있는데, 한국이 미중의 견해 차를 조정하는 역할을 할 수 있다는 것이다. 그는 양국이 대치하는 입장에서 화해하는 방향으로 가도록 한국이 영향력을 발휘할 수 있다고 말한다.

동북아 구도 바꾸는 한중 FTA

남북통일로 가는 '기회의 창'

박근혜와 시진핑은 5년간의 공통 임기 내에 한중 FTA협상을 마무리 지을 가능성이 크다. 이는 한미 FTA보다 훨씬 더 큰 규모로, 양국은 물론 동아시아에 미칠 영향이 크다. 특히 한중 FTA는 정치적으로도 적잖은 파장을 불러일으킬 수 있다. 지금껏 동북아 안보 지형은 한미일 중심의 태평양 측과 중국·북한이 맞서는 냉전의 틀을 벗어나지 못했다. 한중 FTA 협상이 타결되고, 그에 따른 경제협력이 급속히 강화되면 이런 전통적 구도에 큰 변화를 가져올 가능성이 크다. 한중 FTA는 경제적 측면에서 일종의 동맹이므로 지금과는 달리진 변화된 상황을 맞을 수 있다.

한중 연간 무역은 한미, 한일 무역을 합친 것보다 훨씬 더 액수가 많다. 한중 FTA를 통해 '경제동맹'이 가속화될 경우, 중국이 지금처럼 남북한 통일 문제에서 소극적으로 나오지 않으리라는 전망도 있

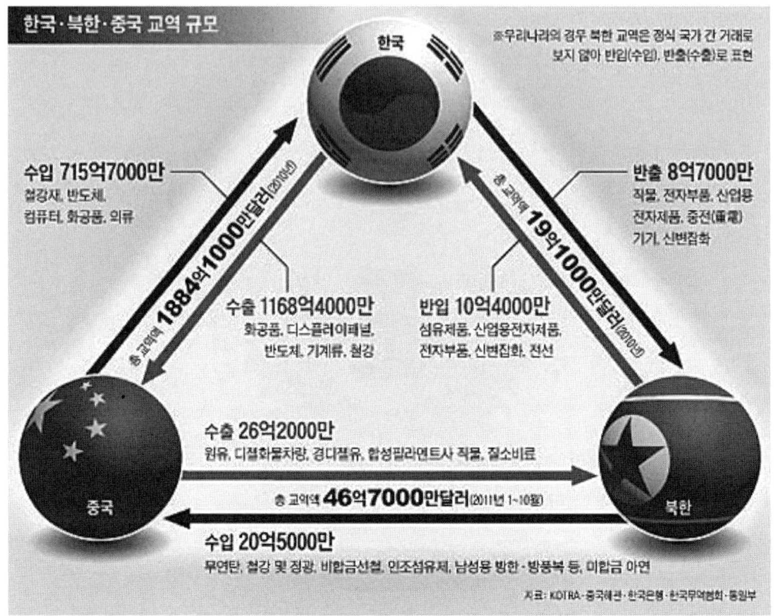

한중 FTA와 북한 간의 교역 규모(2010년 기준)

다. 한중의 경제협력이 심화되고, 교류와 협력이 튼튼해진다면 '한국 주도의 통일 한반도'를 두려워 할 이유도 줄어들 수 있다. 한중 FTA는 단순한 경제 협정을 넘어 동북아의 지정학적 구도를 뒤흔들 수 있는 외교안보적 측면이 강하다. 특히 한중 FTA는 앞으로 남북통일까지 이끌어내는 국가 전략 차원에서 접근해야 할 사안이다. 장기적으로 한중 FTA는 북한 상황을 안정적으로 관리하면서 통일로 가는 과정에서 우리에게 기회의 창이 될 수 있다는 분석이 많다.

1992년 한중 수교 후, 우리는 북한을 안정적으로 다루고 통일을 추진하기 위해 중국에 여러 방안을 제안했지만 번번이 실패했다. 이런 상황에서 경제적 외피를 두른 한중 FTA를 통해 두 나라 간 접촉면을 크게 넓히는 것이 우리에게 외교안보 카드도 늘려주는 효과적인 접근법이다.

한중 FTA가 성공적으로 추진되면 중국과 북한 문제를 논의하고, 궁극적으로는 통일에 대한 접점을 만들어가는 기회가 될 수 있을 것이다. 김정일 급사 이후 급변 사태 가능성, 탈북자 문제 등 한중이 논의해야 할 사안이 많은 상황에서 한중 FTA라는 협의 채널은 긍정적 역할을 할 것이라는 관측도 나온다.

중국 역시 한중 FTA를 경제적인 측면뿐 아니라 전략적으로 접근할 가능성이 크다. 국립외교원 윤덕민 교수는 "중국으로서는 미국이 포위 전략을 쓰는 상황의 탈출구로 한중 FTA를 개시하자고 요청한 측면이 있다. 한중 FTA는 우리의 좋은 외교 카드가 될 수 있다"고 했다.

"중국을 통해서 북한과도 통한다"

정부 안팎에서는 한중 FTA를 중국과 통해서 북한과도 통하는 '통중통북'通中通北의 기회로 삼아야 한다는 주장이 많다. 양국 협력을 통해서 북한 문제도 서서히 해결할 수 있는 레버리지가 생긴다는 면에서 의의가 있다. 한중 FTA를 통해 중국의 문을 더 크게 열어 북한을 개혁개방으로 이끌고, 남북한과 중국의 삼각관계를 아우르는 전략으로 다뤄야 한다는 뜻이다.

통일연구원의 최진욱 북한 연구센터 소장도 "중국과의 FTA는 경제적인 효과가 미지수이고 불확실한 것이 많아 경제외적 요소를 감안해서 추진하는 것이다. 비경제적인 측면에서도 중국과의 관계를 긴밀하게 하려는 기대감이 깔려 있다"고 말했다.

정부가 김정일 위원장 급사 직후인 2012년 한중 정상회담에서 두 나라 FTA 협상 개시 절차에 착수한 것도 이런 맥락에서다. 북한의 유일한 동맹국으로 김정은 체제는 중국을 의지할 수밖에 없기에 한중 FTA는 장기적으로는 우리에게 유리하게 작용할 수 있다. 중국은 1992년 수교 이후 '경제는 남한, 정치는 북한'이라는 외교 원칙을 유지해왔다. 한중 FTA가 이 틀을 깰 수 있어야 한다.

그러나 한중 FTA를 통해서 북한을 견제하는 것은 우리만의 희망사항에 가깝다고 보는 비관적 분석도 있다. 중국이 아무리 한국과의 경제관계가 긴밀해진다고 해도 쉽게 '두 개의 한국' 정책을 바꾸지는 않을 것이라는 주장이다. 남성욱 국가안보전략연구소장은 "단기적으로는 한중 FTA가 대북관계에 미칠 영향이 크지 않을 수 있으나, 장기적으로는 북한을 개혁개방으로 유도하는 지렛대가 될 수 있다"고 말했다.

이를 위해선 한중 FTA 논의에 자연스럽게 북한이 들어올 수 있도록 해야 한다. 개성공단을 비롯해 남북 교류에 도움이 되는 조항을 삽입할 필요가 있다는 지적도 있다. 이화여대 최원목 교수는 "한중 FTA를 통해서 중국과의 경제 통합을 높이면서 북한도 그 체제에 들어오라고 유인할 필요가 있다"고 말했다. 한중 FTA는 또 우리와 역사적으로 인연이 깊은 동북 3성에 대한 투자를 증대시켜 북한에 간접적인 영향을 끼칠 수 있다.

북한의 의심을 떨쳐 내려면 한중 FTA와 함께 남북 대화도 활발하게 진행해야 한다. 한중 FTA 협력으로 북한에 대한 묵계가 형성되지 않을까 우려할 것이기 때문에, 다양한 방법으로 북한의 불신을 덜어 줄 필요가 있다.

남북한 사이에서 줄타기하는 중국

전인대 부위원장을 북한에 보낸 시진핑

시진핑은 2012년 11년 총서기가 된 지 2주 만에 리젠궈李建國 전국인민대표대회 상무위원회 부위원장을 비롯한 대표단을 보냈다. 중국 측에서는 왕자루이王家瑞 대외연락부장, 왕샤오후이王曉暉 중앙선전부 부부장, 류제이劉結一 대외연락부 부부장이 참석했다. 원래는 류치바오 당 선전부장을 보낼 예정이었으나 막판에 북한을 배려해서 격을 높였다.

시진핑은 당 대회 결과를 알려주며 "전통적인 중·조 친선협조관계를 끊임없이 공고, 발전시키는 것은 중국 당과 정부의 확고부동한 방침"이라고 했다. 시진핑은 당시 전달한 친서로 김정은을 초청했고, 장거리 미사일 발사를 만류한 것으로 알려졌다. 〈조선중앙통신〉에 따르면 김정은은 "중국 공산당 제18차 대회는 중국 특색의 사회주의 건설을 다그치기 위한 새로운 이정표를 마련한 역사적 계기가 됐다. 중국이 사회주의 사회 건설이란 전략적 목표를 실현할 것으로 기대, 확신한다"고 답했다.

시진핑이 취임 후 이명박 대통령에게 보낸 전문에서는 "한중 전략적 협력 동반자 관계가 새로운 정세 하에서 더 큰 발전을 거두기를 희망한다"고 말했다. 총서기 선출을 축하하는 이 대통령의 전문에 대한 답신이었다. 시진핑은 "한중은 우호적 이웃 국가로 수교 후 지난 20년간 양국 관계는 괄목할 발전을 이뤘다. 중국은 양국 관계를 고도로 중시하고 있는 바, 한국과 공동으로 노력해 교류와 협력을 강화하고 한반도 평화와 안정을 수호할 것"이라고 했다.

1953년생인 시진핑은 이전 세대보다는 북한과의 동맹 의식이 약한 편이다. 그는 한국을 바라보는 푸젠성, 저장성, 상하이에서의 근무를 통해 한국과 많은 인연을 맺었다. 푸젠성 성장 시절에는 KBS와의 인터뷰를 통해서 한국과 우호적인 관계를 맺고 싶다는 메시지도 보냈다.

아직 그의 대북관對北觀은 구체적으로 명확히 알려지지 않았다. 그러나 그가 3대 세습으로 이어진 북한 체제를 긍정적으로 보고 있다고 분석하는 사람들은 거의 없다. 다만 중국으로는 동아시아로의 선회 정책을 내세우며 전속력으로 달려오는 미국에 맞서기 위해 북한의 김정은 체제를 활용할 것이라는 관측이 많다.

시진핑은 기존의 대북정책을 쉽게 바꾸지는 않을 것이다. 2012년 12월 북한 장거리 로켓 발사에 대해 적극적인 제재를 주장하는 미국에게 부정적인 입장을 보인 것도 이런 맥락에서이다. 북한을 한쪽 구석으로 몰기보다는 점진적으로 개혁개방을 추진하면서 영향력을 유지할 것으로 보인다.

후진타오 시절에는 북한 문제에 적극적으로 대응하지 못했다는 비판이 많았다. 중국 지도부의 경고에도 불구, 핵실험을 감행한 북한에 대해 유엔 안보리의 대북 제재에 찬성하긴 했으나 큰 실효를 거두지 못했다. 결국 중국은 미국과의 패권 경쟁 구도와 실리적인 측면에서 북한을 관리하려 할 것이라는 관측이 유력하다. 김정일은 수시로 중국을 방문하면서 관계 개선에 주력했는데 김정은은 어떻게 나올지가 관건이라는 전망도 있다.

아직도 여전히 먼 관계

시진핑이 한국에 좋은 이미지로 다가온 것만은 아니다. 특히 그는 2010년 국가부주석 시절 6·25 전쟁과 관련해 민감한 발언을 했다. "6·25 전쟁은 평화를 지키고 침략에 맞선 정의로운 전쟁이다." 이에 김성환 외교통상부 장관은 "6·25가 북한의 남침에 의한 전쟁이라는 것은 변할 수 없는 사실"이라며 반박했다. 그는 내외신 정례 브리핑에서 "이 문제에 대해서는 모든 나라가 동의하고 있다. 6·25는 이미 국제적으로 논쟁이 끝난 문제이기 때문에 특별히 추가로 말할 내용은 없다"고 말했다. 외교부 관계자도 "명백한 역사적 사실에 대해 중국과 논쟁하고 싶은 생각이 없다"고 말했다.

외교부는 공식 발표를 통해 "6·25가 북한의 남침으로 발발했다는 것은 국제적으로 공인된, 부인할 수 없는 역사적 사실이다. 중국은 유엔 안보리 상임이사국이자 국제사회의 책임 있는 국가"라고 입장을 밝혔다. 당시 자유선진당 이회창 대표도 "한국과 한국민을 무시하고 모독하는 발언이다. 중국 측에 해명과 사과를 요구해야 한다. 남북관계와 한반도 통일에 결정적 영향력을 가진 나라의 차세대 지도자가 좁은 역사 인식과 '모택동주의'적 사고에 집착해 있다면 참으로 우려스러운 일이 아닐 수 없다"고 했다. 월터 샤프 주한미군 사령관도 워싱턴의 한국전쟁 참전 기념관에서 시진핑의 발언에 대한 질문을 받고, "6·25 전쟁은 북한의 남침으로 시작된 전쟁이다. (한미 양국은) 참전 용사들이 피로써 지킨 평화와 자유를 지켜나갈 것"이라고 말했다.

중국 〈신화통신〉과 〈인민일보〉는 북한의 남침을 사실상 인정한 중국 인민해방군 장성의 2005년 기고문을 온라인 홈페이지에 다시 게재했다. 쉬옌徐焰 인민해방군 국방대학 교수의 이 글은 "최근 러시아 기밀자료가 공개됨으로써 조선전쟁(한국전쟁) 발발의 유래는 이미 많은 사람이 알고 있을 것"이라며 남침을 인정했다. 그러나 쉬 교수는 "조선전쟁(1950년 6월 25일~1953년 7월)과 항미원조전쟁抗美援朝戰爭 (1950년 10월~1953년 7월)은 구별해야 한다. 미국의 참전과 대만에 대한 미군 전개에 맞서 중국이 국가 보위에 나선 것이 항미원조전쟁"이라고 주장했다.

장원링張蘊嶺 중국 인민정치협상회의 위원 겸 중국 사회과학원 국제연구학부 부장의 인식은 중국이 이런 입장을 고수하는 배경을 아는 데 도움이 된다. 장 부장은 "중국은 북한을 움직일 수 있는 영향력을 가진 나라인데 왜 그 힘을 북핵 저지와 북의 무력 도발 억제에 쓰지 않느냐?"는 질문에 이렇게 반발했다. "중국은 우리의 대북 지원을 대북 압박과 직접 연계하는 것을 반대한다. 우리마저 북한을 지원하지 않으면 북한은 더 어려워질 것이다. 이것은 북한의 불안정을 가져오고 북한을 구석으로 몰게 되어 무슨 일이 벌어질지 모른다."[39]

그는 중국이 북한의 천안함·연평도 공격에서 대국에 걸맞은 책임 있는 행동을 하지 못했다는 비판에도 "만약 우리가 한국 편을 들었으면 무슨 일이 발생하겠는가. 우리는 상황이 통제 불능으로 가는 것을 우려할 수밖에 없다. 우리는 기본적으로 한반도 통일에 반대하지 않는다. 그러나 우리는 북한이 무너지도록 내버려둘 수 없다. 우리가 바라는 것은 북한 체제의 별 탈 없는 전환"이라고 했다.

해리 하딩 버지니아대 교수는 중국의 한반도 전략에 비판적이다. "중국은 '한반도의 평화와 안정을 바란다'고 말한다. 여기서 '평화'는 남북한 전쟁이 없는 상태이고 '안정'은 북한이 붕괴하지 않는 것이다. 중국은 전 세계에 얼마 남지 않은 사회주의 체제국가의 하나

---

[39] 장원링은 2011년 2월 국제교류재단이 주최한 컨퍼런스에 참석한 후, 인터뷰를 가졌다. 그는 이 컨퍼런스에서 크리스토퍼 힐 전 미 국무부 차관보와 '6.25 전쟁에서의 미국과 중국의 역할'에 대한 격한 논쟁을 벌여 주목을 받았다.

인 북한의 붕괴를 바라지 않는다. 중국은 당장 한반도의 통일을 바라지도 않는다."

주목 받는 '우크라이나 핵 포기 모델'

오바마-시진핑 시대에는 북핵 문제 해결방식으로 '우크라이나 모델'이 주목받을 수 있다. 1990년대 미국이 추진한 우크라이나 해법은 긍정적인 혜택만 주는 단선單線 정책이 아니다. '비핵화 선물'만을 열거해서 6312개의 핵탄두, 260개의 핵물질, 537기의 대륙간탄도미사일을 제거한 것은 아니었다. 1991년 구소련체제에서 완전 독립하기 직전의 우크라이나는 원래 비핵화를 약속했다. 우크라이나 최고의회는 당시 발표한 성명에서 "구소련의 핵무기 존재는 일시적인 것이며, 러시아로 모든 핵무기를 이관, 비핵화된 나라가 될 것"이라고 했다.

그러나 두 달 후 독립국가가 된 우크라이나는 입장을 바꿨다. 지금의 북한처럼 핵무기를 보유해야 다시는 소련(러시아)에 통합되지 않을 것이라는 논리가 휩쓸었다. 정치권에선 '핵무기 포기＝주권 포기'라는 공식을 만들어 배포했다.

국제적으로도 우크라이나의 핵무기 포기가 장기적으로 우크라이나에 유리할 것이냐는 논쟁이 있었다. '공격적 현실주의' 이론으로 유명한 시카고대의 존 미어샤이머 교수는 기고를 통해 "우크라이나의 핵무기 포기는 국가 이익을 위해 바람직하지 않다"고 주장했다.
미국은 우크라이나에서 핵보유국 추진 움직임이 일자, 넌-루가Nunn-
Lugar 프로그램에 따라 핵 폐기 대가로 체제 안전보장, 경제적 인센티
브, 서방사회로의 편입 보장을 약속했다. 그렇지 않을 경우, 심각한
미국의 적대정책에 직면하게 될 것을 분명히 경고했다.

당시 제임스 베이커 미 국무장관은 "우리는 구소련 체제의 멸망으
로 새로운 대량살상무기 국가가 떠오르는 것을 바라지 않는다"고 했
다. 미국은 우크라이나가 전술핵무기를 러시아에 넘겨, 궁극적으로
폐기하지 않을 경우 경제원조는 없다는 사실을 명백히 밝혔다. 또
여러 경로를 통해 우크라이나가 '핵 강국' 지위를 가지려 한다면, 미
국의 군사적 목표가 될 수 있다는 경고를 전달했다. 이와 함께, 영국
을 비롯한 유럽 국가들이 우크라이나가 비핵화되지 않으면, 유럽 사
회에서 인정받을 수 없을 것이라는 입장을 밝히도록 했다.

'비핵화된 우크라이나'가 받을 혜택과 '핵보유국 우크라이나'에게
가해질 불이익을 동시에 언급한 미국의 정책은 곧 결실을 맺었다.
1994년 미국은 러시아, 우크라이나와 함께 3자협정을 체결해 우크
라이나의 비핵화를 약속 받았다. 우크라이나가 비핵화 결단을 내리
지 않으면 안 되게끔 압박정책을 병행한 결과였다.

이런 정책이 북한에서도 성공하려면 시진핑의 적극 협조가 필요
하다. 그동안 북핵 문제에 대해서는 중국이 적극적으로 대응하지 않
은 결과 사태를 더 악화시켰다는 비판이 많다. 시진핑은 이제 북핵
문제 해결이 미국과의 '신형대국관계'를 만드는 데 유리하다는 것을

알아야 한다.

시진핑, 북한에 편향되었나?

상당수 중국 문제 전문가들은 북한을 보는 시진핑의 시각이 아버지 시중쉰의 영향을 받았다고 지적한다. 김일성과 비슷한 연배로 15세에 공산당원이 된 시중쉰은 '중북동맹' 의식을 갖고 있었다.

시진핑이 국가부주석에 취임한 후 처음 방문한 국가도 북한이었다. 평전《시진핑》의 저자 홍순도는 "그가 아버지로부터 북한 인식을 고착시킨 교육을 받았을 가능성은 100%에 가깝다. 북한을 보는 그의 눈은 더 이상 설명이 필요하지 않다"고 말했다. 이미 인민해방군의 6·25 참전 60주년 기념식에서 "제국주의 침략을 막기 위한 정의로운 전쟁"이라고 말해 논란을 일으킨 적도 있다. 이런 이유로 시진핑이 2012년 12월 12일 유엔 안보리 제재를 무시하고 장거리 로켓을 발사한 북한에 어떻게 대응할지 주목하는 사람이 많았다. 이번 사태가 시진핑 체제의 대북정책 방향을 보여주는 시금석이 될 것이라는 관측 때문이었다.

시진핑은 유엔 안보리 결의를 위반한 북한에 대해 단호한 모습을 보여주지 못하다가 미국의 강력한 주장에 밀려 2013년 1월 23일 42일 만에 결의안 채택에 찬성함으로써, 여전히 정치적으로는 북한에 편향되어 있다는 지적도 나왔다.

시진핑의 이런 입장은 2012년 4월 북한이 장거리 로켓을 발사했을 때 중국이 보였던 신속한 대응과는 대비된다. 당시 유엔 안보리는 중국의 찬성을 바탕으로 북한의 로켓 발사 3일 만에 의장 성명을 채택했다. 이 성명은 북한이 탄도미사일 기술을 이용한 어떠한 추가 발사도 금지한다고 경고했다. 추가 도발할 경우에는 이에 상응하는 조치를 하기로 하고 제재 대상에 3개 기업과 기관을 더했다.

시진핑은 김정일 사망 1주기 추모를 명분으로 당 서열 5위인 류원산劉云山 정치국 상무위원을 베이징 주재 북한 대사관에 보내 중북관계의 중요성을 강조했다. 류원산이 "중국의 새 중앙 영도 집단은 전통적인 중·조 친선을 매우 중시하고 있다. 노세대 혁명가들이 마련하고 키워준 전통적인 중북 친선은 확고부동하다"고 한 발언도 의미심장하다. 1992년 수교 후 한중관계 20년은 정치적으로 냉랭하고 경제적 측면에서 뜨거웠던 '정랭경열政冷經熱'로 요약된다. 시진핑 체제에서도 자칫 이런 현상이 반복될지 모른다는 우려가 나오고 있다.

두 얼굴의 중국

'탈북자 북송' 한중 외교부 첫 정면충돌

2012년 2월은 탈북자 문제로 한중 양국이 강하게 충돌했던 시기이다. 한중 양국 외교부의 대변인은 탈북자 문제로 매일 설전을 벌이다시피 했다. 외교통상부 조병제 대변인은 "그동안 중국 측에 인도주의적 견지에서 자유의사에 따라 탈북자를 제3국으로 송환해줄 것을 촉구했다. 이런 노력에 더해 이번에 유엔인권이사회UNHRC에서 이 문제를 거론하는 방향으로 검토 중이다. 탈북자는 강제 북송될 경우 처벌받을 위험이 있다. 난민협약과 고문방지 협약에 가입한 모든 나라는 협약상의 강제송환 금지원칙을 준수해야 한다"고 강조했다.

외교부 대변인이 공개석상에서 중국을 겨냥해 유엔인권이사회에서 탈북자 문제를 거론하겠다는 입장을 밝힌 것은 처음 있는 일이었다. 정부는 중국과의 양자접촉을 통해 탈북자 강제북송 문제를 해결하는 데 한계에 이르자 국제사회에 직접 호소하는 방식도 병행하기로 결정했다.

이에 대해 중국 외교부 훙레이洪磊 대변인은 같은 날 정례 브리핑에서 한국 정부의 탈북자 강제 북송 중단 요구에 반박했다. "관련자들은 경제문제 때문에 중국에 넘어온 이른바 불법 월경자越境者다. 월경자들은 난민의 범위에 속하지 않을 뿐만 아니라 유엔 시스템에서 논의될 문제가 아니다. 중국은 국내법, 국제법, 인도주의 원칙에 따라 탈북자 사건을 처리하고 있다."

탈북자에 대한 중국 정부의 입장은 명료하다. 경제적 난민이기에 한국이 주장하는 방식으로는 문제를 해결할 수 없다는 것이다. 중국은 탈북자들이 경제적 어려움 때문에 잠시 북한을 떠나 국경 부근에 머물고 있는 '범법자'로 여긴다. 근본적으로 자유와 더 나은 삶을 찾아 떠나온 것을 모른 척하고, 허가 없이 국경을 넘었다는 것만 강조한다. 그렇게 해서 난민협약의 규정을 빠져나가려는 것이다. 전 세계적으로 통용되는 난민은 정치적 박해와 생존권이 위협받는 상황에서 해당국을 탈출하는 경우에 해당된다. 탈북자들은 이 규정에 부합한다고 국내외 전문가들은 지적한다.

그러나 중국은 인도주의를 말할 자격이 없다는 비판에도 아랑곳하지 않는다. 탈북자 북송이 난민협약 위반이라는 주장을 수용할 수 없다고 말한다. 탈북자는 중북中北 국경 사이에서 오랫동안 존재해왔으며, 이들이 북한 주민으로 확인되면 다시 돌려보내는 것밖에는 다른 방법이 없다고 주장한다.

중국은 값싼 노동력 확보, 북은 안정적 외화벌이

2011년 중국 통계를 살펴보면 북한을 방문한 중국인은 193,900명으로 일 년 사이 47%나 증가했다. 이 중 6만~7만 명이 순수 관광 목적으로 북한을 방문했다고 추정된다. 최근 양국의 경제협력이 부쩍 강화되고 중국인 북한 관광도 활성화한 것이 그 이유로 분석된다. 같은 기간 한국을 방문한 중국인 수는 2,367,800명으로 전년보다 20.3% 증가했다.

김정은 체제가 들어서면서 북한이 노동력을 제공하고, 중국은 이를 이용해 공장을 가동하는 형태의 협력이 자리를 잡아가는 중이다. 북한의 안정과 낙후된 동북 3성 지역의 발전이 시급한 시진핑 체제에서는 이런 형태의 협력에 더 집중할 거라는 분석이 지배적이다. 중국은 값싼 노동력을 얻고, 북한은 돈을 벌며 체제를 안정시키는 형태이다. 동북 3성의 탈북자를 줄이고 값싼 노동력을 활용하려는 중국과 외화벌이 창구를 늘리려는 북한 권력의 이해관계가 잘 맞아떨어지는 듯하다.

중국의 동북 3성은 노동력 부족에 시달리는 현상을 해소하기 위해 산업연수생 형식으로 북한 주민을 최대 5만 명까지 받아들이고 있다. 지린吉林·랴오닝遼寧·헤이룽장黑龍江성 등 동북 3성에서 일할 수 있도록 중국 당국이 취업 비자를 발급하고 있다.

동북 3성 지역에는 북한 인력 공급과 관련한 광고도 자주 게재되고 있다. 북한 주민들은 중국으로부터 비자를 발급받아 중국의 제조업체나 서비스업체에서 일하고 있다. 이들이 받는 임금은 매월 150달러 이상으로 개성공단에서 받는 110달러보다 높은 수준이다.

중국이 동북 3성 지역에서 탈북자 등에 대한 대대적인 단속에 나서면서 북한 근로자에게 취업 비자를 대거 내주는 정책을 취한 것은, 일종의 북한 측의 숨통을 터주기 위한 조치로 볼 수 있다. 북한도 이를 통해 김정은 체제의 외화벌이 창구를 확보할 수 있다는 측면에서 적극적이다.

김정은 노동당 제1비서는 "한두 놈 탈북해도 상관없으니 외화벌이 노동자를 최대한 파견하라"고 지시한 것으로 알려졌다. 중국 옌지延吉 대종호텔에서는 김정일 배지를 단 북한 종업원이 근무하고 있다.

탈북자에 대한 중국의 새로운 관점 필요

미중간의 탈북자 문제 해결을 위해서는 인도차이나 모델을 생각해 볼 수 있다. 미국 국방부 부장관 출신의 폴 울포위츠 전 세계은행 총재는 이를 주장하는 대표적 인물이다.[40]

"1970년대 말~80년대 인도차이나 반도의 200만 난민을 구한 것

---

40 1980년대 미 국무부 동아태 차관보, 주駐인도네시아 대사를 역임해 아시아 사정에 밝은 그는 인도차이나 모델을 북한에 적용할 때 가장 중요한 것으로 '철저히 정치적인 문제와 분리하는 것'을 꼽았다.

은 지금까지 난민 구출 역사 중에서 가장 위대한 업적이었다. 이를 교훈 삼아 중국에 거주하는 최대 40만 명의 탈북자들을 구하는 데 적극 나서야 할 때다."

기업연구소에서 세계적인 차원의 탈북자 구출 방안을 연구 중인 울포위츠는 〈월스트리트저널〉을 통해 난민들을 성공적으로 정착시킨 '인도차이나 모델'을 탈북자 문제에 적용하여 관련 국가들이 매년 25,000명씩, 10년 동안 25만 명을 받아들이자고 제안했다.

"부시 행정부에서 이런 정책을 추진하지 않은 것은 실책이다. 이런 정책을 추진하도록 정부 고위 관계자들을 더 설득했어야 했다. 인도차이나 난민 구출이 성공할 수 있었던 것은 1차로 난민을 받아들인 태국·필리핀·인도네시아 등과 이들이 영구히 정착한 국가와의 협력관계가 제대로 작동했기 때문이다. 그 결과 미국에 120만 명, 캐나다·호주·프랑스에 각각 10만 명 이상의 난민이 성공적으로 수용될 수 있었다.

중국에 머무는 탈북자를 한국을 비롯한 타국에 대량으로 정착시키는 주장이 정치적인 것으로 인식되면 성공할 수 없다. 이것이 북한 정권을 불안정하게 하는 위협으로 비쳐서는 안 되며 철저히 인도적인 차원에서 진행되어야 한다. 이 정책은 북한을 안심시킨 가운데 점진적으로, 조용히 진행돼야 하며 중국을 포함한 많은 나라들이 적극적으로 움직일 필요가 있다. 베트남의 사례를 보라. 정치와 인도주의 차원의 난민 문제를 분리한 결과, 베트남 난민은 미국에 성공적으로 정착했으며 미국과 베트남은 관계를 정상화했다."

울포위츠는 이와 함께 탈북자를 수용키로 한 북한인권법이 2004년 미국에서 통과됐는데도 현재까지 80여명만 받아들인 미국의 정책을 비판했다.

이런 정책이 성공하려면 무엇보다 시진핑 체제가 협력해야 한다. 중국이 탈북자를 단순한 '경제적인 난민'이라는 시야를 벗어나 기본적인 인권의 관점에서 봐야 한다. 탈북자가 중국에서 다른 나라로 쉽게 옮겨갈 수 있도록 하는 것이 인도차이나 모델의 성패를 가른다. 중국의 최고지도자 시진핑이 이런 아이디어를 적극적으로 수용한다면 동아시아에는 새로운 역사가 쓰일 수 있을 것이다.

시진핑-오바마 시대의 신 한국책략

2012년 하반기 동아시아 영토 분쟁과 시진핑의 등장, 오바마의 재선 등을 계기로 대형 인터뷰를 연속 기획해 연재했다. 한국에서 각 분야의 최고 권위자로 인정받는 전문가들과의 인터뷰는 정부의 정책 담당자들과 외교안보 전문가들의 주목을 받았다.

문정인 연세대 교수

노무현 정부에서 동북아시대위원회 위원장과 국
제안보대사를 맡아 한반도의 미래를 논의하는
데 관여했다. 이후 베이징대 초빙교수로 중국에
머물면서 옌쉐퉁(閻學通) 칭화대학 국제문제연구
소 소장, 왕지쓰 베이징대학 국제관계학원 원장
등 중국 석학 20여명과 대담한 《중국의 내일을
묻다》를 펴냈다. 그는 이 책에서 "우리가 알던
중국은 없다. 중국의 눈으로 중국을 보라"고 강
조했다. 미국 메릴랜드대에서 정치학 박사 학위
를 받았다. 현재 중국개혁개방포럼 국제고문을
맡고 있다.

앞으로 50년은 중국과 더불어 살아야

중국과 더불어 사는 한국

"지난 50년은 우리가 미국 덕분에 발전해왔다면, 앞으로 50년은 중국과 더불어 살아야 합니다. 이젠 중국을 알고知中, 중국을 활용用中 하는 것이 필요합니다. 궁극적으로 앞으로 한중韓中이 함께 잘사는 '공진화共進化 정책'을 추진해야 합니다."

문정인 연세대 교수는 요즘 기회가 있을 때마다 '중국과 더불어 사는 한국'을 강조한다. 또한 그는 "한국의 명문대라고 하는 연세대에도 아직 단독 중국 연구소가 없다. 인구 5000만 명으로 13억 중국인을 상대하려면 무수히 많은 중국 전문가를 양성해야 한다"고 주장했다.

— 한중간의 지난 20년은 정치적으로 냉랭하지만, 경제적으로는 눈에 띄게 성장한 정랭경열政冷經熱인 것 같다. 이런 상황이 언제까지 계속될 것으로 보는가?

"한중 양국이 냉각기에 접어들면 경제도 어려워진다. 정치적으로는 좋지 않아도, 경제 관계는 괜찮을 거라는 생각은 착각이다. 만약 중국 공산당이 한국에 대해 부담을 느끼는 수준으로까지 양국 관계가 악화되면 경제적으로도 어려워질 것이다."

— 북한 인권운동가 김영환씨 고문을 비롯해 중요한 국제 기준을 놓고 한중이 충돌하는 현상이 계속되고 있다.

"지금은 과도기다. 중국 지식인들은 중국의 인권 문제가 개선될 것으로 본다. 단, 중국은 이것저것 고치고 개선하라는 국제사회의 간섭을 별로 좋아하지 않는다는 사실을 유념할 필요가 있다."

— 중국도 '김영환씨 전기고문 사건'에 대해 사과할 것은 사과해야 하지 않는가?

"중국에 항의할 것은 해야겠지만, 우리가 항의한다고 해서 중국이 (한국을) 따를 것으로 생각하는 것은 너무 현실을 모르는 이상적인 발상이다. 일부 한국 사람은 우리가 미국인 줄 안다. 지금은 중국이 갑이고 우리가 을인 상황이다. 우리는 그런 현실 속에서 중국과 협의해야 한다."[41]

— 지난 20년간 한중 간 물적, 인적 교류가 모두 한미간 교류를 넘어섰다. 한중·한미 관계는 어떻게 조화를 이뤄야 하나?

---

41 문정인 교수의 '중국은 갑, 한국은 을'이라는 주장은 "앞으로 50년은 중국과 함께 살아야 한다"는 그의 다른 발언과 함께 인터넷 공간과 이후 열린 학술회의에서 적지 않은 논쟁을 불러 일으켰다.

"가장 중요한 것은 남북관계 개선이다. 한반도를 둘러싸고 미중이 싸우는 일이 없도록 해야 한다. 중국은 현 정부가 북한을 흡수 통일하려는 생각이 강하다고 본다. 또 한미일 공조가 강화됐는데 이런 공조는 북한뿐 아니라 중국을 겨냥한 것으로 본다."

— **한중관계 강화를 위해서 한미 가치동맹을 내세울 필요가 없다고 생각하는가?**

"나는 원론적으로 가치동맹에 동의하지 않는다. 동맹은 가치가 아니라 이익으로 하는 것이다. 가치가 같아서 서로 친해지는 것은 좋다. 그러나 가치가 다르다고 처벌하고 억압해서는 안 된다. 가치동맹이라고 하면, 동맹이라는 것 자체가 공동의 위협에 대처하는 것인데, 그럼 가치가 다르면 위협에 해당하고 대처해야 하는가? '구존동이' 라는 말이 있다. 쉽게 말해 차이가 있더라도 일단 제쳐두고 공통된 것을 발전시키는 게 중요하다."

북한 때문에 미중이 싸우지 않도록 해야 한다

— **우리나라 대중 외교의 역량과 전략은 어떻게 평가하는가?**

"중국이 국경을 접한 나라가 스무 개가 넘는다. 우리는 중국과 대등한 관계로 생각하지만, 중국은 미국, 러시아, 인도, 베트남, 미얀마 등을 상대로 한 외교에 더 신경을 쓴다. 양국간 관심의 비대칭성이 있다. 우리가 소국小國이라는 생각을 가질 필요는 없지만, 현실을 객관적으로 인식해야 한다."

— **내재적內在的으로 중국에게 접근해야 한다는 뜻인가?**

"당연히 그래야 한다. 중국은 공산당 독재 국가다. 중국과의 네트워크를 다양하게 해야 한다. 좋은 인력을 많이 키워야 한다. 결국 그들이 메신저 역할을 하게 만들고 중국 관련 자료를 많이 수집해야 한다."

— 새로 출범할 정부는 어떻게 해야 하나?

"새누리당도 균형 외교를 하겠다고 언급했고, 중국에 많은 방점을 찍으며 메시지를 보내는 듯하다. 야권 지도자도 대부분이 중국을 다녀왔다. 후보들의 공약을 보면 한미 동맹을 유지하되 균형 외교를 하고 동북아에서 다자 안보 협력 체제를 구축하자는 것이 공통으로 등장했다."

— 지금 언급한 균형 외교는 노무현 정권 당시의 '균형자론'을 말하는 것인가?

"그렇지 않다. '중용의 외교'라고 해야 할 것이다. 중용은 무게중심을 말하는 것이 아니다. 미국도 중국도 섭섭하지 않고 좋은 친구라고 여기고 마음을 터놓을 수 있는 좋은 관계로 가는 게 균형 외교다. 한미동맹 관계 때문에 미국에 더 가깝겠지만, 중국과도 화합과 협력으로 가는 게 균형 외교다."

— 한국과 중국에는 각각 유학생 6만여 명이 있다. 그런데 서로 좋지 않은 감정을 갖고 떠난다고 한다.

"우리는 여전히 중국을 비하하고, 좋지 않게 보는 시각이 있다. 젊은 학생들에게는 새로운 패러다임이 필요하다. 우리 젊은이들은 교차 문화적 인식을 가져야 한다."

— 중국과는 이어도 문제도 있고, 배타적 경제수역도 아직 확정되지 않았다.

"우리가 이어도를 쟁점화하고 지키자고 할수록 중국 누리꾼들에게 노출된다. 중국의 사이버 민족주의자들이 행동에 나서면 중국 정부도 행동을 취하지 않을 수 없다. 우리는 자꾸 깃발을 꽂으려고 하는데, 외교적 쟁점으로 만들 필요는 없다."

— 한중관계 최고의 변수는 역시 북한인가?

"그렇다. 중국의 한반도 외교 정책 목표는 표면적으로는 통일도 아니고 혼란도 아닌 불통불란不統不亂이다. 중국은 한반도의 현상 유지를 선호하고 북한과 한국 모두와 좋은 관계를 유지하기를 원한다."

— 김정은 집권 후 북중관계를 어떻게 평가하는가?

"북중관계는 훨씬 깊고 유기적이다. 특히 군부 사이의 연계는 상당히 강하다. 중국 공산당과 북한 노동당은 대외연락부와 국제부 사이에 연계되어 있다. 이에 비해 현재 한국에선 당과 군 쪽 접근이 제한적이다."

— 중국은 핵을 포기하지 않는 북한을 언제까지 두둔할 것으로 보는가?

"중국은 주변 국가들에 대해서는 내정불간섭 원칙을 계속 유지할 가능성이 크다. 김정은 체제와 전통적 우호관계를 강조하고, 내정불간섭 정책을 유지하며 북한 내부 문제에 개입하지 않을 것이다."

— 앞으로 통일 추진 과정에서 한중관계는 어떻게 될 것으로 전망하는가?

"통일은 남북이 하는 것이다. 일단 중국은 무력 통일, 전쟁 통일을 반대한다. 남한 주도의 흡수형 통일도 반대한다. 중국이 원하는 것은 단기적으로는 불통불란, 중장기적으로는 점진적인 남북 합의 통일이다. 우리가 중요하다."

하영선 EAI 이사장

북핵 문제와 전쟁과 평화 등을 연구해 온 한국의 대표적인 국제정치학자. 9·11 테러 이후의 국제사회를 '복합 변환의 세기'로 규정하며 이에 대한 복합 그물망(네트워크) 정책 마련을 주장해왔다. '동아시아 공동체' 등의 책을 통해 한중일 3국과 미국의 문제를 집중적으로 연구하고 있다. 미국 워싱턴대학교에서 박사 학위를 받았으며 서울대 국제문제연구소장, 미국학연구소장, 한국평화학회 회장을 역임했다. 저서 및 편저로 《21세기 新동맹》《국제화와 세계화》《한반도의 전쟁과 평화》 등이 있다

동아시아 신질서 재건축에 참여하라

게임의 원칙을 만드는 미국과 중국

"중국은 이제 일본이 자신들의 상대가 아니라고 생각하고, 미국과 동아시아 신질서를 논의하고 있습니다. 그런 시점에서 일본 정부가 센카쿠(댜오위다오)를 국유화하자 정교하게 계산된 방식으로 사태를 상승시켜 일본을 굴복시켰습니다. 중국은 미국과 정면으로 충돌하기 직전까지 이번 사태를 상승시킨다는 전략을 갖고 있었다고 할 수 있지요."

하영선 동아시아 연구원EAI 이사장은 센카쿠를 둘러싸고 빚어진 중일 갈등을 미중 간 '동아시아의 신질서'가 구축되는 복합적인 측면에서 이해해야 한다고 말했다. "현재 동아시아 신질서는 재건축되는 단계이다. 미국과 중국을 중심으로 입주자들이 국제적인 신질서를 만드는데, 우리는 '딱지'라도 사서 들어가야 한다"며 적극적으로 나서야 한다고 말했다.

— **센카쿠를 둘러싸고 지속된 중일 갈등을 어떻게 평가하나?**

"미국과 중국이 동아시아 신질서 '재건축'을 논의하는 과정에서 벌어졌다는 점에서 주목해야 한다. 각 국가의 국내 정치 리더십 변화에서 오는 혼란에서 비롯됐다고도 볼 수 있다."

— **미중관계를 염두에 둔 중국의 대일對日전략은 무엇이었나?**

"중국과 미국 사이에는 초보적이지만, 게임의 원칙이 만들어지고 있다. 이런 원칙 하에서 작은 그룹들이 치고받는 게임이 바로 영토 분쟁이다. 중국은 현재 상황을 중미의 게임으로 보고 있지, 중일의 게임으로 보진 않는다. 자기 상대가 못 된다고 생각한 일본이 댜오위다오를 국유화하자, 중국은 비교적 계산된 방식으로 사태를 상승시켰다. 미국과 정면충돌하기 전까지 상승시킨다는 전략을 갖고 있었다고 할 수 있다. 댜오위다오는 중국의 핵심 이익이지만 미국과 전면적으로 대립하는 것으로 여기진 않았다."

— **'동아시아의 신질서'라는 개념이 우리에게는 낯설게 느껴진다.**

"현 상황에서는 미중관계가 가장 중요한데, 그 아랫단계인 중일관계에서 문제가 발생했다. 이럴 때일수록 미중을 둘러싼 큰 진단이 중요하다. 그래야 해법이 나올 수 있다. 우리가 주목해야 할 것은 미중이 공유하는 부분이 상당히 많다는 사실이다. 2012년 7월 힐러리 클린턴 국무장관은 '기성 권력Established Power'과 '부상하는 권력Rising Power'이 만나는 경우에는 항상 갈등과 충돌이 있지만 미중은 새로운 실험을 할 수 있다는 뉘앙

스의 발언을 했다. 2012년 5월 미중 전략경제대화에서 후진타오 주석은 양국 간 '신형新型대국관계' 구성이 신질서의 핵심이라고 했다."

— **중국이 일본에 강력 대응한 배경은 무엇인가?**

"중국의 핵심 이익을 건드렸다고 보기 때문이다. 중국의 3대 핵심 이익은 중요성 순으로 볼 때 1)국내 안보 2)국제 안보 3)국내 사회 및 경제 발전을 위한 안정이다. 핵심 이익 3가지에 저해되는 것에 대해서는 증강된 국력을 통해서 해결하겠다는 것이 댜오위댜오 사태에서 드러났다."

— **중국은 동아시아 전략과 관련해 어떤 계획을 갖고 있나?**

"시진핑 체제의 기본 원칙은 '선先 경제' 모델이 될 수밖에 없다. 현 상태로 10년만 더 가면 중국의 GDP는 미국과 비슷해질 것이다. 그때까지는 경제 우선 정책을 펴면서 꼭 필요한 일은 행하는 유소작위有所作爲 하겠다는 것이다."

— **일본이 이번에 완패했다는 평가가 있다.**

"1894년 청일 전쟁 당시에는 급부상한 일본이 대국인 청에 승리했지만 이번엔 다르다. 일본이 빨리 변화하는 현실에 적응해야 한다는 분석이 많다. 장기적으로는 일본이 얻는 것보다는 잃는 것이 많을 것이다."

— **일본은 어떤 면에서 실책을 했나?**

"오늘날 동아시아는 미중 중심으로 판이 짜이고 있다. 일본은 여기서 새롭게 자신을 설정해야 하는 매우 어려운 상황이다. 그런데 이런 상황에서 일본이 현재 취하고 있는 정책이 너무 단순하다."

— 이런 상황에서 미국의 입장은 무엇인가?

"동맹국들을 잘 관리하되 주권 문제에는 관여하지 않는다는 것이다. 미국은 동아시아에서 중국과 벌이는 게임을 '넌-제로썸Non-Zero Sum'으로 보려고 한다. 중국을 시장경제주의 형태로 변형하면서 새롭게 판을 짜려는 것이다."

— 이번 중일 충돌이 한국에 주는 함의는?

"우리는 일본보다 규모가 작다. 그렇다고 일방적으로 무릎을 꿇을 수는 없다. 중국의 핵심 이익과 관련된 부분에서는 우리가 전면적으로 부딪치지 않는 것이 유리하다."

— 문정인 연세대 교수는 '중국이 갑이고 우리가 을'이라는 사실을 인정해야 한다고 했다.

"한중관계를 갑을 관점으로 보는 것은 19세기적인 시각이다. 한중 간 갑을甲乙 게임에서 '병丙'이라는 제3의 길을 가야 한다. 우리 눈으로 동아시아에서 살아나갈 길을 찾아야 한다. 19세기 방식으로는 중국과 경쟁할 때 돌파가 불가능하다. 중국은 아직 21세기적인 복합 국력을 키워나가지 못하고 있다는 데 착안해야 한다."

복합 국력을 키우는 전략 가져야

— 중일 충돌이 우리나라로 전이되지 않도록 하려면 어떤 전략이 필요한가?

"중국에게는 북한보다 티베트 문제가 더 중요하다. 티베트 문제는 국내 안보 사안으로 생각하기에 그들에겐 최우선의 핵심 가치일 수밖에 없다. 우리가 가장 중요하게 생각하는 북핵과 통일은 중국에게 티베트보다 낮은 순위라는 것을 알아야 한다."

— **동북아에서 앞으로 쉽지 않은 상황이 전개될 수 있을 것 같다.**

"이런 상황을 잘 피할 수 있어야 한다. 와신상담해서 군사력을 키우는 것만이 해법은 아니다. 21세기에는 이보다 더 복잡한 모델로 가야 한다. 거인의 어깨 위에 올라타기 위한 전략이 필요하다."

— **어떤 전략이 우리에게 중요한가?**

"경제력과 군사력 증강은 기본적으로 우리가 해야 할 분야다. 19세기에 경제력과 군사력은 필요조건이자 충분조건 역할을 했지만 21세기에는 그것만으로는 안 된다. 우리의 규모를 생각할 때 복합 국력을 키우는 것이 중요하다."

— **복합 국력 개념을 어떻게 이해해야 하나?**

"일본과 중국을 넘어서려면 정보와 지식이 바탕이 되어야 한다. 그 바탕 위에서 문화·에너지·환경은 물론 안보를 강화한 후에야 국내외적으로 제대로 된 정치를 할 수 있다."

— **독도 문제에 대한 구체적인 실행 전략은?**

"독도는 정치화하지 않는 것이 좋다. 우리가 이미 확보하고 있는 상황에서는 '독도는 우리 땅'이라고 계속 외치기보다는 더 이상 논란이 되지 않도록 우호적인 상황을 만들어야 한다. 21세기에는 훨씬 복잡한 힘을 장악해 나가는 쪽이 승리한다."

— 소장파 학자들이 쓴 《아직도 민족주의인가》라는 책은 '민족주의 없는 애국심'을 강조
  한다.

"그런 주장은 아직 위험하다고 본다. 상대방이 민족주의로 나오는데 우리
가 민족주의를 없애면 곤란하다. 지금 동아시아에는 민족주의적 갈등이
팽배한데, 이를 완전히 포기하면 모든 것을 잃을 수 있는 위험에 처할 수
있다."

— 이런 상황에서 동아시아 공동체는 가능한가?

"동아시아는 정체성을 공유할수록 갈등이 줄어들 것이다. 한중일 3국이 19
세기처럼 '각생各生' 할 경우 치러야 할 비용이 너무 크다. 중장기적으로
복합 네트워크가 구축돼야 한다. 무엇보다 동아시아 이슈들을 가급적 정
치화하지 않는 방향으로 가는 것이 필요하다."

— 한중일 각국은 무엇을 해야 하나?

"개별 국가가 특정 사안을 정치화하지 말아야 한다. 더욱이 국내 정치가
이것을 촉발해서는 곤란하다. 다양한 행위자들의 네트워크를 만들어가야
한다."

— 집권 세력은 무엇을 준비해야 하나?

"남북관계와 동아시아 신질서 문제는 불현듯 우리 앞에 다가올 주제다. 미
중관계가 새롭게 신질서를 짜 나갈 때, 그들이 청사진을 만들 때 우리가
들어가서 작업을 해야 한다. 하다못해 '딱지' 라도 사 놓아야 한다."

— 차기 정부에서 하지 말아야 할 정책을 조언한다면?

"이명박 정부가 미국 쪽으로 많이 갔으니, 이번에는 중국으로 가야 한다는 식의 주장은 하지 말아야 한다. 이명박 정부의 정책은 무엇이든지 배제하는 'ABL anything but Lee' 정책은 하지 않는 것이 좋다."

서진영 고려대 명예교수

중국에 대해서 40년 넘게 연구해온 한국 정치학계의 중진 학자. 고려대에서 오랫동안 중국혁명사 등 중국과 관련된 강의를 해왔다. 워싱턴주립대에서 정치학박사 학위를 받았으며 고려대 평화연구소 소장, 국제대학원장을 역임했다. 김영삼 정부에서 정책기획위원장을 지냈으며 현재는 김준엽 전 고려대 총장이 이끌던 사회과학원 원장을 맡고 있다. 2012년 8월 한중 전문가 공동연구위원회의 한국 측 위원장 자격으로 시진핑을 만나 양국관계에 대해 논의했다. 저서 및 편저로 《21세기 중국정치》《세기적 변화와 한국의 미래》《모택동과 중국 혁명》 등이 있다.

세력 전이 상황, 한국의 기회로 만들자

중미 마찰 커질수록 한국의 가치는 높아진다

"중국이 현재 분출하는 중화민족주의가 우리를 향할 가능성도 배제할 수 없습니다. 그러나 한편으로는 국제정치적으로 미묘한 상황에서, 미일과 마찰이 커질수록 중국은 한국의 전략적 가치를 높이 평가할 수밖에 없습니다. 미국에서 중국으로 세력 전이勢力轉移하는 상황은 위험하지만, 우리에겐 기회가 될 수도 있습니다."

서진영 고려대 명예교수는 인터뷰에서 새롭게 구축되고 있는 환경을 적절히 이용해 우리가 번영할 수 있는 길을 찾아야 한다고 강조했다. 서 교수가 위원장을 맡은 '한중 전문가 공동연구위원회'는 2008년 한중 정상회담 합의로 만들어진 양국 전문가들의 모임이다.

그는 최근 변화하는 동북아 질서에 대해 이렇게 말한다. "미국과 중국의 관계는 배타적이라기보다는 상호 의존적인 것으로 과거 미국과 소련이 각축하던 것과는 다르다. 미국과 중국은 의존하면서 타협할 수밖에 없기에 한국은 미국과 중국 사이에서 '동맹 외교'와 '전략 외교'를 하고, 조화를 모색할 수 있는 공간을 찾을 수 있을 것이다. 차기 정부는 동북아에서 신질서가 형성될 때 전략적으로 움직일 수 있는 최대한의 공간을 찾는 데 외교력을 집중해 나가야 한다. 이런 노력이 21세기 한국의 명운을 결정할 것이다.

미중은 서로 경쟁하지만 파국적인 충돌로 가지 않으려고 노력하고 있다. 이 과정에서 우리에겐 다른 의미의 균형자 역할을 할 수 있는 공간이 넓어지고 있다."

— 센카쿠(댜오위다오) 문제로 중국과 일본이 충돌하고 있다.

"현재 센카쿠 문제는 가깝게 보면 2010년 이후에 동아시아 지역에서 분명하게 드러나고 있는 거대한 변화의 흐름을 반영하는 것이다. 센카쿠 문제뿐 아니라 남중국해 문제도 심각한데 그 밑바닥에는 현재 아시아와 국제 정치에서 일어나는 커다란 세력 전이 흐름이 있다. 세계 초강국으로 발돋움하려는 중국과 점차 영향력이 퇴조하고 있는 미일이 마찰하고 충돌하는 과정에서 나타난 것이다."

— 현 상황에서 중국과 일본의 전략은 무엇인가?

"중국과 일본이 현재 충돌하는 이유는 문제를 해결하기 위해서가 아니다. 적당한 선에서 자기 입장을 세계에 확인시키고, 관리 체제에 들어가기 위해서다. 센카쿠 같은 영토 문제는 해결법이 없다. 이는 지금 해결해야 할 문제가 아니라, 관리해야 할 문제라는 것을 양국도 잘 알고 있다."

— 영토문제로 인한 한중일 3각 갈등의 손익 계산서는?

"센카쿠 문제에서는 중국이 자신들의 영유권 주장을 세계에 각인해 실익은 챙겼다고 할 수 있다. 일본도 독도에 대해서 약간의 이익을 확보했다. 우리는 괜히 독도 문제를 키워준 측면이 있다."

— 현재 동아시아 체제의 근본적인 문제는 무엇인가?

"동아시아의 전체 질서는 역사적으로 미국과 관련된 문제다. 1951년 샌프란시스코 조약은 미국이 일본을 동아시아의 거점 국가로 만들기 위해서 '패전국 일본'이 아닌 '동맹국 일본'의 입장을 반영했다. 일본은 아시아로 돌아와야 한다. 일본은 그동안 아시아 국가의 일원으로 행동한 적이 없다. 그런 부분에 대해서 유감이 많다."

— 현재 상황은 단순히 세력 전이라는 말로는 설명되지 않는 것 같다.

"탈냉전 시대에 분출하는 민족주의 성향이 세력 전이와 결합하고 있다. 영유권 분쟁은 국제질서의 전환 과정에서 분출하는 민족주의가 결합하면서 상승했다고 할 수 있다. 특히 중국의 경제력이 커지고 국제적 위상이 올라가는 것만큼 중화민족주의가 빠르게 확산되고 있다."

— 시진핑이 이끄는 중국 지도부가 분출하는 민족주의를 활용할 가능성이 있나?

"새 지도부가 민족주의를 활용해 권력 기반을 강화할 것이라는 전망에 전적으로 동의하지 않는다. 중국의 새 지도부는 민족주의적인 성향을 통제하고, 일정 범위 내에서 관리할 가능성이 크다. 중국의 민족주의 성향이 사회 불만 세력과 합쳐질 경우, 오히려 중국 공산당에게는 부담이 될 수 있기에 적절히 통제할 것이다."

— 디지털 문명의 발달로 세계는 거리를 더 좁혀 가는데 동아시아에서 민족주의가 분출하는 이유는?

"세계화에서 탈냉전화, 탈이념화는 긍정적인 측면인데, 여기에 그림자처럼 따라붙는 것이 바로 이념의 공백 상태와 정체성의 위기다. 이런 상황에서 등장하는 것이 정서적 호소력이 큰 민족주의다. 동아시아는 서로 얽혀 있는 역사적인 문제로 민족주의가 국민에게 큰 호소력을 갖고 있다."

— 중국은 이어도를 자국 관할 해역이라고 주장하면서 무인 항공기 감시 대상에 포함시켰다.

"중국의 이번 조치는 이어도만 표적으로 삼는 것이 아니다. 서해 연안의 감시 체제를 전반적으로 강화하는 상황에서 나온 것이다. 중국이 수중 암초인 이어도 문제를 센카쿠와 같은 선상에서 보고 있는 것은 아니다. 이어도와 관련된 중국의 행동은 협상용이라고 본다."

— 중국이 이어도에 대해서는 센카쿠와는 다른 전략을 구사할 것이라는 전망인가?

"이어도는 한국의 마라도에서 149킬로미터, 중국으로부터는 287킬로미터 떨어져 있다. 이어도 수역은 어떻게 협상해도 자연적으로 우리 쪽 배타적 경제수역에 들어온다. 만약 중국이 이어도까지 자국의 수역으로 만들겠다고 하면, 한중관계는 회복 불가능하다."

— 이어도 문제에 대한 바람직한 대응 방안은?

"독도는 우리에게 바람직하지 못한 상태로 국제문제화했다. 이는 뼈아픈 손실이다. 이어도 문제에 너무 민감하게 대응하는 것보다는 실질적인 지배를 강화하는 조치를 하는 것이 좋다."

한국을 우군화 하는 것이 목표인 중국

— 미중이 새로운 질서를 만들 때 우리에게 필요한 전략은?

"중국은 한국을 자국의 우군友軍화 하는 것이 목표다. 그게 여의치 않으면 미일과 중국 사이에서 한국이 중립을 지키도록 만들려고 한다. 중국은 한국이 미일의 '앞잡이' 노릇을 하는 것은 막아야 한다고 본다. 미국과 동맹 외교, 중국과 전략 외교를 조화시키는 지혜가 필요하다."

— 이론적으로는 맞는 말이지만, 현실에선 실행하기 쉽지 않은 문제 같다.

"21세기 미국과 중국의 생존 법칙은 승패를 가르며 대치했던 냉전 구조와는 다르다. 지금 미국과 중국의 경제는 따로 떼어 놓을 수 없다. 1970년대는 미국이 손에 피를 안 묻히고 경제 제재를 통해 중국을 괴롭힐 수 있었지만, 지금 중국 경제를 제재하려면 미국 경제가 피를 흘려야 한다. 21세기 게임의 법칙은 배타적이고 배제적이면 패배한다는 것을 인식해야 한다."

— 미중 양국의 대결이 과거와는 다를 것이라는 전망인가?

"미중 양국 관계는 파국적인 것으로 갈 수 없다. 이 시대에 필요한 것은 융합성, 상호 의존성이기 때문이다. 미중은 상호 경쟁하면서도 최후의 카드를 꺼낼 수 없다. 의존과 타협을 할 수밖에 없기에 한국이 둘 사이에서 동맹 외교와 전략 외교를 하고, 조화를 모색할 수 있는 공간이 열리는 것이다."

— 미국과 중국 사이에서 우리가 유의할 점은 무엇인가?

"중국과 협력 관계를 강화하느라고 미국과 협력을 소홀히 하면 반드시 역

逆작용이 일어난다. 중국이 우리를 높이 평가하는 이유는 한국과 미국의 특수 관계, 한국과 일본의 특수 관계 때문이다. 한국이 미일관계를 약화시키면서까지 중국과 협력하려고 한다면 오히려 한국의 가치는 줄어들 수밖에 없다."

— **중국과 일본에 비해 경제력, 군사력이 부족한 상황에서 구체적으로는 무슨 일을 해야 하나?**

"주변에 너무 큰 거인들이 있어서 우리가 왜소하게 보이는 것이 사실이다. '경제력+군사력+소프트 파워'로 국력을 증대하고 효율화하는 방법을 찾아야 한다. 작지만 국력을 효율적으로 극대화하는 방법에 더 신경을 써야 한다."

— **구체적으로 어떤 전략이 필요한가?**

"우리와 중국은 구동존이求同存異에서 출발했지만, 이 개념은 한계에 도달했다. 이제는 화이부동和而不同의 외교가 필요하다. 중국과 우리는 체제와 지향하는 이념이 다르지만, 그 차이를 뛰어넘어 함께 가야 한다. 제3의 길에서 만나는 것이다."

— **화이부동에서 가장 중요한 것은?**

"화이부동의 가장 중요한 전제조건은 상대방의 핵심 이익을 존중하는 것이다. 한국에서의 핵심 이익은 미국과의 동맹이다. 중국의 핵심 이익 중의 하나는 북한과의 특수관계다. 이 두 문제에 대해서는 상호간의 특수성을 인정하는 조건하에서 화이부동이 된다. 중국이 우리에게 '미국과 중국 중 어느 한 곳을 선택하라'고 하면 파국을 맞을 수밖에 없다. 마찬가지로 우리가 중국에게 '북한과 남한 중 한쪽을 선택하라'고 하면 난감한 상태에 빠질 수 있다."

— **동아시아 공동체가 해법이 될 수 있나?**

"동아시아 공동체가 피부에 와 닿으려면 사전에 협의돼야 할 것이 있다. 한중, 한일 FTA가 우선 이뤄져야 한다. 그런데 일본과 미국은 동아시아 공동체에 대해서는 소극적이다."

— **한국은 앞으로 어떤 역할을 해야 하나?**

"우리 같은 나라가 미중 사이에서의 균형자balancer는 아니더라도, 상호 충돌과 상호 소통을 촉진할 수 있는 매개체로서의 역할이 있다. 미중 사이에서 한미 공간의 역할이 커지고 있는 것은 긍정적인 부분이다. 한국이 수행할 수 있는 역할이 있다."

— **미국과의 가치동맹은 어떻게 해야 하나?**

"나는 가치동맹을 부정하지는 않는다. 미국과 일본과 한국의 관계는 가치동맹적인 측면이 있다. 그러나 가치만 강조할 경우 냉전시대의 연장으로 보일 수 있다. 가치동맹만을 21세기의 생존전략을 삼을 수는 없다."

— **한중 전문가 공동 연구위원회에서 중국 측에 어떤 점을 많이 촉구했나?**

"세력 전이가 일어날 때 가장 위험한 것은 퇴각하는 강대국의 초조함과 심리적인 불안정이다. 신흥 강대국이 갖고 있는 지나친 자신감은 위험하다. 중국은 그런 지나친 자신감의 함정에 빠지지 말아야 한다."

함재봉 아산정책연구원장

2010년부터 아산정책연구원 원장을 맡아 미국
과 중국이 각축하는 동아시아의 주요 현안에 관
한 대안을 제시해왔다. 연구원 내에 미국연구센
터, 중국연구센터를 각각 발족시켜 현지에 기반
한 연구를 하고 있다.

연세대 교수, 유네스코UNESCO 본부 사회과학
국장, 미국 남가주대 한국학연구소 소장, 랜드
RAND연구소 선임연구원 등으로 학계와 국제기
구 씽크탱크에서 다양한 경험을 쌓았다. 미국 존
스홉킨스대에서 박사 학위를 받았다.

시진핑-오바마의 새 리더십 낙관 7, 비관 3

하나가 넘어지면 둘 다 쓰러지는 관계

"재선에 성공한 버락 오바마 미 대통령과 제18차 중국 공산당 당대회에서 총서기로 선출된 시진핑의 관계에 대해서는 '낙관 7, 비관 3'으로 예상합니다. 하지만 미국과 중국처럼 큰 강대국 관계는 언제든지 문제가 생길 수 있고, 양국이 기본적으로 양보할 수 없는 것이 있기에 우리가 전략적으로 움직여야 합니다."

함재봉 아산정책연구원 원장은 오바마의 재선 성공을 계기로 가진 인터뷰에서 오바마-시진핑 시대를 이같이 전망했다.

함 원장은 오늘날 우리는 더 지혜롭고 현명하게 헤쳐 나가야 한다며, "10년 전 당선된 노무현 대통령이 임기 중에 미중 양국 사이에서 균형자 역할을 하겠다며 '나이브하게' 했던 실수를 반복해선 안 된다"고 했다. 구체적으로는 한국이 미국과 함께 중국을 억제한다는

인상을 줘서는 곤란하며, 중국이 경계하는 주한미군에 대해서도 의
심을 풀어줘야 한다고 주장한다.

— 오바마 대통령 2기의 대외정책 전망은?

"오바마의 세계 전략은 미국 경제가 얼마나 회생하느냐에 달렸다. 오바마
는 재임 1기에 이라크에서 철군하고 아프가니스탄 전쟁을 마무리 짓는
데 주력하면서 경제를 살리려 했다. 미국 내부의 경제 문제가 심각해서
대외 정책에서 모험주의나 새로운 것을 할 수 없었다. 중국이 중요해지니
자연스럽게 아시아 회귀 정책을 썼다. 2기에도 경제 회생에 주력하면서
중국의 부상浮上에 대응하려는 정책이 달라지지 않을 것이다."

— 오바마 2기의 한반도 정책은?

"오바마 정부는 한국의 대선 후보들이 대북정책을 바꿔야 한다는 강박관
념을 갖고 있다는 것을 잘 안다. 어떤 식으로든지 남북 교류가 있어야 한
다는 데는 합의할 것이다. 그러나 미국이 잘못했다는 것을 전제로 하는
남북관계는 거부할 것이다."

— 오바마 2기는 지난 4년보다는 순탄하지 않으리라는 예상이 많다.

"이명박 정부가 들어선 후 한미관계가 좋았던 것은 사실이다. 그러나 한
미관계가 제도적으로 잘되어 있기 때문인지, 이명박-오바마의 친분 때
문인지는 불분명하다. 분명 한미관계는 군사적으로 많이 제도화되었으
며 전체적으로 안정된 측면이 있다. 오바마 2기에도 차기 대통령과 인간
적으로 통하며 어려운 문제를 협의할 수 있을 정도로 제도화시키는 것이
과제다."

— 중국 공산당 18차 당 대회에서 시진핑이 총서기로 선출된 함의는?

"아무래도 시진핑은 전후 세대 인물이므로 새로운 생각을 갖고 있다고 본다. 2002년 후진타오가 중국 지도자로 선출될 때는 중국 GDP가 현재의 4분의 1에 불과했다. 시진핑은 중국의 힘이 4배로 커진 후에 지도자가 된 것이다. 미국과 경쟁하는 'G2 시대'의 사실상 첫 중국 지도자라고 할 수 있다."

— 오바마와 시진핑의 관계는 어떻게 형성될까?

"두 사람은 전임자들과는 달리 다양한 경험을 했다. 오바마는 케냐인 유학생 아버지에게서 태어나 하와이, 인도네시아에서 자랐다. 이미 대통령이 되기 전부터 다양성에 눈뜬 사람이다. 시진핑도 이전 중국의 지도자와는 다른 경험을 했다. 젊었을 때 이미 미국을 다녀갔고, 문화혁명의 여파로 어렸을 때 후진타오가 겪지 못한 많은 고생도 했다. 두 지도자가 다른 사람들에 비해선 다원주의를 이해한다고 볼 수 있다."

— 두 지도자가 협력을 할 가능성이 크다는 말인가?

"미국 민주당은 원래 다자주의 원칙을 갖고 있다. 공화당보다는 국제기구와 다른 나라와의 협력을 중시한다. 중국의 입장에서도 전략적으로 다자주의를 고집한다. 미중 양자兩者의 문제가 아니라 다자多者의 문제로 접근하는 것이 중국의 기본 입장이다. 이런 면에서 오바마와 시진핑은 여러모로 성향이 같을 수 있다."

— 소련과 비교하면 어떤가?

"중국이 만약 덩샤오핑때 개혁개방을 하지 않았다면 자본주의가 지난 20

년간 누렸던 경제 호황은 생각할 수 없다. 중국은 개혁개방 후 세계의 생산기지 역할을 하면서 50%씩 저축을 해서 미국의 채권을 샀다. 바로 그 돈으로 미국과 서방세계가 잔치를 벌였던 것이다. 닉슨과 키신저가 중국에 갔을 때부터 소련에 대응하면서 미중 양국은 전략적 파트너가 되었다. 냉전 종식에서 중국의 역할이 절대적이지 않았나. 그런 면에서 중국과 소련을 비교할 수는 없다."

— **시진핑의 장점은 무엇인가?**

"시진핑은 군에 영향력을 갖고 있고 후진타오보다 군의 지지를 많이 받고 있다. 그만큼 권력의 중요성을 안다는 뜻이다. 당과 군이 서로 싸우는 상황에서 나오는 비극과 폐해를 잘 알고 있는 시진핑은 당과 군이 협력해야 하는 것에 대한 강한 신념이 있다고 본다."

— **문화혁명 당시 고생한 경험이 시진핑에게 어떤 영향을 미칠까?**

"그 경험은 절대적이다. 그는 문화대혁명을 가장 혹독하게 치른 사람 중 한 명이다. 아버지가 숙청당하면서 마오쩌둥에게 버림받아 시골에서 온갖 고생했다. 정치적 혼란이 얼마나 무서운 결과를 가져오는지도 안다."

— **오바마와 시진핑 시대의 특징은?**

"사람들은 강대국의 라이벌 관계를 떠올릴 때 미·소美蘇관계를 생각한다. 하지만, 오바마와 시진핑이 이끌게 될 미중관계는 미소관계와는 다르다. 미국과 중국은 다른 체제를 추구하는 것이 아니라, 큰 틀에서는 미국과 서방이 주도하는 체제에 중국이 편입해 들어가는 것이라고 할 수 있다. 협력이 큰 과제가 될 것이다."

— 양국의 전략경제대화는 계속될까?

"더 심화될 것이다. 최근 양국 간에 일어나는 일들을 보고 있으면 참으로 엄청나다. 겉으로만 보면 계속 싸우는 것 같지만, 미중의 대화와 문화 교류는 깊고 다양하다. 두 나라는 그동안 쌓아온 분쟁 해결 노하우가 많다. 80년대 미일관계를 두고 '스모를 하는 관계'라고 했다. 한 명이 넘어지면 둘 다 쓰러진다고 했는데 지금의 미중관계가 바로 그렇다."

한미관계를 강화하면서 중국 채널을 넓히라

— 오바마와 시진핑에게도 대결의 순간이 오지 않을까?

"미국이 선거 때만 '중국 때리기China Bashing'를 한다는 것을 알게 된 중국은 이제 이런 것으로 일희일비하지 않는다. 내가 우려하는 것은 중국 인민해방군이다. 중국의 군대는 당과는 다른 이해관계를 갖고 있다. 중국 장군들이 외국의 언론에 등장할 만큼 소리를 높이는 현상이 우려된다."

— 오바마와 시진핑은 구체적으로 어디서 부딪칠까?

"일본은 눈치가 빠른 나라다. 미국과 중국이 센카쿠 문제로 싸우게 하지는 않을 것이다. 중국 역시 센카쿠 문제로 중일관계가 악화되면 경제적으로 상처를 받으리라는 것은 알고 있다. 걱정되는 지역은 남사군도, 필리핀 등이다. 미국과 중국은 이 지역에 어떤 형태로든 개입하려 할 것이다. 또 산업화한 중국이 에너지를 대폭 사들임에 따라 중앙아시아에서 각축전이 벌어질 수도 있다."

— 미중의 현안에서 항상 빠지지 않는 인권 및 환율 문제는?

"이제는 인권에 대해서 사실 미국이 쓸 수 있는 카드가 별로 없다. 미국 국내 사정상 주요 인물이 중국을 방문할 때마다 인권 문제를 얘기하지 않으면 견딜 수가 없다. 이에 대해 중국이 내정간섭으로 보거나, 중국 내부의 어려운 상황과 맞물려 자극할 때는 신경질적으로 나올 것이다. 경제가 회생하지 않는 한 환율 문제는 상존할 것이다. 다만 중국의 대미 수출이나 교역량이 줄어들고 있어서 그 얘기는 줄어들 수 있다."

— 시진핑이 힘에 기반한 패권외교를 할 가능성이 있나?

"중국의 최고 엘리트층은 그래도 국제주의자들이다. 대립적인 패권주의로는 쉽게 나오지 않을 것이다. 문제는 상호작용이다. 미국이 아시아로의 회귀를 선언하면서 동맹강화, 호주에 해병대 파병 등 군사적인 것만 부각되고 있다. 바로 이 때문에 충돌이 생길 수 있다. 중국인들은 요즘 극도로 민감해하고, 자신감에 차 있다. 민족주의 성향 때문에 과거에 발생한 미국의 중국 대사관 오폭, 정찰기 충돌 사건 등이 재연되면 중국인들의 국수적인 감정이 걷잡을 수 없이 쏟아져 나올 수도 있다."

— 오바마의 대북정책은 어느 정도 예상되나 시진핑의 한반도 관련 정책에 대해서는 많이 궁금하다.

"북한에 대한 시진핑의 입장은 당분간 후진타오 시대와 크게 다르지 않을 것으로 본다. 중국과 북한은 기본적으로 공산당 대 공산당의 관계다. 원자바오 총리도 개혁적인 성향이지만 북한에게는 다른 잣대를 사용해 북한의 기존 체제를 유지하려 했다. 그동안 별로 높지 않았던 북한의 전략적 중요성이 커질 가능성도 있다."

— 오바마-시진핑 체제가 북한에 미치는 영향은?

"미중의 새 지도자 관계가 부드럽게 형성되고 경제가 살아나면 북한은 엄청난 개방개혁 압력을 느끼게 될 것이다. 반대로 미중관계가 나빠지면 김정은은 좋아할 것이다. 강대국의 관심에서 멀어질 때 북한은 도발을 해왔으며 항상 똑같은 방법으로 도발하지 않는다는 것을 알아야 한다. 중국 입장에서 분명한 것은 북한이 한 번 더 핵실험 등으로 도발하면 더 이상 참지 않을 것이라는 사실이다."

— 한국은 오바마-시진핑 시대에 어떻게 대응해야 하나?

"우리는 중국과는 여전히 거리를 좁혀가는 중이다. 한중관계는 한미관계에 비하면 20년밖에 되지 않았다. 그전에는 진짜 피를 흘리면서 싸우는 관계였기에 공유하는 기억도 별로 없다. 양국관계가 뿌리를 내리려면 의식적으로 노력해야 한다. 미국과 문제가 생기면 우리가 아는 친구들과 막후에서 연락을 한다. 중국과도 이런 채널을 많이 만들어야 한다."

— 우리가 구체적으로 취해야 할 전략은 무엇인가?

"앞으로의 상황은 우리가 이 지역의 세력 균형에 상당한 영향을 미칠 수 있다. 이제는 중국과 미국을 제대로 아는 지혜로 똑똑하게 헤쳐 나가야 한다. 분명한 것은 미국과 중국을 모두 끌고 가야 한다는 것이다. 특히 한국이 미국과 함께 중국을 억제containment한다는 인상을 줘선 곤란하다. 중국이 경계하는 주한미군에 대해서도 의심을 풀어주고, 북한의 위협을 막는 시스템이 주한미군이라는 것을 충분히 이해시켜야 한다."

박철희 서울대 일본연구소장

일본 현대정치와 한일관계, 미일관계에 대한 연구로 주목받는 학자. 미국 컬럼비아대에서 일본 정치 연구로 정치학박사 학위를 받았다. 2005년 일본 연구 및 한일 관계 개선에 대한 공로로 제1회 나카소네 야스히로상을 받았다. 일본 국립 정책연구대학원대학교 교수, 한국 외교안보연구원 교수에 이어 2004년부터 서울대 국제대학원 교수로 재직 중이다. 저서로 《일본의 국회의원이 만들어지는 법》《자민당 정권과 전후체제의 변용》이 있으며, 역서로 《일본의 미들파워 외교》《흔들리는 일본의 정당정치》 등이 있다.

시간의 축에서 공간의 축으로 이동하라

중재 능력 가진 교량 국가가 되어야 한다

"동아시아의 문제를 '시간의 축'에서 '공간의 축'으로 이동시켜야 합니다. 과거의 역사 문제에서 현 상황을 바라보는 것이 아니라, 지정학적인 상황 변화를 잘 읽어가며 우리의 생존과 번영을 고민해야 할 때입니다."

박철희 서울대 일본연구소장(국제대학원 교수)은 한중일 동북아 3국의 갈등과 관련한 인터뷰에서, 한국은 동아시아 충돌의 맨 앞에 서는 '전선前線' 국가가 아니라 이를 중재할 수 있는 '교량橋梁' 국가로 나아가야 한다고 강조했다.

"일본과 중국은 서로 경쟁의식이 강해서 충분한 신뢰감을 쌓지 못한다. 동북아에서 가장 개방된 한국이 일본과 중국과 소통하면서 복합적이고 중층적인 역할을 해야 한다."

— 한일 및 중일 갈등은 우발적이라기보다는 내재됐던 것이 아닌가?

"그런 측면이 크다. 미국의 쇠퇴, 중국의 부상에 일본이 어떻게 대응하느냐의 연장선상에서 영토 문제가 확대되고 있다. 한국에서는 최근 일본의 대응을 공세적으로 해석하는데, 나는 일본의 대응이 수세적인 입장에서 나왔다고 생각한다."

— 일본이 수세적 대응을 한다는 주장에 동의하지 않을 사람도 적지 않을 것 같다.

"독도 문제가 불거진 것은 일본의 러시아·중국과의 관계에서도 살펴봐야 한다. 옐친 시대에 쿠릴 열도 중 두 개의 섬을 반환하겠다고 했던 러시아가 부활하면서 영토 문제에 자신감을 보이기 시작했다. 중국도 센카쿠 열도 문제에서 공세적으로 접근하고 있다. 이런 상황에서 일본은 '약한 고리'인 한국에 강경하게 대응하고 있다."

— 한국이 일본의 주변 국가 중에서 가장 약하기 때문에 강경 대응한다는 것인가?

"한국이 국제사회에서 많이 성장하긴 했지만, 아직도 약한 고리다. 일본은 독도 문제에서 밀어붙여도 잃을 것이 없다. 독도를 뺏으려고 하기보다는 일본의 자존심도 지키면서 민족 감정에 호소하는 '이야시ﾉﾝﾅﾙ 내셔널리즘(마음을 달래는 민족주의)'인 것이다."

— 일본이 일제日帝의 원죄를 인정하지 않는 것이 가장 큰 문제 아닌가?

"미국 여성학자 제니퍼 린드가 《Sorry States(미안한 나라들)》이라는 책을 썼다. '국제정치에서의 사과'라는 부제가 붙은 이 책은, 사과하면서도 역사를 부정하고 왜곡하는 전범국들의 이중적인 메시지를 파헤쳤다. 일본은 사과보다도 역사의 진실을 안 보려고 하거나 부정하는 것이 훨씬 더 큰 문제다. 최상룡 전 주일 대사는 '일본은 철저하게 반성하고, 철저하게 자유로워져라' 고 했는데 일본은 그렇게 하지 못하고 있다."

— **우리 정부가 독도 문제와 종군 위안부 문제에 복합적으로 대응하는 면이 있는 것 같다.**

"위안부 문제와 영토 문제는 구분되어야 한다. 각 이슈별로 나눠서 대응해야 한다. 위안부 문제는 당연히 비난받아야 마땅한 전쟁 범죄다. 위안부 문제에 대해서는 우리가 강하게 나가도 상관없다. 사과와 책임, 배상을 요구해야 한다. 독도 문제는 다르다. 국제사회에 우리의 독도 영유권에 대해서는 분명히 알려야 하지만, 일본의 잘못된 주장에는 '단호한 무시' 가 가장 좋은 정책이다."

— **이번 한일 갈등을 어떻게 풀어나가야 하나?**

"단기간에는 해결될 가능성이 없다. 현재는 양국 정상의 관계가 파열된 상태다. 예전에는 양국 정상의 관계가 좋지 않아도 외교관들끼리는 서로 대화하고는 했는데, 지금은 외교관들끼리도 서로 불신하는 단계다. 더 깊이 들어가면 옛날에 소방수 역할을 하던 양국 정치인들이 사라졌다. 지금은 양국이 서로의 감정을 악화시키는 행동을 하지 말아야 한다."

— **일본 의회에서 우리나라를 비난하는 결의안이 나오고, 가장 발행 부수가 많은 신문조차 위안부 존재를 부인하고 나섰다.**

"일본의 자존심을 지키기 위해서는 '한국, 중국은 물론 심지어 미국도 상관없다' 는 이들의 목소리가 밖으로는 크게 들린다. 그런데 이들은 일본 전체 국민의 약 10% 정도밖에 되지 않는다. 이들에게 영토 문제를 던지는 것은 울고 싶은 데 뺨 때리는 격이다. 정치인들이 선거를 앞두고, 이들

에게 올라타는 현상이 종종 나타난다. 한국에서 일본의 이런 움직임을 과
대평가하는데, 대다수 일본 국민은 한일의 협력을 강화해야 한다고 믿고
있다.”

— 일본 집권세력에 대한 평가는?

“일본의 집권 민주당은 세 가지 함정에 빠졌다. 일본은 미국, 한국과 가깝
게 지내면서 중국에 대응하는 것을 기본 입장으로 삼아왔는데 이게 역사
와 영토 문제로 무너졌다. 민주당의 잘못으로 중국과 한국이 가까워질 수
있는 계기가 마련되고 있다. 둘째, 일본의 독도에 대한 목소리가 커질수
록 센카쿠 열도에 대한 입장은 약해진다. 일본이 독도 문제에 대해 목소
리를 높이는 것을 보고 중국은 그대로 센카쿠 문제에 적용할 것이다. 셋
째, 위안부에 대한 ‘고노河野 담화를 부정하겠다, 수정하겠다’고 하는데
이는 자기부정이다. 이를 부정하면 국제적으로 어려운 상황에 부딪힐 것
이다.”

한중일 갈등에 곤혹스러운 미국

— 한일간 갈등이 커질수록 미국이 곤혹스러워 하는 것 같다.

“동아시아의 전략의 핵심인 일본과 한국이 으르렁거리니 당연하다. 미국
의 동아시아 전략은 한미일 3각 협력이 한 축이기에 그렇게 느낄 수밖에
없다.”

— 이에 대한 미국의 대응은?

"미국이 섣불리 개입할 수도 없고, 개입한다고 해서 성공할 가능성이 없다. 더 들어가면, 미국이 바로 이번 사태에서 원죄原罪의 일부를 갖고 있기에 쉽게 이에 대해서 언급할 수 없다."

— 최근 한일 갈등의 배경에는 한국의 일본 경시 현상도 자리 잡고 있는가?

"일본을 무시하고 중국에 크게 쏠리는 현상이 한국에서 심각하게 나타나고 있다. 일본이 90년대 초반부터 경제 불황을 겪었지만, 그 20년 동안 세계 2위의 경제 대국 지위를 놓치지 않았다. 지금도 경제 3위의 대국이다. 그런데 우리는 세계경제 10위권 나라가 된 이후 일본의 경쟁력을 무시하는 조짐을 보이고 있다. 일본을 이렇게 경시하면 제대로 된 대응책이 나올 수 없다."

— 중국과 일본 사이에서 한국이 나아가야 할 길은?

"일본과 손잡고 중국을 무시하거나, 중국과만 손잡고 일본을 경시하는 것은 도움이 되지 않는다. 양쪽 손을 잡고 살 길을 찾아야 한다. 한미일 협력을 최후의 보루로 가지면서 전면에서는 한중일의 조화로운 관계를 추구해야 한다."

— 동아시아에서 한국의 역할이 크다는 데 동의하나?

"한국의 역할이 중요하다. 미국은 중국에 퍼져나가는 영향력을 억제하고 싶은 유혹이 강하다. 일본과 중국은 서로 경쟁의식이 강해서 충분한 신뢰감을 쌓지 못한다. 동북아의 지형에서 가장 개방돼 있는 한국은 신뢰할 만한 파트너다. 한국은 일본과도, 중국과 소통할 수 있는 역량을 가지고 있기에 복합적인 역할을 해야 한다."

— 구체적으로 어떤 정책을 구사해야 하나?

"구한말에 《조선책략》을 쓴 황준헌은 친중親中, 결일結日, 연미聯美를 강조했다. 지금은 미국과 동맹을 강화하는 협미協美, 일본과 연대하는 연일連日, 중국과 결합력을 높이는 결중結中, 북한과 소통하는 통북通北정책을 구사해야 한다."

— 현재 한국의 대외전략을 평가한다면?

"대외전략이 흔들리는 느낌이다. 미국은 불편해 하고, 북한은 못 믿겠고, 일본은 싫고, 중국은 두려워하는, 그런 상황이다. 한국은 혼자 살 수 있는, 자주자강自主自强할 수 있는 나라는 아니다. 지금 일본과 싸우는 것을 보면 어린애 싸움하는 것 같다. 과연 전략이 있는지 의심스럽다."

— 정치권이 국내정치에 매몰되어 외교안보에 무심하다는 평가가 있다.

"중국과의 심각한 갈등, 일본과의 정면충돌은 한국에게 외교안보 전략이 사치품이 아니고 필수품이라는 것을 알게 하는 계기가 돼야 한다. 우리는 무역의존도가 높은 수출지향적 구조이기에 외교안보 전략이 확고하지 못하면 경제마저 흔들린다. 그런데 정치권이 이런 중요성을 깨닫고 있는지 솔직히 의문스럽다."